GERALD HÖRHAN

DER EINZIMMER MILLIONÄR

WIE DU GAR NICHT VERHINDERN KANNST, REICH ZU WERDEN

GERALD HÖRHAN

DER EINZIMMER MILLIONÄR

WIE DU GAR NICHT VERHINDERN KANNST, REICH ZU WERDEN

Bibliografische Information der Deutschen Nationalbibliothek
Die Deutsche Nationalbibliothek verzeichnet diese Publikation in der Deutschen Nationalbibliografie. Detaillierte bibliografische Daten sind im Internet über http://dnb.d-nb.de abrufbar.

Für Fragen und Anregungen
info@m-vg.de

Wichtiger Hinweis: Ausschließlich zum Zweck der besseren Lesbarkeit wurde auf eine genderspezifische Schreibweise sowie eine Mehrfachbezeichnung verzichtet. Alle personenbezogenen Bezeichnungen sind somit geschlechtsneutral zu verstehen.

Originalausgabe, 4. Auflage 2024

Türkenstraße 89
80799 München
Tel.: 089 651285-0

Redaktion: Christine Rechberger
Redaktionelle Mitarbeit: Nils Frenzel
Korrektorat: Manuela Kahle
Umschlaggestaltung: Marc-Torben Fischer, München
Coverfoto: © Burak Cayci (Agentur Kocak GmbH)
Satz: Zerosoft, Timisoara
Druck: CPI books GmbH, Leck
Printed in the EU

ISBN Print 978-3-95972-531-6
ISBN E-Book (PDF) 978-3-96092-016-6
ISBN E-Book (EPUB, Mobi 978-3-96092-017-3

Weitere Informationen zum Verlag finden Sie unter
www.finanzbuchverlag.de
Beachten Sie auch unsere weiteren Verlage unter www.m-vg.de

Inhalt

Time to wake up: Die ruhigen Zeiten sind vorbei

Als ich am 29. Dezember 2019 die Emirates-Maschine nach Australien bestieg, war die Welt noch (fast) in Ordnung. Seit der Finanzkrise hatten wir, getrieben durch billiges Zentralbankgeld, einen gewaltigen Wirtschaftsboom erlebt, Geld floss im Überfluss, die Aktien- und Immobilienmärkte waren auf Höchstständen. Noch ahnte die Welt nichts von der bald alles bestimmenden Corona-Pandemie, dem Krieg in der Ukraine, der Energiekrise und der starken Inflation.

Ich ließ mir noch ein bisschen Champagner nachschenken, genoss den Kaviarservice und dachte über das vergangene Geschäftsjahr nach, während ich auf den Ozean blickte. Ich hatte ein unglaublich erfolgreiches Jahr hinter mir und wollte mir über Silvester einen kleinen Urlaub in Down Under gönnen. Aber etwas lag in der Luft. Bereits in den Wochen vor meinem Abflug aus Wien rissen Pressemeldungen über völlig außer Kontrolle geratene Buschfeuer in Australien nicht ab. Facebook, Twitter & Co. waren voller Videos von Kängurus auf der Flucht, andere zeigten Menschen, die fast verdurstete Tiere mit Wasser aus PET-Flaschen retteten. Statt nach Sydney, flog ich deshalb nach Melbourne, weil sich um die Stadt Sydney ein bis zu 125 Meter hoher Feuerring gebildet hatte – die Stadt war zeitweise auf dem Landweg von der Außenwelt abgeschnitten.

In Melbourne schlug mir beim Verlassen des Flugzeugs die australische Hitze entgegen – ein regelrechter Hitzeschwall. Trotzdem sind für mich 36 Grad australische Außentemperatur im Dezember angenehmer als die eisige Kälte im verschneiten Wien. Ich verbrachte einige entspannte Tage allein in Melbourne, ehe ich am Nachmittag einen Freund vom Flughafen abholte. Meinen Vormittag hätte sich kein Werbeprospekt besser ausdenken können: wunderbarer Sandstrand und ein hervorragendes Lachsfrühstück mit Blick auf das Meer. Die australische Sonne schien, der blaue Himmel über mir war wolkenlos und ich war bester Laune. Ich schlenderte also zu meinem Auto, das ich einen knappen Kilometer vom Strand entfernt geparkt hatte, um zum Airport aufzubrechen.

Aber während ich die Straße entlangging, sah ich plötzlich große, dunkle Nebelschwaden, die wie ein Tsunami über die Büsche schwappten. Ich zuckte zusammen. Woher kam auf einmal dieser Rauch? Ich bahnte mir einen Weg durch den beißenden Nebel, stieg halb blind in mein Auto, drehte den Zündschlüssel um und fuhr Richtung Flughafen. Trotz geschlossener Fenster roch es, als hätte jemand ein Lagerfeuer auf den Ledersitzen angezündet. Eingehüllt in eine schwarze, übelriechende Rauchwolke sammelte ich meinen Freund am Flughafen ein. Auf der Rückfahrt ins Hotel fuhren wir erneut durch die dichte Nebelwand. Obwohl es früher Nachmittag war, drang kaum ein einzelner Sonnenstrahl durch die Rauchschwaden und wir hatten nur ein paar Meter Sicht. Das ganze Szenario wirkte völlig surreal, nicht von dieser Welt, als wären wir in einem Horrorfilm, dachte ich mir und lenkte den Wagen mit 40 Stundenkilometern über die australische Autobahn.

Ich hatte mir vor meiner Reise die aktuellen Karten der Luftverschmutzungen von Australien angesehen, aber in Melbourne war kein Feuer gemeldet worden. Nur um Sydney herum und in der Nähe von New South Wales sowie im Landesinneren bei Canberra. Die Rauchschwaden mussten also tatsächlich von dort aus herübergezogen sein – irre, das sind mal eben verdammte 900 Kilometer. Damit hieß es an unserem ersten gemeinsamen Urlaubstag in Melbourne im Hotel: *Please stay in your room. The air is not healthy.* Klare Ansage. Am Abend schaute ich mir online bei geschlossenen Fenstern wieder die Lage in der Region an. Hierbleiben war für mich keine Option. Aber wohin? Es ging nur in eine Richtung:

Richtung Westen, bloß weg vom Rauch. Kurzentschlossen saßen wir am nächsten Tag im Auto und fuhren los. Wieder dichter, dunkler Nebel voller Ruß, als würde jemand Millionen von Autoreifen abfackeln. Wir waren nicht die Einzigen, die auf die Idee gekommen waren, ihr Glück westlich von Melbourne zu suchen. Die Straßen waren voller Autos, das Ganze wirkte wie eine völlig absurde Mischung aus Spontan-Evakuierung aus einem Kriegsgebiet und einer Zombie-Apokalypse. Nach gut fünf Stunden Fahrt und 300 nervigen Kilometern erreichten wir die Apollo Bay, einen im Südwesten gelegenen Küstenort im Staat Victoria. Hier war es deutlich angenehmer. Trotzdem fuhren wir nach zwei Tagen wieder zurück, die Rauchschwaden hatten sich offenbar aus Melbourne verzogen. Doch dort angekommen, erlebten wir jetzt ein weiteres surreales Spektakel. Vor dem Hafen ankerten plötzlich gigantische Kriegsschiffe der australischen Marine. Schon das zweite Mal, dass ich mich wie in einem Hollywood-Film fühlte: Abertausende inneraustralische Touristen waren Hals über Kopf, getrieben von den lodernden Bränden im Landesinneren, in Richtung Küste geflohen. Irgendwie war klar, dass für kleine australische Küstenorte wie beispielsweise Malacoota im Osten des Kontinents, solche Fluchtbewegungen denselben Effekt hatten, als würde man mal eben alle Einwohner von Wien ins beschauliche Bad Ischl verfrachten. Keine so gute Idee. Die kleinen Orte hatten weder ausreichend Lebensmittel noch Wasser für die heranströmenden Menschen, sodass die australische Armee die Bewohner tatsächlich mit Kriegsschiffen evakuieren und nach Melbourne bringen musste. Wahnsinn. Beim Anblick der Kriegsschiffe wurde mir schlagartig klar, dass ich gerade Zeuge einer groß angelegten Evakuierungsaktion war. Ist das tatsächlich noch die Welt, wie wir sie kennen? Militärische Rettungseinsätze im Inland – ist das etwas, woran wir uns gewöhnen müssen?

Die Fernsehkameras hielten ohne Gnade drauf und zeigten Mütter, die in verbrannten Lumpen um das knappe Wasser bettelten, das inzwischen bis zu 50 Australische Dollar kostete – für eine einzelne beschissene PET-Flasche.

Die Geschäfte, die noch offen hatten, und korrupte Straßenhändler schlugen unbarmherzig Profit aus der Katastrophe. Auch wenn die australische Regierung mit hohen Strafen für ein solches »Price Gouging« drohte, es blieb bei leeren Drohungen. Simple Ökonomie: Die Wasserknappheit führte zu einem dramatischen Anstieg des Preises – Notlage hin oder her, das war die harte Realität.

Diejenigen, die das Geld haben, kaufen sich Wasser. Und diejenigen, die es nicht bezahlen können, bekommen eben keins.

30. Dezember 2020: Wieder bestieg ich eine Emirates-Maschine, diesmal mit dem Ziel Dubai. In den 12 Monaten seit meiner Australienreise hatte sich die Welt komplett verändert. Österreich und Deutschland waren im Corona-Lockdown. Die meisten Menschen saßen in ihren Wohnungen, viele mit Kindern auf engstem Raum, draußen war es bitterkalt. Der Flughafen war wie eine Geisterstadt, aber der Emirates-Flieger gut besetzt. First- und Business-Class komplett ausgebucht, nur in der Economy-Class gähnende Leere. Offensichtlich waren viele Geschäftsreisende dabei, zum Teil mit ihren Kindern. Ein Flugzeug voller Unternehmer. Beim Austrian-Airlines-Abendflug auf die Malediven, den einige Freunde von mir gebucht hatten, eine ähnliche Situation. Auch hier Unternehmer auf Geschäftsreise mit ihren Kindern, wohl um ihnen bereits ihr Business zu zeigen. In Dubai war die Welt eine völlig andere als in Wien. Ja, es gab Maskenpflicht, aber Restaurants waren offen, es gab sogar Partys unter freiem Himmel (mit Abstandsregeln), und mit der entsprechenden Vorsicht war es möglich, ein einigermaßen normales Leben zu führen, was in Wien oder Frankfurt gänzlich unmöglich war. Am Ende war es tatsächlich eine Geschäftsreise, da ich in Dubai so viele Meetings hatte wie die letzten sechs Monate davor nicht, und gute Geschäfte einfädeln konnte; sehr viele Unternehmer aus der ganzen Welt hatten offensichtlich Dubai als Destination gewählt. Die richtig Risikofreudigen waren im Flugzeug nach Cancún und dann in Tulum anzutreffen, die Lufthansa – mit staatlichen Rettungsgeldern versorgt – hatte gerade die Route neu eröffnet. Ich bin mir sicher, dass in Tulum gute Geschäfte gemacht worden waren, ein Teilnehmer meiner Dealmaking Masterclass hatte sich gleich ein Hotel in Mexico gekauft.

Klarerweise ist das Covid-Ansteckungsrisiko in der First Class mit viel Abstand oder am Restauranttisch unter freiem Himmel deutlich geringer als in den (engen) eigenen vier Wänden oder im überfüllten Supermarkt. Wohlgemerkt, etwas Kleingeld und die richtige Struktur sind für solche Annehmlichkeiten notwendig. Hotelzimmer in Dubai waren ausgebucht, für diejenigen, die noch frei waren, bezahlte man 500 US-Dollar Minimum, für bessere Hotels 1000 US-Dollar – pro Nacht! Auf den Malediven galten solche Preise noch als Schnäppchen. Und als Angestellter konnte man ohne Zustimmung des Chefs wohl keine Dienstreise machen, war man trotzdem unterwegs und steckte sich mit dem Corona-Virus an, was dann einen längeren Krankenstand und Quarantäne mit sich brachte, konnte man vom Arbeitgeber gekündigt werden.

10. Februar 2021: Gestärkt und voller Energie und Tatendrang war ich nach fünf Wochen Dubai wieder im kalten Wien angekommen. Zurück im Büro hatte ich alle notwendigen Dinge erledigt, einige Videokurse gedreht, Livechats gemacht und Beteiligungsmöglichkeiten geprüft. Als Nächstes ging es nach Frankfurt am Main, meine (fast) zweite Heimat, um meinem liebsten Hobby zu frönen, nämlich Immobilien zu kaufen und mein Portfolio zu optimieren. Ich wollte mir im neuen Jahr wieder einen Marktüberblick verschaffen und zusätzlich zwei Sanierungsmaßnahmen kontrollieren.

Der Airbus A320 der Austrian Airlines war fast wie ein Privatflieger, ganze 15 Fluggäste waren an Bord. In Frankfurt traf ich einen alten Bekannten von mir, den ich schon seit Jahren gut kenne. Er hat eine wilde Vergangenheit, war von der Schule geflogen, hatte auf einem Kreuzfahrtschiff und auf einer Bohrinsel gearbeitet und war jetzt Chefkellner eines Frankfurter Gourmet-Restaurants – dort hatte ich ihn auch kennengelernt. Er war gut vernetzt, geschäftstüchtig und wusste immer, was am Immobilienmarkt abging, wer gerade kaufen wollte und wer verkaufen; er hatte mir auch schon gute Immobilien vermittelt und den einen oder anderen Mieter gebracht. Wir trafen uns an der Frankfurter Oper und machten einen Spaziergang entlang der leergefegten Bankers Alley[1] und danach durch das noble Frankfurter Westend. Es war kalt, aber alle Restaurants und Lokale waren ja geschlossen. Ich fragte meinen Bekannten, wie es bei ihm laufe und was er jetzt im Lockdown mache; immerhin war er ja faktisch arbeitslos. Er sagte, es gehe ihm blendend, er würde lange schlafen, Bücher lesen und relaxen. Nur die Partys und sozialen Kontakte im Restaurant würden ihm fehlen. Ich war erstaunt über seine Lockerheit, immerhin hatte sich sein Einkommen drastisch reduziert, von üppigem Trinkgeld von mehreren Tausend Euro im Monat war keine Rede mehr. Er sagte: »Ich habe 22 Wohnungen im Rhein-Main-Gebiet, von denen kann ich gut leben. Und Corona geht auch wieder vorüber. Ich werde jetzt mal ein paar Monate nach Mexico fliegen und zurückkommen, wenn der ganze Spuk vorüber ist und man wieder Geld verdienen kann.« Ich fragte ihn, was seine Arbeitskollegen machten. »Den meisten geht es ziemlich scheiße. Die haben immer das ganze Geld versoffen und (Konsum)Schulden gemacht, anstatt Immobilien oder Gold zu kaufen. Jetzt sitzen sie eingesperrt zu Hause ohne Kohle und warten auf Hilfe von Vater Staat. Die sind einfach nur dumm, jetzt bezahlen sie den Preis dafür.« Wir plauderten noch ein wenig über den Immobilienmarkt, die Preise waren trotz Corona verdammt hoch, und zum Abschluss unseres Spaziergangs sagte er noch: »Wir sehen uns, wenn in Frankfurt wieder die Sonne scheint. Ich vertschüsse mich jetzt mal

1 Es handelt sich um die Bockenheimer Landstraße. Dort haben viele Finanzfirmen und Rechtsanwaltskanzleien ihren Sitz.

in die Wärme.« Und augenzwinkernd ergänzte er: »First-Class und 5-Sterne-Hotels wie du kann ich mir zwar nicht leisten, aber in der Economy-Class habe ich im Moment bestimmt mehr Platz als du vorne im Flieger. Und ein kleines Airbnb-Apartment tut es ja auch, vielleicht kaufe ich mir sogar eines.«

Ich wusste schon mit 13 Jahren, dass das typische Mittelstandsleben nichts für mich ist – in der Früh zeitig aufstehen, im Winter Schnee schippen, im Auto mit Nähmaschinenmotor im Stau stehen und zur Arbeit zu fahren, die keinen Spaß macht, Zettel von A nach B schieben und dem Chef in den Arsch kriechen, am Abend dasselbe wieder retour, einkaufen, putzen, kochen, und dann im Eigenheim auf Pump in der Pampa erschöpft zusammensinken und sagen »Endlich Feierabend«. Keine Kohle, keine Freiheit. Fünf Tage dienen für zwei Tage Wochenende, zehneinhalb Monate schuften für sechs Wochen Urlaub, warten auf den Ruhestand, wo die Kohle hinten und vorne nicht reicht, und dann der Sensenmann. *No fucking way*, dachte ich mir damals, das kann nicht alles sein, was das Leben zu bieten hat, dafür stehe ich sicher nicht jeden Tag um 6 Uhr in der Früh auf. Deshalb habe ich mich schon sehr früh entschieden, Gas zu geben, fleißig zu sein, Performance zu liefern; dadurch war ich in der Lage, meine Unternehmensgruppe und mein Immobilienportfolio mit mittlerweile 225 Wohneinheiten aufzubauen, sodass ich schon mit Ende 30 nicht mehr arbeiten musste.[2]

Das typische Mittelstandsleben – wie auch in meinem ersten Buch *Investmentpunk: Warum ihr schuftet und wir reich werden* beschrieben – war zwar langweilig und monoton und definitiv nichts für mich, aber es war zumindest abgesichert und einigermaßen

2 Ich arbeite nicht, weil ich muss, sondern weil es mir Spaß macht. Oder soll ich etwa das ganze Jahr mit arroganten Schnapsdrosseln in St. Tropez, Miami und Dubai Champagner schlürfen? Das wäre ja nach spätestens sechs Wochen stinklangweilig.

bequem. Vielen Menschen reichte das. Zumindest bis zum Februar 2020.

Corona war nur der Anfang von turbulenten Zeiten. Der Beinahe-Zusammenbruch des Gesundheitssystems, Lockdown, Krieg in Europa, Wetterextreme, Inflation, volatile Finanzmärkte, Energieknappheit, völlig verrückte Politik, der Beinahe-Staatsstreich in den USA, der Beinahe-Kollaps des britischen Finanzsystems, die Liste lässt sich fortsetzen ... Ich hätte mir, das muss ich fairerweise zugeben, Ende 2019 auch nicht vorstellen können, dass ich live auf CNN erleben würde, wie in 1500 Kilometern Entfernung ein Atomkraftwerk beschossen wird[3] und ich mir Gedanken über eine rasche Flucht an sichere Orte machen muss. Dass ich mir würde überlegen müssen, wie ich im Falle eines überlasteten Gesundheitssystems rasch zu medizinischer Behandlung käme, zum Beispiel mit Corona, oder dass ich mir Gedanken darüber machen müsste, im Falle von Gas- und Stromrationierungen das Land zu verlassen. Immerhin habe ich die Option dazu, die meisten Menschen haben sie nicht.

Wake up Guys! Das langweilige, aber sichere und komfortable Mittelstandsleben ist Geschichte. Das Hamsterrad wird turbulent und ungemütlich. Bis Anfang 2020 konnte eine Mittelstandsfamilie davon ausgehen, dass sie Bewegungs- und Reisefreiheit, Mobilität, ein großes Angebot an Nahrungsmitteln, ein ordentliches Dach über dem Kopf, ein warmes Zuhause, eine zumindest ausreichende Gesundheitsversorgung und eine Basis-Altersabsicherung hat, und zwar 365 Tage im Jahr. Diese Zeiten sind definitiv vorüber und werden so schnell auch nicht wiederkommen. Das typische Mittelstandsleben mag noch eine ganze Zeit lang gut gehen, aber plötzlich kommt eine Extremsituation, dann ist es aus und vorbei. Öffnet eure Augen, sonst kommt ihr schneller unter die Räder, als ihr euch das vorstellen könnt.

---

[3] Anfang März 2022 in der Ukraine. https://edition.cnn.com/2022/03/04/europe/ukraine-zaporizhzhia-nuclear-plant-attack-explainer-intl/index.html

Viel Kohle zu haben, vermögend und finanziell frei zu sein ist keine Option mehr, sondern eine absolut notwendige Voraussetzung, wenn du auch zukünftig bequem und sicher leben willst, und zwar jeden Tag des Jahres.

In diesem Buch möchte ich dir zwei Dinge zeigen: 1. Wohin die Reise geht und welche Trends und Entwicklungen dazu führen, dass das Leben, das du gewohnt bist, Geschichte ist, und 2. eine Strategie, mit der du strukturiert Vermögen und finanzielle Freiheit aufbauen kannst, so wie ich und viele meiner Fans und Follower es getan haben, ebenso wie viele andere vermögende Menschen auf der ganzen Welt. Die Strategie des »Einzimmer-Millionärs«, mit – wie ich sie nenne – kleinen Löchern, also kleinen Einzimmer- und Zweizimmer-Apartments. Für diese Strategie benötigst du keinen Harvard-Abschluss oder Doktor der Mathematik, auch ein Schulabbrecher kann sie umsetzen. Voraussetzung ist nur, dass du nicht faul und dumm bist, sondern fleißig und bauernschlau.

Die Entscheidung, welchen Weg du gehst, liegt an dir. Du entscheidest, ob du jede noch so dumme Regel befolgen musst oder ob du in Freiheit leben kannst. Du entscheidest, ob du den Gürtel enger schnallen und dich warm anziehen musst oder ob du ein komfortables Leben führen kannst. Du entscheidest, ob du in der nächsten Krise auf Vater Staat hoffst oder ob du gechillt in die Wärme fliegst.

Eines muss dir auch klar sein: Reich und vermögend zu werden und vor allem *zu bleiben* ist kein Zuckerschlecken. Es bedeutet harte Arbeit und Disziplin. Wenn du dir vor allem Raum zur Selbstfindung, zum Beispiel im Rahmen eines Sabbaticals, und eine ausgeglichene Work-Life-Balance wünschst, kannst du das Buch gleich wieder weglegen, dir ein Lastenfahrrad auf Pump kaufen und das Armutsgelübde ablegen. Dasselbe gilt, wenn du weiterhin an Verschwörungstheorien glauben willst oder wenn du der Meinung bist, dass alle Menschen denselben Wohlstand haben sollten und sie sich dafür nur anstellen und die Hand für staatliche Wohltaten aufhalten müssten. Ich möchte keine dieser persönlichen Einstellungen werten, aber damit wirst du sicher nicht vermögend und (finanziell) frei. Ich kann dir aus eigener Erfahrung nur eines sagen: Ich habe beides erlebt – keine Kohle zu haben und viel Kohle zu haben. Und das Leben mit viel Kohle und Assets ist einfach viel, viel geiler.

Ich wünsche dir viel Spaß beim Lesen und freue mich, wenn ich dich motivieren kann, dein Leben und deine finanzielle Situation in die eigene Hand zu nehmen und ebenfalls ein »Einzimmer-Millionär« zu werden.

TEIL I

DAS ENDE DER ÜBERFLUSS-WIRTSCHAFT: WIESO DU VERMÖGEN AUFBAUEN MUSST

Von der Mangelwirtschaft zur Überflusswirtschaft der Zentralbanken

Die meisten von euch kennen nur eines: Überfluss und Überflusswirtschaft. Aber das war nicht immer so und es ist nicht gottgegeben, dass es so bleibt. In diesem Kapitel möchte ich für euch kurz die Geschichte Revue passieren lassen, um euch ein Verständnis für die derzeitige Lage und die Zukunftsaussichten zu geben.

Der Beginn der 1980er-Jahre: Die Fahrt mit dem TukTuk-Mercedes-Taxi

Ich erinnere mich noch an meine Jugend Mitte der 1980er-Jahre. Meine Eltern hatten damals ein Vierteltelefon, also einen Telefonanschluss, den sie mit drei anderen Haushalten teilten. Telefonierte ein anderer Haushalt, konnten meine Eltern nicht telefonieren. Meine Mutter wollte ein Taxi bestellen und ärgerte sich tierisch, weil die Telefonleitung nicht frei wurde (meine Eltern hatten nur ein Auto, einen VW Golf L, mit dem mein Vater zur Arbeit fuhr). Als das Taxi nach 45 Minuten kam – ich war damals schon an Autos interessiert –, fragte ich den Taxifahrer über seinen Mercedes aus. Es war ein 200D mit 55 PS, 125 Stundenkilometern Höchstgeschwindigkeit. Der Taxifahrer erzählte, dass er auf das Auto zwei Jahre hatte warten müssen. Und dass er Mühe hatte, mit drei Personen und Gepäck einen Hügel hochzukommen, vor allem im Winter. Der Taxifahrer erzählte auch, dass er in einer Wohnung mit Bassena lebte. Urlaub gab es auf Balkonien und alle drei Jahre in Caorle mit dem 55-PS-TukTuk.

Heute klingen solche Erzählungen lustig und unterhaltsam, aber damals war das alles bittere Realität. Bis Anfang der 1980er-Jahre lebte selbst die westliche Welt in einer Mangelwirtschaft.[1] Die meisten Haushalte hatten maximal ein klappriges Auto, für das die Familien jahrelang sparten und auf das sie auch jahrelang warten mussten, ein voller Telefonanschluss war noch Luxus. Viele Wohnungen waren klein, das WC war am Gang, es gab einen Schwarz-Weiß-Fernseher mit zwei Programmen. Flugreisen konnten sich nur wohlhabende Menschen leisten – ich erinnere mich noch, dass mein Vater vier Jahre für unsere Reise in die USA zu unseren Verwandten sparen musste, für ein Discount-Economy-Ticket mit zweimal umsteigen. Um internationale Wirtschaftszeitungen, englischsprachige Wirtschaftsbücher oder Markenklamotten zu bekommen, musste ich immer mit einem lauten, ruckeligen *ÖAF Gräf & Stift*-Bus nach Wien fahren, es gab sie nur in ausgewählten Geschäften zu sündhaft teuren Preisen.[2] Es gab zwar einige Supermärkte, aber das Angebot war im Vergleich zu heute bescheiden, spezielles Obst gab es nur in der Saison, an der Fleischtheke gab es ein paar Tagesangebote und das war's. Restaurantbesuche gab es nur zu besonderen Anlässen.

Die Oberschicht, an der ich mich orientierte, führte schon damals ein anderes Leben, aber dieses Leben war einer *kleinen Minderheit* vorbehalten. Ich kann mich noch erinnern, dass mir mein Vater eine schallende Ohrfeige verpasste, als ich ihn fragte, wieso sich manche Menschen ein Auto leisten können, das 220 Stundenkilometer schaffte, während wir nur einen Golf L mit 60 PS zu Hause stehen hatten – ohne Klimaanlage natürlich –, in dem man bei Hitze auf den Plastiksitzen klebte.

1 Die sogenannte »zweite Welt« wie zum Beispiel die Türkei, Osteuropa, Ex-Jugoslawien et cetera hatte noch einen deutlich niedrigeren Lebensstandard.

2 Das Geld dafür hatte ich mir mit Nachhilfestunden erarbeitet.

Der Boom beginnt

Januar 1980: Ronald Reagan wird als 40. Präsident der Vereinigten Staaten angelobt. Er hatte die Wahl mit dem Slogan »Make America Great Again«[3] gewonnen – wie sich doch die Geschichte manchmal wiederholt. Er versprach Wachstum, Deregulierung, niedrige Steuern. Zunächst in den USA, danach in Europa und in anderen Teilen der Welt begann eine einzigartige wirtschaftliche Boom-Phase, die mit einigen Unterbrechungen bis 2020 andauern sollte. Plötzlich war so etwas wie Mobilität, Reisen, Restaurantbesuche, Designerklamotten, Delikatessen, komfortable Wohnungen, Zugang zu Information et cetera nicht nur einer kleinen Oberschicht vorbehalten, sondern erreichte weite Teile der Bevölkerung. Zwei Autos pro Familie, ein fast unbegrenztes Warenangebot im Supermarkt, moderne Wohnungen, Restaurantbesuche und so weiter waren auch für eine Mittelstandsfamilie im Hamsterrad plötzlich erschwinglich. Sogar der Taxifahrer konnte sich mit Ryanair für 49 Euro einen Kurztrip nach Mallorca leisten. Dazu kamen Leasing- und Finanzierungsangebote der Finanzindustrie, welche die Steigerung des Lebensstandards beschleunigten. Mit Einführung des Internets, internetfähiger Handys und fast kostenloser Telefonie waren auch Information und Unterhaltung für alle Menschen verfügbar. Gleichzeitig gab es gewaltige Fortschritte im Gesundheitswesen, das in den meisten europäischen Ländern nahezu kostenfrei war, und der Sozialstaat garantierte auch in schwierigen Situationen ausreichende Absicherung. Über Krieg und Atomwaffen konnte man noch in den Geschichtsbüchern nachlesen, dafür gab es Reisefreiheit ohne Grenzkontrollen in Europa. Das Leben im Hamsterrad war zwar langweilig, aber bequem, und vor allem eines, **es war abgesichert.**

---

[3] https://de.wikipedia.org/wiki/Make_America_Great_Again

Die Notenbanken als Wunderheiler

16. September 2008: Ich wollte gerade einen größeren Bargeldbetrag abheben, aber vor der Bank war eine lange Menschenschlange. Lehmann Brothers war am Tag zuvor pleitegegangen und die (Finanz) Welt stand am Abgrund. Ich telefonierte mit meinem Banker und er sagte mir, dass ich maximal 5000 Euro am Tag abheben könne, mehr ginge derzeit einfach nicht. Am Nachmittag führte ich einige Gespräche mit New York. Die Lage war extrem angespannt. AIG, die weltweit größte Versicherung, war praktisch insolvent, und mehrere Großbanken drohten zu kippen. Selbst in der reichen Schweiz war die Lage prekär, die größte Bank des Landes, die UBS, benötigte Staatshilfe. Für kurze Zeit sah es aus, als wäre die Welt dem Armageddon nahe.

Die Antwort auf die Krise lieferte Henry »Hank« Paulson, der ehemalige Goldman-Sachs-CEO und Finanzminister der USA. Er verlangte vom US-Kongress 1000 Milliarden Dollar, eine damals unvorstellbar große Summe. Er bekam 700 Milliarden Dollar[4], aber das reichte am Ende, um die Banken zu retten und die Wirtschaft wieder in Schwung zu bringen. Die Rettungspakete für die Banken und für die Wirtschaft waren der Beginn einer gewaltigen Gelddruckorgie der Zentralbanken in der gesamten westlichen Welt. Gleichzeitig senkten die Notenbanken in den USA, Europa und Japan die Zinsen auf (nahe) null, um die Erholung der Wirtschaft und der Finanzmärkte zu beschleunigen.

Das Prinzip war relativ einfach:

1. Die Staaten gaben enorme Summen für die Belebung der Wirtschaft, die Rettung der Banken und die Finanzierung des Sozialstaats aus.

---

4 https://www.reuters.com/article/us-financial-bailout-paulsonbp-idUSTRE48N7PF20080924

2. Diese Ausgaben mussten sie finanzieren und nahmen dazu Schulden auf, indem sie Schuldverschreibungen begaben, sogenannte Staatsanleihen, und zwar in gewaltigem Ausmaß.[5] Diese Staatsanleihen wurden wie andere Anleihen auch am internationalen Markt gehandelt. Jeder, der eine solche Anleihe kaufte, konnte davon ausgehen, dass er das eingesetzte Kapital minimal verzinst innerhalb einer bestimmten Frist zurückbekam. Minimal verzinst deshalb, da die Notenbanken den Leitzins auf praktisch null gesetzt hatten, um die Wirtschaft anzukurbeln.
3. Aus Sicht des Staates war das unglaublich praktisch. Er konnte nahezu unbegrenzt Schulden machen und musste kaum Zinsen zahlen. Durch die Nullzinspolitik der Zentralbanken war Geld unglaublich billig geworden. Geld oder – aus Sicht des Staates – Schulden kosteten praktisch nichts. Es gab nur ein Problem: Die Schuldverschreibungen des Staates, also die Staatsanleihen, musste auch jemand kaufen. Sonst war das Kapital schlicht nicht da. Firmen oder private Anleger kauften diese Anleihen jedoch nicht, da sie sich nicht mit 0,5 Prozent oder 1 Prozent Zinsen oder sogar Negativzinsen abspeisen lassen wollten. Wer sollte also die Staatsanleihen kaufen? Wem machte es nichts aus, wenn er für das eingesetzte Kapital keine oder kaum Zinsen bekam?
4. Richtig. Den Zentralbanken machte es nichts aus. Sie konnten als Einzige ohne Limit Staatsanleihen kaufen, und es machte auch nichts, dass sie dafür keine Zinsen bekamen. Der Kreis war geschlossen. Staat verschuldet sich und gibt Staatsanleihen zum Nulltarif, Zentralbank kauft Staatsanleihen zum Nulltarif. Alle sind glücklich.*

*Zur Verteidigung der Notenbanken sei hier angeführt, dass ohne die sogenannte »unkonventionelle Geldpolitik« und das zum Teil

[5] https://www.yardeni.com/pub/balsheetwk.pdf

radikale Eingreifen der Notenbanken (Mario Draghi: »Whatever it takes«) es nicht nur dramatische Verwerfungen der Weltwirtschaft gegeben hätte, sondern es auch wahrscheinlich den Euro als Währung heute nicht mehr geben würde. Gleiches gilt für Sonderprogramme im Zuge der Pandemie (zum Beispiel das PEPP: Pandemic Emergency Purchase Program). Es war also im Nachhinein betrachtet – zumindest kurzfristig – wahrscheinlich richtig, wie die Zentralbanken gehandelt haben, aber: *there's always a flip side of the coin* – alles hat seinen Preis. Und der kommt jetzt.

Denn: Diese Art der Zentralbank-finanzierten Wirtschaft führte bisher in der Geschichte stets zu Inflation, drastischer Geldentwertung und zur Verarmung weiter Teile der Bevölkerung. Aber diesmal war es anders. Der Grund dafür: Es gab zum ersten Mal in der Geschichte eine richtige Überflusswirtschaft.

In Wahrheit ist das alles nicht neu. Staatsfinanzierung aus der Notenpresse gibt es seit Hunderten von Jahren. Früher führten Könige Kriege, konnten ihre Schulden nicht in Goldtalern bezahlen, vermischten Gold mit Eisen oder Blei, hatten plötzlich doppelt so viele »Goldtaler« und bezahlten damit ihre Schulden. Das Problem: Es gab eine Mangelwirtschaft und die Anzahl der Häuser, Kühe, Pferde und Kleider erhöhte sich nicht, während sich die Anzahl der »Goldtaler« verdoppelte. Folglich gab es doppelt so viele Taler beim selben Warenangebot und die Preise verdoppelten sich, also Inflation oder Geldentwertung.[6] Auch wenn die Mechanismen über die Zeit deutlich komplexer wurden, änderte sich am Grundprinzip wenig.

In der Überflusswirtschaft der 2010er-Jahre war die Situation jedoch eine komplett andere. Die Notenbanken druckten Geld[7], vermehrten die Anzahl der Dollars, Euros, Pfunde, Yen et cetera im Umlauf. Der Staat, die Unternehmen und die Konsumenten hat-

6 Damals waren die Goldtaler das Äquivalent zu Gold.

7 Der Begriff »Gelddrucken« wird immer symbolisch verwendet. Die Zentralbanken drucken das Geld nicht wie früher, mit Ausnahme des Bargelds, das tatsächlich gedruckt wird, sondern erschaffen es einfach am Computer, sie »schöpfen« es, wie der Fach-Terminus heißt.

ten mehr Geld in der Tasche und die Nachfrage nach Waren und Dienstleistungen stieg.[8] Allerdings: Aufgrund des gewaltigen technologischen Fortschritts hatten wir eine Überflusswirtschaft, und wenn mehr Autos, Flugreisen, Kleidung oder sonstige Waren nachgefragt wurden, wurden einfach mehr Autos, Flugzeuge, Kleidung et cetera produziert. Durch die Globalisierung der Wirtschaft gab es auch einen deutlich stärkeren Wettbewerb und die Produktionskosten konnten massiv gesenkt werden, sodass die größere Nachfrage nicht zu höheren Preisen, sondern zu einer höheren Produktion und somit zu Wirtschaftswachstum führte.

Die Nullzinspolitik beschleunigte diesen Effekt noch. Geld kostete praktisch nichts mehr, sodass Staaten, Unternehmen und Privathaushalte sich fast zum Nulltarif verschulden konnten und die Nachfrage nach Produkten und Dienstleistungen und somit das Wirtschaftswachstum zusätzlich befeuerten.[9] Durch die Strafzinsen, welche die Banken auf Geld, das sie bei der Zentralbank hinterlegten, zahlen mussten, war auch der Anreiz für die Banken da, die Kreditvergabe zu erhöhen und somit die hohe Verschuldung zu ermöglichen.

Die Notenbanken waren zu den Wunderheilern der Wirtschaft geworden. Sie konnten praktisch uneingeschränkt Geld drucken, es über die Banken und die Staatshaushalte in Umlauf bringen[10] und so das Wirtschaftswachstum ankurbeln, und das ohne nennenswerte Inflation[11]: die Quadratur des Kreises. Viele Ökonomen sprachen schon von einer neuen Ära, der Ära des Helikoptergeldes.

---

8 Die Darstellung ist stark vereinfacht, aber sie soll das Grundprinzip erklären, wieso Gelddrucken nicht zu allgemeiner Inflation führte.

9 Meine günstigsten Immobilienfinanzierungen lagen bei 0,7 Prozent p. a., also 7000 Euro Zinsen für 1 Million Euro Kredit.

10 Auch diese Darstellung ist stark vereinfacht, die Mechanismen sind natürlich deutlich komplexer als hier erklärt.

11 Die Inflation lag in den meisten westlichen Ländern im Zeitraum 2010 bis 2020 bei circa 2 Prozent.

Die Nebenwirkungen der Gelddruckmedizin

Ganz ohne Nebenwirkungen funktionierte der Wunderheilungsprozess der Zentralbanken allerdings nicht. Es gab durchaus starke Inflation, und zwar primär in zwei Bereichen:

1. Bei nicht beliebig vermehrbaren Gütern und Dienstleistungen, zum Beispiel IT- oder Handwerksdienstleistungen (das Angebot an Arbeitskräften war naturgemäß beschränkt und ließ sich nicht in kurzer Zeit vermehren), ebenso bei Luxusgütern[12], die *per definitionem* beschränkt sind – sonst wären sie ja nicht mehr exklusiv. Hier gab es eine deutliche Inflation, oftmals um die 10 Prozent pro Jahr, manchmal auch darüber. Völlig logisch: Es gibt nur eine begrenzte Anzahl an Ferraris[13] oder Luxushotels an der Croisette in Cannes; steigt die Nachfrage aufgrund des größeren Geldumlaufs, steigen einfach die Preise.

2. Bei Vermögenswerten, insbesondere bei Assets, die nur begrenzt vermehrbar sind, beispielsweise guten Immobilien, guten Aktien und Unternehmensbeteiligungen, Kunstwerken, Oldtimern et cetera, gab es die sogenannte Asset-Inflation, die auch bei circa 10 bis 12 Prozent p. a. lag.

Die exzessive Vermehrung der Geldmenge, kombiniert mit Nullzinspolitik[14], führte zu einem drastischen Anstieg sämtlicher Vermögens-

---

12 Viele Hersteller von Luxusartikeln waren so kreativ, die Produktionsmenge zu erhöhen und trotzdem den Schein von Exklusivität aufrechtzuerhalten. Beispiel: LVMH.

13 Ferrari oder Rolex beispielsweise limitierten künstlich die Produktion, um die Exklusivität der Marke zu bewahren, sodass es trotz hoher Preise zu langen Wartezeiten auf ein neues Modell kam. Das befeuerte die Nachfrage zusätzlich. Andere Luxusmarken, welche ihre Produktionszahlen zu stark erhöhten, beispielsweise Breitling oder Maserati, zerstörten dadurch ihre Marke.

14 Der Preis eines Vermögenswerts berechnet sich, vereinfacht gesagt, als Summe der zukünftig erwarteten Cashflows des Vermögenswerts, diskontiert auf den heutigen Tag. Fallen die Zinsen, reduziert sich der Diskontfaktor, somit steigt die Summe der diskontierten zukünftigen Cashflows und somit steigt der Preis des Vermögenswerts.

preise in der Periode 2010 bis 2020. Der S&P 500-Index verdreifachte sich[15], der NASDAQ vervierfachte sich, der DAX stieg um das Zweieinhalbfache. Immobilienpreise weltweit stiegen je nach Lage um 100, 200 oder 300 Prozent. Der Goldpreis verdoppelte sich, andere Edelmetalle stiegen teilweise noch mehr. Anleihenpreise explodierten durch den Zinsverfall.[16] Die Kryptowelt wurde neu erschaffen, Bitcoin stieg von nahezu null auf fast 20 000 US-Dollar.

Der Preisboom bei sämtlichen Vermögenswerten wurde durch das Wunderheilmittel der Notenbanken in mehrfacher Weise getrieben. Die großen Geldmengen flossen folglich nicht nur in den Konsum von Waren und Dienstleistungen, sondern auch zu einem signifikanten Teil in Vermögensanlagen, sowohl zum Zweck der Vermögensbildung, aber noch mehr zum Zweck der Finanzspekulation. Und die Finanzspekulation wurde durch die Nullzinspolitik erst richtig befeuert, wie mit einer Rakete im A****. Steigende Assetpreise und Geld zum Nulltarif sind ein wilder und hochprofitabler Cocktail, solange die Party läuft.

Geld verdienen ist ganz einfach

München, 23. Februar 2019: Ich treffe eine Bekannte von mir auf einen Kaffee; sie arbeitete als Juristin im bayrischen Staatsdienst. Von Finanzen und Wirtschaft hat sie nicht wirklich eine Ahnung, aber auf Empfehlung einer ihrer Freundinnen, die Immobilienmaklerin war, hatte sie im Jahr 2015 eine Wohnung in München gekauft. Stolz erzählte sie mir, dass sie die Wohnung soeben ihrer Nachbarin verkauft hat, mit über 150 000 Euro Gewinn. Mehr als das Doppelte ihres Jahresgehalts! »Geld verdienen ist ganz einfach«, sagte sie.

---

15 https://de.statista.com/statistik/daten/studie/248553/umfrage/entwicklung-des-sundp-500-index/

16 Anleihenpreise verhalten sich invers zu den Zinsen. Steigen die Zinsen, fallen die Preise für Anleihen, fallen die Zinsen, steigen die Preise für Anleihen. Je länger die Laufzeit einer Anleihe, desto stärker der Effekt.

Damals hatte die Dame recht. Egal, ob Immobilien, Aktien, Anleihen, Beteiligungen, Kryptowährungen, Edelmetalle, Oldtimer, Kunst oder Uhren ... In den Jahren 2010 bis 2020 galt lediglich: Dabei sein ist alles. Selbst Menschen ohne nennenswerte Investmenterfahrung konnten auf ihre Vermögensanlagen 8 bis 10 Prozent pro Jahr erzielen; bei 2 Prozent Inflation wurden sie somit um 6 bis 8 Prozent pro Jahr wohlhabender, also eine Vermögensverdoppelung in zehn Jahren. Wer etwas Ahnung von Investments hatte, konnte locker 15 bis 20 Prozent p. a. auf sein eingesetztes Kapital verdienen und musste noch nicht einmal besonders gut darin sein. Profis wie ich oder viele meiner Freunde erzielten auf ihre Investitionen 30 Prozent und mehr pro Jahr, bei einigen meiner Immobiliendeals konnte ich mein eingesetztes Eigenkapital in zehn Jahren verzehnfachen.

Ein Beispiel:
Ich kaufte eine Einzimmerwohnung in Stuttgart West in der Vogelsangstraße im Jahr 2010 für 60 000 Euro. Nettomiete 350 Euro pro Monat oder 4200 Euro pro Jahr, 7 Prozent Mietrendite. 55 000 Euro Kredit, 12 000 Euro Eigenkapital[17], 4,5 Prozent Kreditzinsen, 2,5 Prozent Anfangstilgung.

Die Miete zahlt den Kredit ab (4200 Euro Nettomiete, 3850 Euro Kreditrate).

Nach zehn Jahren war die Wohnung 180 000 Euro wert[18], die Miete hatte sich auf 450 Euro pro Monat erhöht. Nach zehn Jahren lag der Kredit noch bei circa 38 500 Euro. Somit hatte ich nach Abzug der Schulden einen Vermögenswert von 141 500 Euro.[19] Aus 12 000 Euro Eigenkapital wurden 141 500 Euro, abzüglich der Reparaturen und Instandhaltungskosten bleiben 120 000 Euro. Das Zehnfache des eingesetzten Eigenkapitals. Geil oder? Mehr dazu später im Buch.

17 Die restlichen 7000 Euro Eigenkapital waren für die Kaufnebenkosten.

18 Im Jahr 2023 bei Erscheinen des Buchs ist die Wohnung circa 150 000 Euro wert und die erzielbare Nettomiete liegt bei 500 bis 600 Euro pro Monat.

19 Jede Wohnung hat auch Verwaltungskosten, aber diese konnte ich locker aus dem Cashflow bezahlen, da die Mieten ja gestiegen sind.

Wer im Zeitraum 2010 bis 2020 an den Finanz- und Immobilienmärkten kein Geld verdiente, war entweder strohdumm, extrem faul, stockbesoffen oder einfach nicht dabei.

Das Grand Finale der Nullzins- und Niedriginflationsphase

20. April 2020: Ich hatte gerade während des Lockdowns einen YouTube-Livechat, als ich meinen Augen nicht traute. Der Ölpreis[20] war auf minus 40 Dollar gefallen. In anderen Worten: Du bekamst Geld, wenn du Öl gekauft hast. Wie verrückt war das bitte? Meine Fans waren aufgewühlt. Vor gut einem Monat, am 16. März 2020, hatte ich einen »Farewell Lunch« mit ein paar Freunden im Wiener »DO & CO« Restaurant. Am selben Tag begann der erste Corona-Lockdown. Die Welt stand still, in New York, in Frankfurt, in Tokio und in Sydney. Fabriken mussten ganz oder teilweise schließen, Restaurants waren geschlossen, die Wirtschaft war in einer Schockstarre. Die Finanzmärkte reagierten heftig, die Börsen kollabierten. Die Welt stand wieder vor einem Armageddon.

Aber diesmal zögerten die Zentralbanken und Regierungen nicht lange und beschlossen beispiellose Rettungspakete. Sowohl in den USA als auch in Europa summierten sie sich jeweils auf mehr als 3000 Milliarden. Wie wurde das ganze finanziert? Wieder durch die Notenbanken, die Bilanzsumme der Fed erhöhte sich im Jahr 2020 von 4000 auf 7000 Milliarden, bei der EZB war es ähnlich.[21] In den USA gab es zum ersten Mal Helikoptergeld, der Staat überwies direkt Geld an alle seine Bürger.

---

20 Korrekt gesagt war der Preis für den Mai 2020 Futures Kontrakt für WTI Öl negativ, das heißt du hast Geld bekommen, wenn du Mitte Mai physisches Öl abgenommen hast.

21 https://finanzmarktwelt.de/ezb-bilanz-257196/; https://www.federalreserve.gov/monetarypolicy/bst_recenttrends.htm

Die Reaktion der Finanzmärkte fiel heftig aus. Trotz Corona-Lockdown und tiefer Rezession erreichten die Börsen neue Höchststände, die Immobilienmärkte in fast allen westlichen Ländern und auch in vielen Emerging Markets boomten und erreichten weltweit astronomische Niveaus, Bitcoin stieg im Herbst 2021 bis auf 67 000 US-Dollar. Es gab zwar keine regulären Partys, dafür gab es die Corona-Party an den Finanzmärkten ...

Die Party wird exzessiv: Der Höhepunkt naht

Offenbach, 27. September 2021: Ich hatte einen Besichtigungstermin für ein Mehrfamilienhaus in Offenbach ausgemacht. Das Objekt war in der Nähe des Hafens, wo ich ein paar Jahre zuvor ein ertragreiches 20-Parteien-Haus gekauft hatte, ich kannte die Gegend gut. Der Angebotspreis war schon sehr sportlich, aber ich hoffte darauf, ihn herunterhandeln zu können. Ich hatte dem Makler vorab einen Kontoauszug und eine Finanzierungsbestätigung geschickt, um mein Interesse zu untermauern, und meine Bank hatte mir sehr attraktive Konditionen, unter 1 Prozent Zins auf 10 Jahre, fix angeboten. Als ich mich gerade vom Frankfurter Hof auf den Weg machen wollte, klingelte mein Handy und der Makler war dran: »Herr Hörhan, es tut mir leid, aber ich muss den Termin absagen. Das Haus ist schon verkauft, der Käufer hat eine Kaufzusage ohne Besichtigung gemacht und 150 000 Euro über dem Angebotspreis bezahlt. Sie werden verstehen ...« Ich dachte mir nur: *crazy times*. Das ist nicht normal.

Am Abend traf ich im Frankfurter Hof noch einen Fan von mir zum Abendessen. Er erzählte mir von einer neuen Kryptowährung, in die ich unbedingt investieren müsse. Sie würde die Welt verändern und der Kurs würde sich noch verhundertfachen. Er hatte vor drei Monaten 10 000 Euro investiert und mittlerweile sei sein Investment über 100 000 Euro wert. »Immobilien sind doch langweilig, Gerald, du verzehnfachst dein Geld in zehn Jahren, ich in drei Monaten«, sagte er. »Wer ist jetzt der Investmentpunk?«

Ich schüttelte nur mehr den Kopf. Die (Finanz)Welt ist auf Koks und Crack, dachte ich mir.

Die gewaltigen Gelddruckorgien und mehr als zehn Jahre Nullzinspolitik entfalteten ihre volle Wirkung. Immobilien zum 35- und 40-Fachen der Jahresmiete, Anleihen mit Negativzins, Aktien zum 50-fachen KGV – falls es überhaupt ein KGV gab und die Firma keine Verluste machte –, Meme Stocks[22], Beteiligungen zum 15-fachen adjusted forward EBITDA[23], Shitcoins[24] mit Milliardenkapitalisierung, Start-ups ohne Geschäftsmodell mit 10 Millionen Euro Bewertung ...

Ich kannte Großimmobilienbesitzer in Chemnitz und Görlitz, die mit 200 000 Euro Eigenkapital 50 oder 100 Wohnungen kauften – mehr dazu später im Buch. Immobilienspekulanten kauften zu immer verrückteren Preisen, um jemanden zu finden, der zu einem noch verrückteren Preis kaufte. Bei einer Mastermind auf Mallorca traf ich Menschen, die fast ihr ganzes Erspartes – manchmal auch mehr – in obskure Kryptowährungen investierten, und mir war während des Gesprächs nach drei Minuten klar, dass die Initiatoren das Geld abschöpfen wollten. Es war einfach verrückt. Jegliche Rationalität war verloren gegangen. Bilanzen und Cashflow spielten keine Rolle mehr. Risiko wurde völlig falsch bewertet.

Und wie bei jeder exzessiven Party gibt es auch hier ein Ende. Spätestens am 16. März 2022 hieß es: »Time to say Goodbye«.

---

[22] Meme Stocks sind Aktien von Unternehmen mit teils sehr schlechten Finanzzahlen, die von Retail Tradern mit großer Social-Media-Reichweite hochgepusht wurden. Viele Menschen haben hier Geld verloren.

[23] Das bedeutet, dass die Unternehmensbewertung das 15-Fache des Gewinns vor Steuern, Zinsen und Abschreibungen ist, aber des zukünftig erwarteten und noch nach oben adjustierten Gewinns!

[24] Shitcoins ist eine Bezeichnung für Kryptowährungen, die überhaupt keinen wirtschaftlichen Zweck planen oder haben. Dogecoin ist die bekannteste dieser Shitcoins, die einfach zum Spaß erfunden wurde.

Die Party ist vorbei: Das Ende der Überflusswirtschaft

Ibiza, 26. Juli 2022: Ich hatte mich gerade mit einigen Freunden im Restaurant »Tatel« im »Hard Rock Hotel« getroffen. Wir hatten freien Blick aufs Meer, es gab Hummer und Schampus, die Stimmung war ausgelassen. Das Motto für den Abend war »Ibiza Rocks«. Plötzlich klingelte mein Handy, der Typ, der mir noch vor weniger als einem Jahr von der neuen Super-Duper-Kryptowährung erzählt hatte, war am Telefon. Ob ich ihm Geld leihen könne, er brauche dringend 50 000 Euro. Mit der Aussage »hundertfach« hatte er damals schon recht gehabt, aber im umgekehrten Sinn, nämlich hundertprozentigen Verlust. Ich fragte ihn, wofür er das Geld brauche. Er sagte, er müsse sein Leben finanzieren, da das Staking der Kryptowährung nicht mehr funktioniere, das war noch die höfliche Ausrede. Ich fragte ihn noch, ob er an die Steuern gedacht habe, die er zahlen müsse. Er schien ahnungslos, und ich lehnte ab. Zum Abschluss sagte ich ihm noch: »Geh was arbeiten und such dir einen Berater für Insolvenzrecht. Die Party ist vorbei. Außer für wahre Investmentpunks, denn für die beginnen jetzt die *Schnappi-Times*. Und – wer ist nun der echte Investmentpunk?«

Ich erhob mein Champagnerglas auf »Schnappi-Times für wahre Investmentpunks«, meine Freunde waren begeistert.

Drei Monate später rief mich auch jener Makler an, der die Besichtigung in Offenbach abgesagt hatte. Er fragte mich, ob ich das Haus jetzt doch kaufen wolle, es wäre verfügbar, der Eigentümer würde andere Opportunitäten verfolgen. Auch diese Aussage war britisches Understatement, der Makler hätte auch sagen können, der Eigentümer ist pleite. Leider waren die Bankschulden auf dem Objekt zu hoch, der Eigentümer hatte mit 100 Prozent finanziert, sodass ich auch hier dankend ablehnen musste.

Was war passiert?

Die Inflation und der Zins kehren zurück

16. März 2022: Lange hatten die Zentralbanken die Zeichen der Zeit ignoriert, aber an diesem Tag war es so weit. Der Chairman der amerikanischen Notenbank, Jerome Powell, kündigte die ersten Zinserhöhungen an[1] und teilte den Finanzmärkten mit, dass die Inflation zurückgekehrt sei. Wenige Wochen zuvor hatte Russland einen Angriffskrieg auf die Ukraine begonnen, mit drastischen Folgen sowohl für die ukrainische Bevölkerung als auch für die Rohstoffmärkte. Nahrungsmittel-, Energie- und Rohstoffpreise schossen in die Höhe. Die Wirtschaft war gerade dabei, sich von den Corona-Schocks zu erholen, in Teilbereichen gab es ja noch immer Angebotsknappheit – und jetzt ein Krieg mitten in Europa mit Gasknappheit, Stromknappheit, weltweiter Nahrungsmittelknappheit, Düngemittelknappheit ... In den Medien war schon die Rede vom drohenden Blackout und Strom- und Gasrationierungen. Die Folge: drastische Inflation! In fast allen westlichen Ländern erreichte die Inflationsrate knapp 10 Prozent, in Osteuropa, den Niederlanden und einigen anderen Ländern lag sie sogar darüber. Seit den 1970er-Jahren mit ihren Ölpreisschocks und autofreien Tagen hatte es solche Inflationsraten nicht mehr gegeben. Und wir sprechen hier nur von der offiziellen Inflationsrate, nicht der tatsächlichen Inflationsrate jedes Einzelnen.

Die Notenbanken hatten keine Wahl und mussten handeln, ansonsten drohte die Geldentwertung völlig aus dem Ruder zu laufen.

---

1 https://www.cnbc.com/2022/03/16/federal-reserve-meeting.html

In – auch historisch gesehen – atemberaubendem Tempo erhöhten die Zentralbanker die Zinsen in den USA von null auf über 5 Prozent und in Europa von minus 0,5 Prozent auf 4 Prozent. Auch in anderen Ländern gab es ähnliche Entwicklungen.

Die Reaktion der Märkte ließ nicht lange auf sich warten: Bis Jahresende 2022 fiel beispielsweise der NASDAQ-Technologieaktienindex um fast ein Drittel, Anleihemärkte für langlaufende Staatsanleihen halbierten sich teilweise, Immobilienpreise fielen weltweit, der Wert des Bitcoin sank auf 16 000 US-Dollar, Rolex-Uhren gab es wieder zum Listenpreis. Die Party war vorbei.

Wer aber jetzt hofft, dass die Feierlaune so schnell wieder zurückkommt, der irrt gewaltig. Denn die Welt hat sich seit 2010 drastisch verändert.

Wir reduzieren unseren Wohlstand. Aber bitte mit Farbe …

Auch wenn Inflationsraten im zweistelligen Bereich erstmal vorüber sind, ebenso wie die Exzesse bei Strom- und Gaspreisen, wird die Kombination aus niedriger Inflation[2] und starkem Wirtschafts- und Wohlstandswachstum so schnell nicht zurückkommen. Das hat eine Vielzahl fundamentaler Gründe.

The Great Resignation

Einer meiner Freunde arbeitet als Luftverkehrscontroller an einem größeren deutschsprachigen Airport. Wir plaudern ein wenig über Flugzeuge und die Luftfahrt, und er berichtet, dass es sehr schwie-

2 Im Falle von schweren geopolitischen Schocks wie Kriegen oder einer wirtschaftlichen Depression sind sowohl eine Deflation, also fallende Preise, als auch eine Hyperinflation möglich, vielleicht sogar eine Kombination aus Deflation mit anschließender Hyperinflation.

rig geworden sei, überhaupt Mitarbeiter zu finden, obwohl die Bezahlung exzellent und die Arbeitszeiten moderat wären. Und dann erzählt er, dass er über die Lebenseinstellung vieler Mitarbeiter nur mehr den Kopf schütteln kann. »Als wir am Flughafen zu arbeiten begonnen haben, haben wir uns alles angeschaut, die Flugzeuge, das Vorfeld, die riesigen Feuerwehrfahrzeuge, wir waren neugierig, immerhin ist die ganze Operation Airport ja faszinierend, eine ganz eigene Welt. Und nach der Arbeit sind wir noch zusammengesessen und haben ein oder zwei Bier getrunken. Aber heute interessieren sich die Leute nicht mehr für den Flughafen, sie wollen einfach in den Pausen und nach der Arbeit chillen und nichts tun.« Und er ergänzt noch: »Eine Mitarbeiterin hat überhaupt den Vogel abgeschossen. Nach 15 Monaten hat sie schon nach einem Sabbatical gefragt. Vielleicht wollen die Leute ihre Stelle ja bald gleich mit einem Sabbatical beginnen. Wir steuern auf harte Zeiten zu. Wenn niemand mehr arbeiten will und neugierig und wissbegierig ist, wird unser Wohlstand sinken, und zwar drastisch.«

Seit der Corona-Krise hat sich am Arbeitsmarkt ein neuer Trend etabliert. Menschen ziehen sich aus dem Arbeitsmarkt komplett zurück, wollen maximal noch Teilzeit arbeiten und erwarten dann sogar noch, dass der Staat ihr Leben finanziert. Die auch »Big Quit« genannte Entwicklung gibt es in fast allen westlichen Ländern, ebenso in China, Indien und anderen Emerging Markets. Die Corona-Zeit hat viele Menschen faul und träge gemacht, »Chillen« heißt die neue Devise.

»The Great Resignation«, kombiniert mit demografischen Trends wie dem Ruhestandseintritt der Baby-Boomer-Generation, hat zu einem drastischen Arbeitskräftemangel in fast allen Branchen geführt. Egal ob Steuerberater oder Piloten, Lehrer oder Krankenpfleger, IT-Dienstleister oder Handwerker, Kellner oder Polizisten, überall fehlen plötzlich Arbeitskräfte. Zum ersten Mal in der Geschichte haben wir eine Rezession ohne Arbeitslosigkeit. Allerdings:

Durch Chillen und Nichtstun wird kein Wohlstand geschaffen, das gilt für jedes Individuum, jede Organisation und jeden Staat. Wohlstand entsteht durch Arbeit und Innovation. Chillen und Nichtstun ist der Expresszug in die Verarmung.

Nachwehen von Corona

Die Corona-Pandemie hat die Weltwirtschaft und die weltweite Politik in arge Turbulenzen geführt, von der sie sich bis heute nicht erholt haben. Die Lieferketten sind teilweise noch gestört beziehungsweise haben sich die Strukturen nach wie vor nicht ganz erholt. Ebenso gab es in vielen Branchen (zum Beispiel bei Airlines, im Tourismus, in der Gastronomie) eine deutliche Reduktion des Angebots (teilweise durch Insolvenzen, Geschäftsaufgaben et cetera), wodurch die Kapazität trotz hoher Nachfrage das Vor-Corona-Niveau nicht erreicht hat. Hotels, Restaurants und Flugzeuge sind voll, aber in vielen Bereichen gibt es nur 80 Prozent der Vor-Corona-Kapazität. Die Folge: hohe Preise. Ryanair-Tickets nach Mallorca zu 500 Euro in der Hauptsaison. Hotelzimmer in Salzburg zu 400 Euro pro Nacht ohne Special Events.

Politischer Extremismus und Staatskapitalismus[3]

21. Oktober 2019: Ich schaue mir die Sitzung des britischen Unterhauses zum Thema Brexit an. Ich muss herzhaft lachen, als ich die »Order! Order!«-Rufe und die Anrede »… would the honourable gentleman/lady …« von John Bercow höre, dem Sprecher des britischen Unterhauses. Aber eigentlich gibt es nichts zu lachen, und die Gentlemen und Ladys der englischen Politik sind alles andere als

3 Der folgende Absatz ist absichtlich etwas polemisch gehalten, aber er soll zeigen, dass verrückte Politik Wohlstand zerstört. Über fehlgeleitete Politik ließen sich viele Bücher füllen, aber das ist nicht der Zweck dieses Werks.

»honourable«, sie stürzen England mit dem Brexit in eine schwere Krise, drei Jahre später sind Lebensmittel- und Benzinknappheit[4] sowie wirtschaftliche Stagnation, starke Inflation, Streiks und ein sinkender Lebensstandard die Realität.

Die Tragikomik der Brexit-Diskussionen wird noch übertroffen durch das aus heutiger Sicht mögliche Szenario, dass in den USA bei der nächsten Präsidentenwahl ein greiser Joe Biden gegen einen aus dem Gefängnis wütenden Donald Trump[5] antreten könnte, der ein paar Jahre zuvor schon beinahe einen »Staatsstreich« koordiniert[6] hatte. Dagegen ist die EU mit ihrem Motto »Wir regulieren den Fortschritt und alles dazwischen« fast harmlos. Europa hat zwar wenige Unternehmen im Bereich der Künstlichen Intelligenz, dafür soll aber das weltweit erste Regelwerk[7] dazu erstellt werden. Egal ob Datenschutz, Klimaschutz, Lärmschutz, Konsumentenschutz, Kleinanlegerschutz – jeder muss offenbar vor dem »bösen Fortschritt« beschützt werden. Das Problem dabei: Ohne persönliche Daten gibt es keine datengetriebene Medizin mit all ihren Möglichkeiten, und ohne ökonomischen und technischen Fortschritt und die richtigen Anreizsysteme wird auch die Wirtschaft nicht CO_2-neutral werden, außer wir katapultieren uns wieder in die vorindustrielle Zeit zurück.[8]

---

4 https://www.fr.de/politik/brexit-grossbritannien-benzin-knappheit-eu-armee-boris-johnson-sprit-tankstellen-91004590.html

5 Ob Donald Trump aus dem Gefängnis heraus für die US-Präsidentschaft kandidieren kann, ist nicht unumstritten, aber grundsätzlich möglich.

6 Die genaue Bezeichnung der Geschehnisse rund um den Sturm aufs Kapitol Anfang 2021 sowie die genauen Hintergründe der Verantwortung dafür sind Gegenstand heftigster politischer Diskussionen.

7 Regelwerke für Künstliche Intelligenz sind grundsätzlich sinnvoll und notwendig. Falls die EU aber einen Alleingang macht, stellt sie sich wirtschaftlich ins Abseits.

8 Sicher etwas polemisch und verkürzt, aber die von der Politik vorgegebenen Ziele zur CO_2-Neutralität lassen sich ohne technologischen Fortschritt und massive Innovation durch Unternehmen nur mit erheblichen Verboten und Wohlstandseinschnitten erzielen.

Weltweit herrscht Aufruhr in den politischen Systemen. Dummheit und Irrationalität kennen kaum noch Grenzen. Rechts- und linksextremistische Positionen, mit teils dramatischen Forderungen und Kampfansagen an Wirtschaft und Freiheit, gewinnen massiv die Zustimmung der Wähler. Vor allem in Europa geht es nicht mehr um Wohlstand, Fortschritt und Bürgerwohl, sondern immer mehr um Umverteilung, Verbote und Regulierung. Turbulente Zeiten stehen bevor: London und San Francisco – wir kommen noch darauf zurück – sollten auch für Europa und unsere bequeme Wohlstandsinsel ein Warnsignal sein.

Durch Umverteilung und Verbote wird kein Wohlstand geschaffen. Wohlstand wird durch Leistung und technischen Fortschritt generiert, also durch Unternehmertum und Innovation.

Enorme »Investitionen« für Verteidigung und Militär

Als Folge der zunehmenden geopolitischen Spannungen – Ukraine-Krieg, China/Taiwan/USA, Nordkorea und so weiter – haben fast alle Staaten der Welt ihre Militär- und Rüstungsausgaben drastisch erhöht. Deutschland hat 100 Milliarden Euro Sondervermögen für die Bundeswehr zur Verfügung gestellt, selbst das kleine und neutrale Österreich hat die Verteidigungsausgaben substanziell erhöht. Rüstungskonzerne eröffnen neue Werke und deren Aktienkurse erzielen Höchststände. **Rüstungsausgaben zerstören in der Regel Wohlstand[9], denn die Produkte der Rüstungsindustrie sind primär dafür da, Dinge zu zerstören und nicht Dinge aufzubauen; und sie werden leider auch dafür eingesetzt.** Die Ressourcen an Kapital,

9 Es gibt einige Fälle, da wurden durch Militärausgaben und militärische Forschung technologische Fortschritte erzielt, zum Beispiel Internet, Flugzeuge et cetera.

Rohstoffen und Arbeitskräften, welche für die Rüstungsindustrie abgezogen werden, fehlen in anderen Teilen der Wirtschaft. Werden Raketen, Panzer und Kampfjets gefertigt, können weniger Schulen, Autos und Zivilflugzeuge gebaut werden. Nicht umsonst haben fast alle Staaten mit einer (teilweisen) Kriegswirtschaft starke Inflation.

Und vielleicht sollte man auch die Frage stellen, wie wir zukünftig klimaneutrale Panzer und Raketen bauen; an der Front gibt es ja gewiss Elektroladestationen inklusive eines eigenen Kraftwerks.

Deglobalisierung

Das starke Wohlstandswachstum im Zeitraum 1980 bis 2020 war vor allem durch Globalisierung, globale Arbeitsteilung, Just-in-time-Produktion und günstige Produktionskosten möglich geworden. Seit der Corona-Krise gibt es eine gegenteilige Entwicklung. Die USA und China führen de facto einen Wirtschaftskrieg mit gegenseitigen Sanktionen und Strafzöllen[10], der Handel zwischen Russland und der westlichen Welt wurde größtenteils ausgesetzt. Der Protektionismus steigt in fast allen Staaten der Welt. Unternehmen tendieren zum »Nearshoring«[11], stabile Produktionsketten und Risikomanagement, höhere Produktionskosten und geringere Effizienz sind die Folge. Ein weiterer Driver für höhere Preise und Inflation. Es bleibt zu hoffen, dass die Taiwan-Causa friedlich gelöst wird und nicht zu so einem großen Konflikt führt; aber selbst stärkere Sanktionen gegen China hätten gewaltige wirtschaftliche Folgen, sowohl für viele US-Konzerne wie Apple oder Tesla, aber noch

---

10 Beispielsweise Ausfuhrverbote für Computerchips an China.

11 Verlagerung der Produktionskapazitäten und der Lieferketten in Länder, die in der Nähe der Heimatbasis des Unternehmens sind.

mehr für die Mehrheit der DAX-Konzerne, deren Geschäft massiv von China abhängt.

Wenn Staaten nicht mehr zusammenarbeiten, sondern sich gegenseitig blockieren und sanktionieren, sinkt unser Wohlstand.

Wetterextreme

Egal wie man zum Thema »Klimawandel« steht, eines ist nicht von der Hand zu weisen: Die Anzahl der Wetterextreme wie Überflutungen, Hagelstürme, Tornados, extreme Hitze[12], extreme Trockenheit, Wasserknappheit[13] oder Buschfeuer nehmen weltweit zu, auch in Deutschland und Österreich. Wetterextreme zerstören, ähnlich wie kriegerische Handlungen, Produktionskapazitäten, Gebäude und Besitz, der Wiederaufbau ist teuer und kostet Ressourcen an Kapital, Arbeitskräften und Rohstoffen. Auch das befeuert Wohlstandsverlust und Inflation.

Klimapolitik

Klimapolitik ist nicht nur die Antwort auf die Wetterextreme, sondern auch eine klare politische Agenda der EU, der USA und anderer Staaten. Der »Green New Deal« der EU und der etwas unpassend benannte »Inflation Reduction Act«[14] der USA sind groß angelegte staatliche Förder- und Investitionsprogramme, in die

12 https://www.spiegel.de/wissenschaft/natur/klima-warum-2023-das-bisher-heisseste-jahr-in-der-geschichte-der-menschheit-werden-koennte-a-46da50b3-db35-4486-9aac-12269ff2d602

13 https://www.europarl.europa.eu/news/de/agenda/briefing/2023-06-12/7/parlament-warnt-vor-wasserkrise-in-europa

14 https://en.wikipedia.org/wiki/Inflation_Reduction_Act#:~:text=The%20Inflation%20Reduction%20Act%20of,production%20while%20promoting%20clean%20energy

Hunderte Milliarden fließen mit dem Ziel, die Wirtschaft CO_2-neutral und umweltfreundlicher zu machen. Gerade in der EU und in Deutschland agiert die Politik dabei irrational und zum Teil sogar weltfremd. Anstatt auf Innovation und Anreize zu setzen, hagelt es aus der EU und aus Berlin Verbote und neue Gesetze. Allein die energetische Ertüchtigung des Gebäudebestands und die Umrüstung der Heizungen scheint in der jetzigen Form nicht umsetzbar zu sein – ich bin schon sehr gespannt, wie die deutschen Kommunen die Vorgaben des Gebäudeenergiegesetzes bis 2028 umsetzen und finanzieren wollen. Ähnliches gilt für die Umrüstung des Fahrzeugparks, der Landwirtschaft und der Industrie.

Selbst bei einer einigermaßen rationalen Politik – von der wir meilenweit entfernt sind – bindet die Umstellung der Wirtschaft enorme Ressourcen an Kapital und Arbeitskräften. Ein ökonomischer Kraftakt, der nicht ohne Wohlstandsverlust einhergehen wird. Die geschätzten Kosten der Energiewende belaufen sich in Deutschland bis 2050 auf 500 bis 3000 Milliarden Euro, umgerechnet 1 bis 2 Prozent p. a. des BIPs.[15] Man spricht auch von einer »Grünen Inflation«[16], also einer Inflation getrieben durch höhere CO_2-Preise und die Kosten der klimafreundlichen Umrüstung der Wirtschaft.

Die politisch gewollte Energiewende wird sehr, sehr teuer.

Auch wenn volkswirtschaftlich (noch) unbedeutend, ein abschließender Kommentar zu den sogenannten »Klimaklebern«, die von Teilen des politischen Establishments beschützt und zum Teil von weltweiten Organisationen wie dem Climate Emergency Fund[17] finanziert werden: **Durch Straßenblockaden und mutwillige Zer-**

15 https://www.ifo.de/medienbeitrag/2019-07-12/was-uns-die-energiewende-wirklich-kosten-wird

16 https://www.tagesschau.de/wirtschaft/gruene-inflation-101.html

17 https://praxistipps.focus.de/wer-finanziert-die-letzte-generation-erklaert_153804

störung von Gebäuden, Geschäften und Kulturdenkmälern mit Farbsprays – dabei handelt es sich wohlgemerkt um kriminelle Handlungen[18] – wurde weder ein Gebäude energetisch saniert noch 1 Tonne CO_2 eingespart noch ein Baum gepflanzt. Das Gegenteil passiert, nämlich Stau mit mehr CO_2-Ausstoß und verlorene Arbeitszeit in massivem Ausmaß.

Wir reduzieren unseren Wohlstand, aber bitte mit Farbe.

Die neue Form der Wirtschaft: Der Kunde darf warten, bezahlen und »Danke« sagen

Wien, 23. Februar 2023: Ich sitze mit einem meiner Steuerberater beim Dinner im Restaurant »Steirereck« im Wiener Stadtpark. Wir bekommen gerade die Hauptspeise serviert, ein leckerer Kabeljau, und ich frage meinen Steuerberater, wie das Geschäft läuft. »Ich kann mich nicht beschweren. Wir bekommen so viele Kundenanfragen, dass wir sie gar nicht mehr bearbeiten können. Gutes Personal gibt es praktisch nicht am Markt, also haben wir die Preise um 50 Prozent erhöht und unsere Kunden aussortiert. Wer anstrengend ist oder weniger zahlen will, kann es gern woanders versuchen. Aber die meisten kommen zurück, weil es bei den anderen Steuerberatern genauso aussieht.« Als unser Dessert serviert wird, sagt er noch: »Wirtschaftlich geht es uns blendend. Niemand will mehr arbeiten, Steuerberater ist ein Mangelberuf geworden. Und in einer Mangelwirtschaft, in der ich mir die Kunden aussuchen kann, ist es leicht, Geld zu verdienen«.

Ein Einzelfall? Ähnliches gilt für Handwerker und Baumaterialien, Ärzte und Medikamente, Psychologen, Airlines, Hotels, Restau-

---

18 https://dejure.org/gesetze/StGB/303.html

rants, Autohersteller, IT-Firmen, Videographen, Online Marketer, Facility Manager, ... die Liste lässt sich beliebig fortsetzen.

Mercedes musste, wie alle Hersteller, noch vor wenigen Jahren massive Rabatte auf seine Fahrzeuge geben, um sie zu verkaufen. Wer jetzt einen Mercedes kaufen will, muss tief in die Tasche greifen, der Durchschnittserlös von Mercedes pro Fahrzeug hat sich von 51 000 Euro im Jahr 2019 auf 73 000 im Jahr 2023 erhöht.[19] Und der Kunde muss geduldig sein, die Wartezeiten sind trotz einer leichten Beruhigung erheblich, besonders für Luxusfahrzeuge. Und wenn jemand aus der Mittelschicht aufgrund der Inflation den Gürtel enger schnallen muss und von der E-Klasse auf die A-Klasse umsteigen will, heißt es für den dann: »Bye Bye Mercedes.« Denn Mercedes stellt die Produktion der A-Klasse ein. Das Ergebnis für die Mercedes AG: Rekordgewinne und Rekorddividenden für die Aktionäre.

Noch krasser ist die Situation bei Handwerkern und Baumaterial sowie bei Immobilien.[20] Wartezeiten von mehreren Monaten auf Basisprodukte wie Ytong-Ziegel, Bad- und WC-Ausstattung, Fenster oder Dämmmaterialien sind keine Seltenheit, von Wärmepumpen ganz zu schweigen. Kommentar eines Instagram-Fans von mir, als ich ein Bild meines neuen Mehrfamilienhauses und der dazugehörigen Wärmepumpe gepostet hatte: »Ich warte auf meine schon fast fünf Monate. Liefertermin gibt es noch keinen.« Wohnungsmangel, der zu mehreren Hundert Interessenten auf eine Mietwohnung führt, gibt es bereits jetzt in vielen deutschen Städten. Mehr dazu später im Buch.

Aus einer Überflusswirtschaft, in der (fast) alle Produkte und Dienstleistungen sofort und im Überfluss vorhanden waren, ist eine (politisch gewollte?) Rationierungswirtschaft geworden. Vie-

---

19 https://www.zeit.de/news/2023-02/16/starke-zahlen-bei-mercedes-benz-fuer-2022-erwartet?utm_referrer=https%3A%2F%2Fwww.google.at%2F

20 Die Situation hat sich trotz gesunkener Immobilienpreise nur leicht entspannt.

le Waren und Dienstleistungen, auch immer mehr Basisgüter wie medizinische Versorgung, Mobilität, Wohnen, Medikamente und (in Einzelfällen) Nahrungsmittel sind nicht mehr jederzeit uneingeschränkt verfügbar. Wer sie trotzdem haben will, muss warten und bezahlen, oder nicht warten und noch mehr bezahlen.

Der schwarze Schwan: Zwangsurlaub in Hawaii

Cambridge, Massachusetts, 1. Juni 2023: Ich treffe meine Klassenkollegen von meiner 25-jährigen Harvard Reunion. Wir haben eine Welcome Party im Lowell House, die Stimmung ist gut. Ich unterhalte mich mit einem ehemaligen Studienkollegen, mit dem ich gemeinsam im Eliot House gelebt hatte; er erzählt von seiner Karriere bei einem Hedgefonds in San Francisco, wo er Partner ist. Auf die Frage, wo er lebt, sagt er: »In San Francisco gibt es zu viel Kriminalität, deshalb bin ich in eine Stadt nördlich der Golden Gate Bridge gezogen. Richtung Weinbaugebiete.« Als ich ihn frage, ob es dort nicht regelmäßig Buschfeuer gebe, meint er: »Ja klar, das passiert häufig. Vor zwei Jahren ist unser Haus fast abgebrannt, wir mussten die Gegend verlassen. Aber alles halb so schlimm. Wir sind vier Wochen nach Hawaii geflogen, haben uns in einem Ressort einquartiert und es uns gut gehen lassen. Dann war der Spuk vorüber. Und seit Corona haben wir ja gelernt, dass man von überall aus arbeiten kann.«

Als Hedgefondsmanager verdiente mein Kommilitone genug, dass ihm das Buschfeuer ziemlich egal sein konnte; vier Wochen in Hawaii für 50 000 US-Dollar, das verdient der Herr locker in einer Woche. Selbst die Schäden am Haus, die nicht von der Versicherung gedeckt wurden, konnte er aus der Portokasse bezahlen. »Immerhin sei dann alles neu«, ergänzte er. Leute aus der Mittelschicht hatten nicht die Option, im Ernstfall 100 000 US-Dollar hinzublättern. Sie mussten in einer Turnhalle oder in billigen Motels übernachten, die der Staat als Flüchtlingsunterkunft angeboten hatte. Und auf Matratzen in einer Turnhalle oder in einem heruntergekommenen Motel mit Drogenjunkies vor der Tür zu übernachten, ist, höflich formuliert, alles andere als angenehm.

Einen ähnlichen Betrag muss man übrigens hinblättern, wenn man in der Ukraine und in Russland nicht zum Kanonenfutter an der Front werden will.[21] Und der Preiszettel von 100 000 Euro ist noch gering im Vergleich dazu, wenn man mit einer Corona-Infektion nicht nach vier Tagen Wartezeit im Gang eines Krankenhauses liegen wollte. Ich hatte mich damals vorsorglich nach den Kosten und Möglichkeiten erkundigt.

Die Anzahl und Häufigkeit von Extremsituationen, sogenannten »Schwarzen Schwänen« oder »Six Sigma Events«, nimmt drastisch zu, in praktisch allen Staaten der Welt. Pandemien, (Klima-)Lockdowns, Wetterextreme und Naturkatastrophen wie Überflutungen, Extremhitze, Tornados oder Buschfeuer, Gas- und Stromrationierungen, Kriege, bürgerkriegsähnliche Zustände, extreme Freiheits- und Vermögensberaubung durch links- oder rechtsextreme Politik ... Hast du genügend Kohle – wir reden hier von mindestens sechsstelligen Beträgen –, dann kannst du es dir leisten, dich den Problemen zu entziehen, vorausgesetzt du bist einigermaßen smart und sehr flexibel. Gibt es extreme Hitze oder Buschfeuer, schickst du Grüße aus Helsinki, bei einem Blackout bist du besser in Dubai oder Doha aufgehoben, bequeme Anreise per Business-Class (vorausgesetzt du bist schnell) oder Privatjet (sehr teuer)[22], an Kommunisten und Rechtspopulisten sendest du

21 Es handelt sich hier nur um grobe Schätzungen, da es solche Möglichkeiten »offiziell« nicht gibt.

22 Sowohl aus Kiew als auch aus Kabul konnte man bis zum unmittelbaren Beginn der Kampfhandlungen noch mit dem Flugzeug das Land verlassen, auch bequem per Business Class. Die Mehrheit der »Six Sigma Events« wie beispielsweise Kriege, gröbster politischer Unfug oder Extremwetterlagen können heute vorhergesagt werden, in Kiew beispielsweise durch den Abzug der Leasingflieger aus dem Land.

Wünsche für ihr baldiges Abdanken vom Zuger See oder aus Malta, bei einem allfälligen (Klima-)Lockdown[23] mit Rindfleischverbot postest du Bilder von einem Wagyu-Rind-Dinner aus Texas[24], zu dem du im klimatisierten Cadillac-SUV angereist bist. Aus der Ferne oder aus der Luft kann man den Spuk entspannt verfolgen, bis sich die Unwetter verzogen haben. Nicht umsonst lebt die globale Elite immer mehr ein globales Nomadendasein. Hast du aber keine Kohle, dann gnade dir Gott, du kannst nur hoffen, dass nichts passiert.

Die Zentralbanken müssen weiter Geld drucken[25]

London, 23. September 2022: Die neue englische Premierministerin Liz Truss gibt eine Pressekonferenz, bei der sie die Finanzpolitik der Regierung erläutert. Kurz danach kollabiert der Markt für englische Staatsanleihen und droht, das englische Pensionssystem in den Abgrund zu reißen.[26] Die Lösung des Problems kam innerhalb von zwölf Stunden dank Andrew Bailey, dem Gouverneur der englischen Notenbank, durch Geld drucken, also den massiven Ankauf von Staatsanleihen durch die englische Zentralbank. Alle Bemühungen, die aufgeblähte Zentralbankbilanz zu reduzieren und das Gelddrucken zu reduzieren, waren innerhalb eines Tages Geschichte.

---

23 Es wurde bis jetzt kein Klima-Lockdown angekündigt, aber manche politische Gruppen befürworten so etwas.

24 Texas ist einer der US-Bundesstaaten, in denen ein Klima-Lockdown definitiv unrealistisch ist.

25 Die Darstellung hier ist natürlich sehr stark vereinfacht, aber mein Ziel ist, die grundsätzlichen Effekte verständlich aufzuzeigen. Die tatsächlichen Mechanismen der Vermehrung der Geldmengen und der Zentralbankaktivitäten sind sehr komplex und deren Beschreibung allein würde mehrere Bücher füllen.

26 https://www.cnbc.com/2022/10/06/bank-of-england-says-pension-funds-were-hours-from-disaster-before-it-intervened.html

Die Notenbanken haben keine andere Wahl, als weiter Geld zu drucken, um die Staatsfinanzen und die Wirtschaft am Laufen zu halten. Sei es die Fed[27], welche die Einlagen der Silicon Valley Bank (und einiger anderer Banken) in vollem Umfang garantierte, um das Vertrauen in die Finanzindustrie wiederherzustellen und die Start-up-Branche vor dem Kollaps zu bewahren, sei es die Schweizer Notenbank, die der strauchelnden Credit Suisse eine Rettungslinie von mehr als 100 Milliarden Franken bereitstellte. In Krisensituationen müssen die Zentralbanken bereitstehen, um die Finanzmärkte und die Staatsfinanzen vor dem Zusammenbruch zu retten.

Die Krisen und »Six Sigma Events« werden mehr. Ebenso sind die meisten westlichen Staaten bis über beide Ohren verschuldet, in den USA lag die Verschuldungsquote Anfang 2023 bei 134 Prozent des BIP, in der EU bei über 90 Prozent. Wer soll die Kosten für Verteidigungsausgaben, Rettungsprogramme, Förderprogramme, Umstellung auf eine CO_2-neutrale Wirtschaft bezahlen? Der Steuerzahler allein wird es nicht schaffen, dafür wären prohibitive Steuersätze notwendig, welche die Wirtschaft vollends abwürgen würden.

Die Wunderheiler-Methoden der Notenbanken, also Gelddrucken ohne Inflation kombiniert mit starkem Wohlstandswachstum, funktionieren nur in einer Überflusswirtschaft, und auch dort stets mit Kollateralschäden (siehe voriger Teil dieses Kapitels). In einer (Teil-)Rationierungswirtschaft, bei der es in wesentlichen Teilen der Wirtschaft einen Mangel an Produkten und Dienstleistungen gibt beziehungsweise die Nachfrage größer als das Angebot ist, bedeu-

[27] Formal garantierte die Einlagen die Federal Deposit Insurance Corporation, also die US-Einlagensicherung, die am Ende aber wieder von der US-Notenbank abhängig ist.

tet Gelddrucken nur eines: Inflation, und zwar dauerhaft. Und Inflation führt für die Mehrheit der Bevölkerung zu einem schleichenden Wohlstandsverlust, zu einer stetigen Enteignung.

Die Enteignung der Mittelschicht in drei Teilen: *piano, lungo, fortissimo nero*

Teil 1: *Piano*

München, 2. Oktober 2019: Ich bin mit einigen Freunden auf dem Oktoberfest. Wir sind im Paulaner Festzelt, die Stimmung ist ausgelassen. Ich bestelle drei Maß Bier, nicht weil ich sie selbst trinken würde – ich bin schon nach einer Maß besoffen –, sondern weil meine Freunde Nachschub brauchen. Kostenpunkt: knapp über 30 Euro. Bei meinen Vorträgen frage ich meine Teilnehmer immer, wie viel Maß Bier man im Jahr 2029 noch für 30 Euro bekommen wird. Die Antwort ist fast immer: eine Maß. Die Frage – meine bayrischen Freunde werden mir sicher entschieden widersprechen – ist nur, ob es sich tatsächlich um eine traditionelle Maß Bier handelt, oder um eine »Neumaß« mit 30 Prozent Bierschaum!

Die Bierrechnung der Inflation – für jeden verständlich. Die Geldentwertung kommt schleichend, aber stetig, lautlos und piano, ohne dass es die meisten Menschen merken. Ein Airport-Taxi in Wien kostet nicht mehr 36 Euro, sondern zunächst 40, dann 45, dann 50 Euro ... Ein Cappuccino auf der Donauinsel kostet nicht mehr 3 Euro, sondern 4 Euro dann 5 Euro dann irgendwann 10 Euro.

Die folgende Tabelle zeigt dir, wie viel Kaufkraft dein Geld in zehn Jahren verliert, also wie viel weniger Bier, Cappuccino oder Taxifahrten du dir mit deinen Euros kaufen kannst:

Jährliche Inflationsrate	Kaufkraft nach 10 Jahren	Kaufkraftverlust nach 10 Jahren
2 Prozent	82 Prozent	Minus 18 Prozent
5 Prozent	61 Prozent	Minus 39 Prozent
7 Prozent	50 Prozent	Minus 50 Prozent
10 Prozent	38 Prozent	Minus 62 Prozent
15 Prozent	25 Prozent	Minus 75 Prozent

Bei 2 Prozent Inflation wie in der Periode 2010 bis 2020 ist der Kaufkraft- oder Wohlstandsverlust unmerklich. Aber bei 7 Prozent, 10 Prozent, 15 Prozent geht das richtig ins Geld.

Überleg dir mal, jemand bietet dir ein Investment an mit garantiert 50 oder 75 Prozent Verlust. Die meisten Menschen würden dankend ablehnen. Dennoch hat die Mittelschicht einen großen Teil ihrer Ersparnisse auf dem Sparbuch, in Bausparverträgen, Lebensversicherungen und Anleihen geparkt, und genau das tritt ein: 50 bis 75 Prozent Verlust! Zwar nicht auf dem Papier sichtbar, aber an der Getränketheke, im Supermarkt und im Urlaub. Du kannst dir einfach viel weniger leisten. Auch die Gehälter und Pensionen halten in aller Regel nicht mit der Geldentwertung Schritt, dazu kommt die kalte Progression[1], sodass die Mehrheit der Menschen durch die Inflation schleichend verarmt, ganz piano.

Dazu kommt, dass die *offizielle* Inflationsrate selten das tatsächliche Leben widerspiegelt. Die offizielle Inflationsrate wird, vereinfacht gesagt, auf Basis der Preisentwicklung eines von der Zentralbank festgelegten Warenkorbs eines »Durchschnittsbürgers« angegeben. Die *persönliche* Inflationsrate kann eine ganz andere sein – je nach Zusammensetzung des persönlichen Warenkorbs: Reist du viel, konsumierst du private Gesundheitsdienstleistungen,

1 Wenn du nominell mehr verdienst, kommst du in eine höhere Steuerprogressionsklasse und dir bleibt weniger Netto vom Brutto. In Österreich wurde die kalte Progression durch die Steuerreform reduziert, aber Politiker sprechen schon wieder von Steuererhöhungen ...

gehst du gerne essen, hast du Kinder, die auf eine Privatschule gehen, hast du es gerne im Winter kuschelwarm bei 24 Grad, liegt deine Inflationsrate vielleicht nicht wie offiziell bei 5 oder 7 Prozent, sondern bei 8, 10 oder 12 Prozent.[2]

Vermögende Menschen hingegen profitieren von der Inflation. Hast du werthaltige Immobilien, Aktien, Beteiligungen oder Gold, sind dein Vermögen und deine Einkommensströme zumindest inflationsgesichert. Und bei *werthaltigen* Immobilien mit Bankfinanzierung – später mehr dazu – profitierst du sogar von der Inflation und kannst jedes Jahr ein Dankesgebet an Frau Lagarde sprechen, so wie ich es mache, wenn ich am Main entlang spazieren gehe. Die Inflation entschuldet dich in ähnlicher Weise wie sich auch die Staaten entschulden. Deine Schulden werden im Verhältnis zur Kaufkraft und zu deinen Mietcashflows immer weniger.

Die Mittelschicht verarmt durch die Inflation. Vermögende Menschen profitieren von der Inflation.

Teil 2: *Lungo*

Maximilian, ein guter Freund von mir, will nach Berlin übersiedeln, da er dort einen neuen attraktiven Job gefunden hat. Er ist Programmierer, hat immer viel verdient und steht wirtschaftlich gut da. Als er in Berlin eine Wohnung in zentraler Lage sucht, bekommt er einen Schock, immerhin war er die niedrigen Wiener Mieten gewohnt. In Berlin: Zweizimmerwohnungen für 1200 Euro Nettomiete und mehr, und trotzdem kommen 50 Leute zur Besichtigung. Alternativ Wohnungen, die der Mieter selbst sanieren darf. Nach der vierten Besichtigung war es ihm zu doof. Er rief den Makler an

2 Viele Teilbereiche der Wirtschaft haben Inflationsraten von deutlich über 10 Prozent.

und fragte ihn, was er tun müsse, um die Wohnung zu bekommen; er wäre auch bereit, dafür extra zu bezahlen. Beim ersten Makler hatte er noch keinen Erfolg, in typischer Berliner Schnauze bekam er die Antwort: »Bewerbungsunterlagen ausfüllen und warten.« Der nächste Makler, den er anrief, hatte ein offenes Ohr für sein Anliegen. Er vereinbarte einen privaten Besichtigungstermin und der Makler sagte: »Für 20 000 Euro Ablöse können Sie die Wohnung haben.« Maximilian wusste zwar nicht, was er ablösen sollte, aber er sagte zu. Immerhin hatte er eine gute Wohnung in Berlin Mitte gefunden, und die Miete war mit 1050 Euro Kaltmiete noch relativ moderat. »Ich werde Ihnen keine Probleme machen. Dafür habe ich gar nicht die Zeit.« Der Makler bedankte sich und sagte: »In Berlin ist es verdammt schwer, eine gute Wohnung zu bekommen. Sie sind smart und wissen, was notwendig ist.«

Ein Extrembeispiel? Vielleicht heute noch. Aber Zahlungen für Express-Service, also ein Aufpreis, damit es ohne Warten und Anstellen funktioniert, werden in einer Rationierungswirtschaft häufiger. Jeder kennt die Situation am Airport: Bei der Economy-Class stehen 200 Leute an und bei der doppelt so teuren Business-Class vielleicht 10. Dasselbe wird auch bei anderen Waren und Dienstleistungen passieren beziehungsweise passiert schon: Medizinische Dienstleistungen, Medikamente, Autos, Wohnungen, Baumaterial, IT-Equipment, Pflegedienstleistungen, gute Schulen. Wer Geld auf den Tisch legt, wird sofort bedient, wer kein Geld hinlegt, für den heißt es »bitte warten«; so wie in den 1970er-Jahren bei Mercedes oder Volkswagen. Lungo eben.

Vermögende Menschen bekommen Express-Service. Die Mittelschicht muss sich anstellen und Geduld haben.

Teil 3: *Fortissimo Nero*

Du warst zwar regelmäßig im Gotteshaus und hast gebetet, lange ist nichts passiert, aber plötzlich: Fortissimo Nero. Der schwarze Schwan ist doch gekommen. Ein neuer Lockdown ist da, Strom wird rationiert oder ein Sturm hat deine Dachgeschosswohnung verwüstet. Jetzt geht es nicht mehr um 10 000 oder 20 000 Euro, sondern um 100 000 Euro und mehr, die du brauchst, damit dein Leben weiterhin angenehm und komfortabel ist und du nicht Scheiße fressen[3] musst. Für die meisten Menschen, die nur das bequeme, komfortable Hamsterrad kennen, ist jetzt jede Bequemlichkeit vorbei, denn sie können die 100 000 Euro nicht aufbringen. Bist du vermögend, ändert sich nicht allzu viel, bis auf deinen Aufenthaltsort; und vielleicht erhöht sich sogar dein Kontostand.[4]

Spätestens die Ankunft des schwarzen Schwans beendet das klassische bequeme Mittelstandsleben. Hast du genügend Kohle, überlegst du dir aus sicherer Entfernung, wie du mit dem schwarzen Schwan noch Geld verdienen kannst.

Das Leben der Mittelschicht wird definitiv härter. Der Wohlstand sinkt und das, was vorher sicher schien, wie Wohnen, Heizen, Auto, Gesundheit, Urlaub, wird nicht mehr immer und überall verfügbar sein. Die Welt teilt sich auf in »Haves« und »Have Nots«, Menschen mit Geld und Menschen ohne. Auf welcher Seite willst du sein?

---

3 Im übertragenen Sinn!

4 Während der Corona-Zeit gab es extrem attraktive Möglichkeiten, Geld zu verdienen.

Die Party der Überflusswirtschaft ist für die meisten Menschen vorbei. Aber für manche geht die Party erst richtig los

Ich bin weder ein Pessimist noch glaube ich, dass die Welt zusammenbricht, ich versuche nur, die Sachlage realistisch zu analysieren und mir zu überlegen, wie ich damit Geld verdienen kann. Im Gegenteil, ich bin Optimist und davon überzeugt, dass wir durch den technologischen Fortschritt im Bereich der Medizin, der Künstlichen Intelligenz, der Biotechnologie und auch durch die großen Investitionen in Klimaschutz et cetera noch goldene Zeiten sehen werden. Du kannst davon profitieren, vorausgesetzt du bist wirtschaftlich auf der richtigen Seite.

Geld verdienen bedeutet wieder Arbeit und Know-how

München, 7. Februar 2023: Nach einem Skiwochenende in Kitzbühel mache ich mich auf den Weg nach München. Ich hatte einige Geschäftstermine vereinbart und am Abend war ich noch als Keynote Speaker bei einer Veranstaltung gebucht. Auf dem Weg ins Hotel »Vier Jahreszeiten« treffe ich meine Bekannte, die im Bayrischen Staatsdienst arbeitet. Ich frage sie, wie es bei ihr läuft. »Die Zeiten waren schon besser«, war ihre Antwort. Sie hatte sich wieder eine Immobilie gekauft, diesmal ein Reihenhaus im Speckgürtel von München, und hatte gedacht, sie könne das Reihenhaus wie beim letzten Mal, *ohne etwas zu tun*, mit 100 000 Euro Gewinn oder mehr verkaufen. Vorsorglich hatte sie schon einen Teil des erwarteten Gewinns für eine Urlaubsreise und einige Shopping-Trips in der Maximilianstraße verwendet. Ich ließ mir ein paar Eckdaten der Immobilie geben. Die Lage war gut, sie hatte sich günstige Zinsen immerhin für drei Jahre gesichert, also kein akutes Problem, und bei der Immobilie gab es einiges an Optimierungspotenzial. Sie stöhnte: »Die Zeiten sind so schwierig. Die Zinsen sind hoch, ich muss die Heizung tauschen und jetzt kommt noch die energetische Sanierungspflicht. Ich dachte, Geld verdienen geht ganz einfach.« Ich sagte ihr: »Mit der energetischen Sanierung der Immobilie kannst du sogar Geld verdienen und obendrein deine Steuerlast reduzieren. Aber die Party ist vorbei, Madame. Jetzt musst du dich in Sachen Immobilien auskennen und Arbeit hineinstecken, anstatt das Geld in der Maximilianstraße zu verpulvern. Dann wirst du auch mit dieser Immobilie Geld verdienen.«

Die Zeiten, in denen man *ohne Arbeit und Know-how einfach Kohle verdient hat*, sind definitiv vorbei, und zwar für längere Zeit – nicht nur am Immobilienmarkt. Du musst allein 10 Prozent auf dein eingesetztes Kapital verdienen, um nach Steuern die Inflation auszugleichen. Um Vermögen aufzubauen, brauchst du zumindest 15 Prozent Ertrag p. a. Für den Durchschnittsanleger und Hobbyinvestor, der auf den Rat von Mizzi-Tante, Maxi-Onkel und sonstigen Armutsberatern hört, unerreichbar. Für Profis überhaupt kein Problem, für *educated Schnappis* brechen gerade goldene Zeiten an. Mehr dazu im zweiten Teil des Buchs.

Wer faul ist, muss Dacia fahren

Illetas, Mallorca, 1. April 2021: Mallorca hat nach dem Lockdown wieder die Tore für die ersten Touristen geöffnet. Ich parke vor einem Supermarkt, um Wasser und Bananen zu kaufen, mein Sohn David ist dabei. Vor dem Laden steht ein rostiger, schwarzer Dacia. Mein Sohn fragt: »Papa, was ist das für ein hässliches Auto?« Ich antwortete: »Ein Dacia, David. Wenn du faul bist, musst du Dacia fahren.« – »Papa, ich will keinen Dacia fahren. Nein, nein, nein.« Ich fragte ihn, welches Auto er fahren wollte. Er sagte: »Aston Martin, Ferrari und Lamborghini.« »Na dann«, antwortete ich ihm, »musst du sehr fleißig sein, Business lernen und viel Geld verdienen, um dir so was leisten zu können«. David versicherte: »Papa, ich werde sehr fleißig sein.«

Wenn du glaubst, dass du mit Teilzeitarbeit, 20-Stunden-Woche, Selbstfindung, Work-Life-Balance und Sabbaticals noch ein angenehmes Leben führen kannst, bist du entweder auf Drogen, lebst im Märchenland oder in der Vergangenheit. Du wirst zwar (Helikopter)Geld vom Staat bekommen, aber du wirst dir damit immer weniger leisten können; du musst im wahrsten Sinne des Wortes den Gürtel enger schnallen und dich warm anziehen. Immerhin: Ein geringerer Bauchumfang oder Schlafen bei 16 Grad soll ja gesundheitsfördernd sein, und ein Lastenfahrrad ist vielleicht gut für deine Kondition.

Eine Sache wirst du jedenfalls definitiv *nicht mehr* haben, nämlich *Freiheit*. Die Freiheit zu reisen, wohin du willst, die Freiheit zu essen, was du willst, die Freiheit zu sagen, was du willst, die Freiheit zu leben, wo du willst.

Um diese Freiheiten zu haben, brauchst du zukünftig viel Kohle. Um diese Freiheiten zu haben, benötigst du entsprechende Unternehmensstrukturen, um dich staatlichen Regulierungen entziehen zu können; gute Anwälte, um das ganze Dummregelwerk zu navigieren; und ausreichend Mittel, um dir den Unfug zur Not aus der Ferne ansehen zu können. Erinnere dich an den Corona-Lockdown. Vielleicht heißt der nächste Lockdown ja schon: Klima-Lockdown.[1]

[1] Ganz unrealistisch ist diese Annahme nicht. In Irland wird die Möglichkeit diskutiert, bis zu 200 000 Rinder zu schlachten, um die Klimaziele des Landes zu erreichen.

Zukünftig muss ich meinem Sohn dann nicht mehr sagen: »Wer faul ist, muss Dacia fahren«, sondern: »Kann jemand, der faul ist, noch Dacia fahren?« Oder: »Wer faul ist, muss Lastenfahrrad fahren.«

Wer fleißig und geschäftstüchtig ist dem stehen goldene Zeiten bevor

Inflation, Mangelwirtschaft, staatliche Regulierung und Verbote, Krisen; gepaart mit den Theorien der Verschwörungsexperten und der Pessimisten sehen viele Leute schwarz, bekommen Burn-out – oder vielleicht eher Bore-out – und glauben, die Welt bricht bald zusammen. Man kann diese Situation aber auch als große Opportunität betrachten.

Wer sein Geld richtig investiert, kann von der Inflation profitieren, genauso wie es Profi-Investoren, Konzerne und die Staaten tun.

In einer Mangel- und Zuteilungswirtschaft ist es teilweise leichter Geld zu verdienen als in einer wettbewerbsintensiven Überflusswirtschaft. Es gibt weniger Wettbewerb, wenn es weniger Menschen gibt, die fleißig sind und Gas geben, und daher auch weniger Konkurrenz. Wettbewerb belebt zwar das Geschäft, aber nicht unbedingt den Profit.[2]

Staatliche Regulierungen, Investitions- und Förderprogramme und dazugehörige Verbote sind immer komplex, und nur selten profitieren jene Menschen davon, welche die Regulierung eigentlich schützen soll. Komplexität bedeutet, dass es nur wenige Marktteilnehmer gibt, die sie verstehen und navigieren können. Gehörst du zu dieser Gruppe, kannst du mit diesen Entwicklungen viel Geld

---

2 Die hohen Profitmargen von Unternehmen im IT-Bereich mit oligopolähnlichen Marktstrukturen (Google, Facebook et cetera) sind ein Beispiel dafür, dass wenig Wettbewerb die Kassen füllt.

verdienen. Du musst nur wissen, wie du die Melkmaschine am Euter der staatlichen Kuh befestigst, und wie du sie bedienst.

Wenn alle befürchten, die Welt stehe am Abgrund, ist die beste Zeit, Vermögenswerte zu kaufen: *Schnappi-Times*. Geld verdienst du nicht, wenn Hinz und Kunz Immobilien, Tech-Aktien, Kryptowährungen oder Beteiligungen kaufen, sondern dann, wenn du einen Käufermarkt hast mit wenig Wettbewerb und viel Auswahl.

Und last but not least: Schwierige Zeiten und Krisen benötigen tüchtige Menschen. Gehörst du dazu, wirst du fürstlich entlohnt werden.

Jetzt heißt es eigentlich nur mehr: Plaid Gas[3] geben, Geld verdienen und Vermögen aufbauen.

3 Plaid Gas ist mehr als Vollgas. Leitet sich vom Tesla Plaid ab, einem Elektroauto mit über 1000 PS.

TEIL II

WIE WERDE ICH VERMÖGEND?

Die Grundregeln des Vermögensaufbaus

So banal und einfach es klingt: Reichtum und Vermögen basiert zunächst auf ganz simplen Prinzipien und auf den Regeln der Mathematik.

Du musst zunächst viel Geld verdienen – durch operative Arbeit als Angestellter oder Unternehmer –, um den Geldtopf zu füllen. Wenn du nichts oder wenig verdienst, bleibt der Topf leer, da kannst du dich noch so sehr selbst optimieren und über Investments reden.

Im nächsten Schritt benötigst du eine legale und effiziente Steuerstruktur. Wenn dir der Staat die Hälfte deines Einkommens wegnimmt, wird es ziemlich schwer, reich zu werden.

Wenn du nach Abzug der Steuern genügend verdient hast, musst du deine Ausgaben im Griff haben. Ich rede nicht von Verzicht, aber geschicktem Ausgabenmanagement vor allem bei großen Posten. Wenn du finanziellen Dünnschiss hast, wirst du auch bei hohem Verdienst nicht finanziell frei.

Wenn du nun genügend Geld auf die Seite gelegt hast, musst du dein Kapital sorgsam, ertragreich und steuereffizient investieren, mit gutem Risikomanagement. Ansonsten ist dein hart erarbeitetes Geld schnell im Rachen von gierigen Vermögensvernichtern oder durch eigene Dummheit vernichtet, und du beginnst wieder von vorne.

Geld verdienen

Im November 2022 war ich gerade im Taxi auf dem Weg zu einem Termin in Berlin, als mich ein Geschäftspartner anrief und mir begeistert ein Geschäftsmodell präsentierte. Er war davon völlig überzeugt und ich konnte seinen Redefluss kaum stoppen. Meine

Begeisterung hielt sich in Grenzen, denn nach einer kurzen überschlagsmäßigen Berechnung war mir klar: Damit verdient man kein Geld.

Es gibt viele Menschen, die hart und viel arbeiten, sei es als Angestellter oder Unternehmer. Allerdings muss die Arbeit auch Geld bringen, sonst lohnt sich das Ganze nicht beziehungsweise es wird sehr schwierig, finanziell frei zu werden, so sehr man sich auch anstrengt. Die meisten Menschen haben wenig bis kein Verständnis, welche Arbeit sich tatsächlich wirtschaftlich lohnt, vor allem unter Berücksichtigung des Zeitaufwands und des Risikos.

Ich fahre sehr viel Taxi und gehe jeden Tag zweimal ins Restaurant. Ich respektiere die Arbeit der Taxifahrer und Restaurantmitarbeiter absolut, immerhin vereinfachen sie mir mein Leben deutlich. Dennoch würde ich in diesen Branchen nie arbeiten wollen, weder als Angestellter noch als Unternehmer. Die Margen sind knapp, das Risiko hoch, der Arbeitsaufwand ebenso. Kein guter Mix, wenn man finanziell frei und vermögend werden will. Ja, es gibt Leute, die auch in diesen Branchen vermögend sind (die gibt es sogar im notorisch schwierigen Airline-Geschäft), aber es ist ein »Uphill Battle« mit geringer Erfolgswahrscheinlichkeit.

Der österreichische *Standard* hat einmal einen Artikel darüber veröffentlicht[1], wieso man YouTube-Premium abonnieren müsse, da man über den kostenlosen Zugang ja nur mehr nervige Werbung von Möbelhäusern, Investmentpunks und Bundespräsidentschaftskandidaten bekomme. Werbung nervt, aber sie funktioniert, genauso wie Vertrieb. Ich weiß es aus eigener Erfahrung als Unternehmer. Und wer sind die bestbezahlten Mitarbeiter in den meisten Unternehmen, egal ob Produktionsbetrieb oder Investmentbank und Anwaltskanzlei? Es sind die »Rainmaker«, die guten Vertriebler und Online Marketer, die manchmal mehr verdienen als die Geschäftsleitung. »A good salesperson will always be able to feed

1 https://www.derstandard.at/story/2000139544207/youtube-premium-nie-wieder-moebelhaeuser-und-investmentpunks

his/her family well«, sagt man; im Verkauf ist es leichter, Geld zu machen als im Tourismus oder als Taxifahrer (mit Ausnahme von sehr guten Kellnern, die auch Vertriebsmeister sind und dadurch viel Trinkgeld bekommen).

IT-Leute haben nicht nur mir schon viele graue Haare beschert, aber selbst der größte introvertierte Nerd hat volle Auftragsbücher. Der Bedarf in der Branche ist so groß und die Margen üppig, sodass sich hier relativ einfach Geld verdienen lässt. Auch Steuerberater müssen sich anstrengen, *kein* Geld zu verdienen, denn in diesem Bereich ist die Nachfrage (getrieben durch immer neue Steuerideen des Staats) ebenfalls ungebrochen hoch.

Ich hielt einmal einen Vortrag an einer Schule, und als ich gefragt wurde, was man heute studieren soll, um viel Geld zu verdienen, antwortete ich: »Informatik, Online-Marketing, Mathematik, Statistik, Data Science, Umwelttechnik, Steuerrecht. Oder Vertrieb oder Handwerk lernen«. Auf den Einwurf eines Schülers, dass ihn und seine Klassenkollegen das alles nicht interessiere und dass sie sich selbst verwirklichen wollen, antwortete ich: »Dann musst du eben arm bleiben«. Seine Antwort: »Nein, der Staat muss mich erhalten und dafür sorgen, dass ich tun kann, was mich interessiert.«

Nein, der Staat muss dich nicht erhalten und wird es auch nicht. Es gibt Branchen mit hoher Nachfrage und hohem Wachstum, dort ist es leicht, Geld zu verdienen. Zu diesen Branchen zählen beispielsweise:

- Alle Bereiche, die mit IT, Data Science, Online-Marketing, Künstlicher Intelligenz et cetera zu tun haben. Hier ist einer der größten Wachstumstreiber unserer Wirtschaft.
- Greentech und alle Bereiche, die dazu beitragen, unsere Wirtschaft CO_2-neutral zu machen, insbesondere Elektromobilität, alternative Verkehrssysteme, energetische Ertüchtigung von Gebäuden, »saubere« Landwirtschaft et cetera. Hier werden weltweit Hunderte Milliarden investiert, politisch gewollt.

- Medizin, insbesondere kombiniert mit digitalen Fähigkeiten, in diesem Bereich ist in den nächsten Jahren extremes Wachstum zu erwarten, Mediziner mit IT-Skills verdienen fast immer deutlich sechsstellig. Auch in der Pharma-Branche lässt sich gutes Geld verdienen.
- Professional-Services wie Rechtsanwälte, Steuerberater oder Wirtschaftsprüfer, in Verbindung mit Fähigkeiten im Bereich digitaler Geschäftsmodelle und IT.
- Alternative- und Online-Education: Da die klassischen Ausbildungssysteme in der Vergangenheit stecken geblieben sind, in Bürokratie ersticken und sich mehr mit Gender-Themen und Diversity als mit digitalen Geschäftsmodellen beschäftigen, wächst diese Branche massiv. Menschen müssen sich regelmäßig in vielen Bereichen weiterbilden, und die klassischen Ausbildungssysteme reichen dafür nicht aus.
- Die Finanzbranche sitzt an der Quelle des Geldes, hier besteht die größte Nachfrage in den Bereichen Data Science und IT (Leute mit solchen Fähigkeiten verdienen oft mehr als Investmentbanker), Compliance und ESG (Environmental, Social and Governance).
- Rüstungsindustrie: Ein trauriges Thema, und eine Branche, in der ich selbst nicht arbeiten oder darin investieren würde. Seitdem die Staaten weltweit sehr viel Geld in Verteidigung und Waffen investieren, ist es auch hier relativ leicht, Geld zu verdienen.
- Ebenso gibt es Bereiche, insbesondere Vertrieb, Handwerk und MINT-Fächer, mit Berufen, die nur wenige Leute erlernen wollen, und daher die Nachfrage die Gehälter in die Höhe treibt.

Wenn du Geld verdienen willst, dann wähle diese Bereiche und Branchen aus. Eines muss dir aber klar sein: Selbst in den Branchen, die es dir – relativ gesehen – einfach machen, Geld zu verdienen, liegt das Geld nicht auf der Straße. Du musst dir schon die Mühe machen, es aufzuheben.

Was will ich damit sagen?

Gerade am Anfang deiner Karriere musst du richtig hart arbeiten und Gas geben, selbst in den ertragreichsten Branchen. In meinem ersten Job an der Wall Street wurde ich nach einer 80-Stunden-Woche gefragt, ob ich auf Urlaub sei. Ok, klingt hart, aber die Realität ist einfach so. Auch bei einem Stundensatz von 200 Euro als Informatiker verdienst du nur dann Geld, wenn du genügend arbeitest. Mit 20 Stunden pro Woche ist es einfach weniger als mit 60. Auch im Vertrieb ist die Regel einfach: Je mehr Calls/Termine, desto mehr verkaufst du. Harte Arbeit ist die Basis fürs Geldverdienen.

Vergleichen wir zwei Leute – sagen wir Herrn Faul und Herrn Fleißig. Herr Faul arbeitet 20 Stunden pro Woche, Herr Fleißig 60 Stunden. Beide arbeiten in derselben Branche und haben dieselben Lebenshaltungskosten. Zur Vereinfachung: Beide verdienen 50 Euro pro Stunde Netto und haben Lebenshaltungskosten von 3000 Euro pro Monat. Wie sieht das wirtschaftliche Ergebnis aus? Herr Faul verdient 20*4*50 = 4000 pro Monat. Er gibt 3000 Euro zum Leben aus, bleiben 1000 Euro pro Monat übrig. Herr Fleißig verdient 60*4*50 = 12 000 pro Monat, gibt 3000 zum Leben aus, bleiben 9000 pro Monat übrig, das NEUNFACHE (!).

Jeder Mensch hat Basislebenshaltungskosten wie Essen, Wohnen, Reisen, Energie, Gesundheit et cetera. Wer faul ist und weniger arbeitet, hat nicht weniger Lebenshaltungskosten, eher das Gegenteil ist der Fall. Oder isst du weniger, weil du faul bist? Das heißt, du kannst dir exponentiell weniger Geld auf die Seite legen.

Jetzt haben wir aber noch einen Punkt übersehen. Herr Fleißig arbeitet nicht nur dreimal so viel, er hat auch dreimal so viel Arbeits- und Berufserfahrung, was seinen Marktwert deutlich erhöht. In einigen Jahren verdient also Herr Fleißig deutlich mehr pro Stunde als Herr Faul, und die Schere geht immer weiter auseinander. Herr Faul bleibt arm, Herr Fleißig kann reich werden. Mit Work-Life-Balance und Selbstfindung bleibst du arm, selbst in den besten und ertragreichsten Branchen, das ergibt die einfache Mathematik. *Faule Menschen bleiben fast immer arm, selbst wenn sie großes Talent mitbringen.*

Dennoch gibt es Menschen, die viel arbeiten und in attraktiven Branchen tätig sind, und trotzdem wenig verdienen. Ein Element fehlt ihnen: Man muss etwas besonders gut können, sich gut auskennen und sein Handwerk verstehen. Ich werde immer gefragt, wieso ich im hart umkämpften Online-Business dauerhaft erfolgreich bin. Die Antwort ist einfach: Ich bin vor allem deshalb glaubwürdig, weil ich das, was ich lehre, auch kann, und zwar besser als andere Marktteilnehmer, egal ob es um Immobilien, komplexe Unternehmensstrukturen, Beteiligungen oder Steuern geht. Ich praktiziere die Dinge mit Erfolg seit mehr als 20 Jahren, habe mehr als 100 Investmentbanking-Deals strukturiert, mehr als 3000 Wohnungen besichtigt und mehrere Hundert gekauft; daher verdiene ich sowohl mit Immobilien, als Investmentbanker und als Online-Unternehmer viel Geld.

Wenn du dein Handwerk beherrschst und mehr Know-how und Wissen hast als die Konkurrenz, wirst du dich leichter tun, Geld zu verdienen. Mit Bullshit kommst du nicht durchs Leben, nicht mal als Verkäufer oder Schauspieler. Branchen, in denen besonders viel Know-how und Ausbildung benötigt wird, zum Beispiel Data Science, IT, Steuerberatung, Medizin, gehören nicht umsonst zu den am besten bezahlten Bereichen. In manchen Branchen geht das Geldverdienen zweifellos einfacher als in anderen, aber du musst überall etwas können und dich laufend weiterbilden, sonst bleibst du finanziell auf der Strecke.

Willst du Kohle verdienen, wähle eine Branche/einen Industriezweig, in dem es relativ gesehen einfacher ist, Geld zu verdienen. Sei fleißig und hab mehr Wissen als die anderen. Dann stehen die Chancen gut, dass sich dein Geldtopf üppig füllt.

Jetzt musst du nur noch sichergehen, dass er sich nicht ebenso schnell wieder entleert.

Steuern *legal* optimieren

Die Mehrheit der Menschen in Österreich und Deutschland, mit Ausnahme von Geringverdienern und finanziell gebildeten Unternehmern sowie einigen wenigen finanziell gebildeten Angestellten, hat eine faktische Steuerquote von über 50 Prozent. Jetzt werden die meisten von euch schreien: »Nein, das stimmt nicht, der Höchststeuersatz liegt bei 45 Prozent in Deutschland und 50 beziehungsweise 55 Prozent in Österreich.« Das ist aber nicht die ganze Wahrheit. Wenn du alle Steuern und Abgaben, also auch Sozialversicherung (ist auch eine Steuer, heißt nur anders), in Deutschland zusätzlich Soli und Kirchensteuer sowie zusätzlich die Arbeitgeberbeiträge zur SV zusammenrechnest, bist du schnell bei deutlich über 50 Prozent Steuern, von dem was dein Arbeitgeber bezahlt und was dir auf dem Konto angezeigt wird.

In meinen ersten Jobs an der Wall Street und in Frankfurt hatte ich ein Gehalt von über 100 000 US-Dollar/Euro, aber als ich mein Bankkonto anschaute, fiel ich immer aus allen Wolken. Am Ende waren es knapp um die 50 000 Euro.

Das System ist überall in der westlichen Welt ähnlich, nur die Namen sind andere. In New York heißt es Federal Income Tax, NY State Income Tax, NYC Tax, Social Security; in Deutschland Einkommensteuer, Sozialversicherung, Soli, Kirchensteuer, aber das Ergebnis ist immer dasselbe: 50 Prozent gehen an den Staat. Die Steuern waren bei mir einer der Hauptgründe, Unternehmer zu werden, denn mir war von Anfang an klar: *Bei einem Steuersatz von 50 Prozent ist es verdammt schwer, reich zu werden.*

Einer meiner Freunde ist ein sehr sparsamer Mensch. Ich frage ihn immer, wieso er nach Ungarn fährt, um sich die Zähne machen zu lassen, und nur im Outlet-Store einkaufen geht, und er sagt, dass er dann mehr Geld zum Investieren habe. Die Aussage ist zwar richtig, aber als ich ihn gefragt habe, wie viel Steuern er zahlt, hatte er keine Ahnung. So geht es den meisten. Man kann noch so sparsam sein, wird aber mit Klein-Klein trotzdem weniger Effekt erzielen als beim größten Ausgabebrocken, nämlich den Steuern.

Nehmen wir wieder ein Beispiel: Zwei Personen, Herr Smart und Herr Greenhorn, selbe Arbeit, selber Verdienst, selbe Lebenshaltungskosten. Verdienst: 8000 Euro pro Monat Brutto, Lebenshaltungskosten 3000 Euro pro Monat. Herr Smart hat Know-how bei Steuern und ist in Form einer GmbH organisiert (25 Prozent Steuer zur Vereinfachung), Herr Greenhorn hat keine Ahnung von Steuern und zahlt 50 Prozent. Herr Smart kann sich monatlich 3000 Euro (8000*0,75 minus 3000) auf die Seite legen, Herr Greenhorn gerade mal 1000 Euro (8000*0,5 minus 3000). Das sind bei Herrn Smart pro Jahr 24 000 mehr, über zehn Jahre 240 000. Bei gutem Investment macht das nach 10 bis 20 Jahren den Unterschied zwischen finanzieller Freiheit und Hamsterrad oder (Multi)Millionär und finanzieller Kargheit.

Jetzt werden viele sagen: Ich kann oder will nicht Unternehmer werden. Ok, auch Angestellte haben so einige Möglichkeiten, ihre Steuerlast zu senken, insbesondere mit Immobilien. Mehr dazu im dritten Teil des Buchs.

Am 14. Juni 2022 bestieg ich den Flug OS 127 von Wien nach Frankfurt. Ein relativ junger Mann fragte, ob ich der Investmentpunk sei, und ich sagte ja. Dann fragte ich ihn, was er beruflich mache und wo er wohne. Er sagte, er habe ein Dropshipping Business, das sehr gut laufe und dass er in Dubai lebe. Komisch, dachte ich, wir sind ja in keinem Emirates-Flieger. Ich fragte ihn, wieso Dubai, und er sagte: »Ich will nicht so hohe Steuern zahlen.« Er zeigte mir dann noch stolz seinen Porsche (mit deutschem Kennzeichen) und gab mir seine Visitenkarte mit deutscher und österreichischer Handynummer. Ich dachte mir wieder: Komisch, deutscher Porsche, deutsches Handy, deutsche Kunden – was hat das mit Dubai zu tun? Ich sagte ihm, er solle vorsichtig sein und aufpassen, dass er nicht irgendwann mit dem Arrestwagen vom Airport abgeholt werde. Seine Antwort: »Kein Problem, ich habe ja in Dubai ein Büro und eine (Teilzeit-)Mitarbeiterin.«

Ob er sein Büro und seine Mitarbeiterin schon jemals gesehen hat?

So bitte nicht! Das ist nicht Steuern legal strukturieren, sondern Steuerbetrug, und das kann schnell im Knast enden. Lerne Steuerrecht und nutze die Chancen, welche das deutsche und österreichische Steuerrecht bieten! Abgesehen davon: Wenn du in einem Land langfristig erfolgreich Geschäfte machen und nicht Jagdvieh der Behörden werden willst, musst du auch in diesem Land leben und Steuern zahlen. Aber eben keine 50 Prozent! Das ist fast schon Raub und verhindert beziehungsweise verlangsamt deinen Weg zu Reichtum und finanzieller Freiheit.

Steuern sind für die meisten Menschen der größte Ausgabenblock. Wenn du vorhast, deine Ausgaben zu optimieren, beginne mit der größten Ausgabe und lerne Steuerrecht. Dann wird es deutlich einfacher für dich, Vermögen aufzubauen und finanziell frei zu werden, egal ob du Angestellter, Unternehmer oder Investor bist.

Ausgaben geschickt optimieren ohne Verzicht

Berlin, November 2022: Ich war Gastredner bei einem Finanzkongress. Mein Vorredner war ein »Mindset- und Finanzcoach«. Er sprach über Morgenroutinen, über frühes Aufstehen und Meditationen. Definitiv nicht mein Typ, ich stehe auf, wann ich Lust habe, und mache, worauf ich Lust habe. Aber als er über das Thema »Geldroutinen« sprach, konnte ich nur noch den Kopf schütteln. Er machte eine Kaffeerechnung, wie man mit 100-Euro-Ansparplänen vermögend werden kann und wie man sich das Geld dafür anspart, indem man auf den Starbucks-Kaffee verzichtet, im Supermarkt keine Markenprodukte kauft und im Urlaub günstige Airbnb-Apartments bucht. In der Pause fragte ich ihn, ob er das ernst meine. Ein Redeschwall folgte, bis ich ihn unterbrach: »Haben Sie ein Eigenheim?« – »Natürlich, das ist die Basis der Vermögensbildung«, antwortete er. Als er mir den Ort verriet, an dem sich das Eigenheim befand, dachte ich mir nur, gnade dir Gott, da sagen sich ja sogar die Eulen gute Nacht. Alles war auf Kredit finanziert; es war schon sein zweites Eigenheim, das erste hatte seine Ex-Frau bekommen. Im Laufe des Gesprächs stellte sich auch heraus, dass er einen neuen Audi A4 mit teurem Leasingvertrag hatte. Und abschließend fragte ich ihn, welche Steuerstruktur er hatte. Es stellte sich heraus, er war Einzelunternehmer. *Nicht genügend, bitte setzen, wäre die einzig korrekte Antwort auf seine Ratschläge.*

Mit Verlaub, mit etwas so Unwesentlichem wie Kaffee einsparen wird dein Leben ziemlich langweilig und scheiße, aber du wirst definitiv nicht vermögend und finanziell frei. Du musst dich bei den Ausgaben auf die *großen* Dinge konzentrieren und nicht, wie der »Mindset Coach« meint, auf Klein-Klein.

Den größten Ausgabenblock der meisten Menschen hatten wir bereits im letzten Kapitel, nämlich die Steuern. Daneben gibt noch sechs weitere Punkte, die du im Griff haben musst, und hier geht es bei allen um viel Kohle.

1. Das Eigenheim auf Pump in der Pampa

Mödling bei Wien, September 2022: Es war 8:30 Uhr in der Früh und ich wurde gerade von meinem Fahrer zu Geschäftsterminen nach Graz gefahren. Auf der Gegenseite sah ich kilometerlangen Stau, so weit das Auge reichte. Ich dachte mir: Wer tut sich das freiwillig an? Jeden Tag raus aus der Pampa und im Stau stehen, die Luft verpesten und teures Benzin verblasen, seine Nerven und seine Gesundheit ruinieren. Am Abend dasselbe wieder retour. Arbeiten gehen, um die Schulden fürs Eigenheim bezahlen zu können. Und Arbeit verursacht das Eigenheim auch eine Menge; man muss ja schon fast sadomasochistisch veranlagt sein. Immerhin gibt es kein Gesetz, das jemanden zwingt, so einen Unfug zu machen.

Das Eigenheim auf Pump ist der größte Finanzirrtum, den du machen kannst und der dich auf dem Weg zu finanzieller Freiheit blockiert. Solange du nicht verschuldet bist, was bei vielen am Anfang der Karriere der Fall ist, hast du die Möglichkeit, von der Bank einen Kredit zu bekommen. Die meisten Menschen nutzen ihn fürs Eigenheim, kratzen das Eigenkapital von Eltern, Großeltern und Verwandten zusammen und verschulden sich Hals über Kopf für 30 bis 40 Jahre. Das war's, jetzt bist du für immer im Hamsterrad gefangen, Flexibilität gleich null. Willst du in eine andere Stadt ziehen? Viel Spaß, zuerst musst du dein Eigenheim verkaufen können und die Schulden tilgen, und das kann dauern ... Willst du einen Kredit für eine Unternehmensgründung oder für den Kauf von Investmentimmobilien aufnehmen? Die Bank wird dir in den meisten Fällen sagen: »Zahlen Sie zunächst den Kredit für Ihr Haus ab, bevor Sie wiederkommen. Sie sind bereits jetzt am Limit Ihrer Kreditwürdigkeit.« Du verlierst deinen Job oder lässt dich scheiden? Deine Bank wird nervös, denn mit welchem Cashflow willst du deinen Eigenheimkredit tilgen? Der Kuckuck ruft.

Die Alternative besteht darin, zur Miete zu wohnen und deine Finanzierungsmöglichkeit bei der Bank für kleine Einzimmerwohnungen als Geldanlage zu nutzen. Nicht du bezahlst den Kredit, sondern dein Mieter.[2] So bist du viel flexibler, und wenn du gut wirtschaftest, wird deine Bank dich unterstützen und du bist auf dem direkten Weg zum Millionärsdasein – vorausgesetzt, du machst keine groben Dummheiten auf dem Weg dorthin.

Ich werde immer wieder gefragt, wieso ich als Multimillionär und Eigentümer von mehr als 200 Wohneinheiten noch immer zur Miete wohne. Ganz einfach: Weil es sich besser rechnet. Würde ich meine Wohnung kaufen, würde sie 2,5 Millionen Euro kosten, ich bezahle jährlich circa 30 000 Euro Nettomiete. Ich habe mir erst kürzlich ein Mehrfamilienhaus gekauft, das ähnlich viel gekostet hat und das 120 000 Euro Nettomiete erzielt. 120 000 Euro

---

2 Bei Mietausfällen oder Reparaturen musst du die Kosten selbst tragen, aber das ist gering im Vergleich zu den Kosten des Eigenheims. Reparaturen musst du übrigens auch beim Eigenheim aus eigener Tasche bezahlen, aber ohne Steuervorteile.

Miete kassieren und 30 000 Euro Miete bezahlen, die Rechnung ist ganz einfach. Du kannst es auch auf kleinerem Level machen. Ein Reihenhaus im Speckgürtel von Wien oder Frankfurt kostet locker 600 000 bis 700 000 Euro, und wir sprechen hier nicht von den Toplagen wie Mödling oder Bad Homburg. Willst du es mieten, kostet es zwischen 1500 und 2000 Euro Nettomiete pro Monat. Für 600 000 bis 700 000 Euro bekommst du auch sechs bis sieben Einzimmerwohnungen mit jeweils 450 bis 500 Euro Nettomiete pro Monat, macht 2700 Euro bis 3500 Euro Nettomiete pro Monat, also 75 Prozent mehr Miete als beim Reihenhaus.[3]

Dazu kommen steuerliche Aspekte. Wird bei einem meiner Mehrfamilienhäuser das Dach kaputt, bezahle ich den Dachdecker aus unversteuertem Geld, ich kann die Reparatur steuerlich absetzen und mir in Österreich sogar die Vorsteuer zurückholen.[4] Wird beim Eigenheim das Dach kaputt, bezahlst du den Dachdecker aus nachversteuertem Geld – du musst also das Doppelte der Reparaturkosten verdienen – und kannst keinen Cent von der Steuer absetzen: weder Reparaturkosten noch Bankzinsen noch Gebäudeabschreibung. Und das Beste kommt zum Schluss. Muss dein Eigenheim aufgrund der EU-Auflagen[5] energetisch ertüchtigt werden oder musst du deine Heizung tauschen, dann bezahlst du die Kosten wieder aus hart im Hamsterrad erarbeitetem, nachversteuertem Geld. Ein nettes Kuckucksei. Ganz anders als Besitzer von Anlageimmobilien: Wenn du geschickt bist, kannst du mit der energetischen Sanierung noch Geld verdienen.[6]

3 Je individueller, größer oder spezieller das Eigenheim ist, desto größer ist der Unterschied zwischen Mietertrag der Einzimmerwohnungen und Mietzahlung fürs Eigenheim. Quelle für Kauf- und Mietangebote: Immobilienscout.

4 Vorausgesetzt, du vermietest umsatzsteuerpflichtig.

5 Mehr dazu im dritten Teil des Buchs.

6 Mehr dazu im dritten Teil des Buchs.

Wenn du finanziell frei sein willst, wohne zur Miete und kaufe kleine Einzimmerwohnungen als Geldanlage.

2. Neue Möbel

Wien, Februar 2018: Ich hielt einen Vortrag bei einer Immobilienveranstaltung. Es waren viele Eigenheimbesitzer anwesend; einer der Sponsoren war auch ein Küchenhersteller. Ich stellte die Frage: »Was kostet denn eine Küche?« Die Wortmeldungen reichten von knapp 10 000 Euro bis 50 000 Euro. »Wie finanziert ihr denn die Küchen?«, fragte ich. »Die Bank finanziert das als Teil des Eigenheimkredits. Ganz einfach«, kamen die Antworten aus dem Publikum. »Für so eine Küche bin ich zu arm«, sagte ich, »meine Küchen kosten nur 3000 Euro. Es gibt aber einen Unterschied: In meiner Bilanz stehen 140 Küchen. Wie viele stehen in eurer Bilanz?«

Betroffenes Schweigen.

Teure neue Möbel, am besten noch vom Schreiner, sind der Gipfel der wirtschaftlich dummen Eigenheim-Manie. Zumindest das Baugrundstück hat auch nach 20 Jahren noch einen Wert, mit etwas Glück durch die rapide Geldentwertung einen höheren, als du bezahlt hast; aber die Möbel sind nach 20 Jahren Sondermüll, und du darfst vielleicht sogar noch Entsorgungskosten zahlen.

Zu Corona-Zeiten hat meine Assistentin auf zwei Büroherdplatten Seezunge und Branzino zubereitet und es hat gut geschmeckt. So gut, dass einmal unser Bürohund zum Schock meiner Assistentin die Seezunge verzehrt hatte, als ich Hände waschen war. Was bringt bitte eine teure Küche, wenn du dir dann nicht einmal die Seezunge für 60 Euro oder das Wagyu-Rind für 100 Euro leisten kannst, wie es bei vielen Menschen der Fall ist. Und was bringt dein neues Sofa, wenn du eine Party hast und die Leute den Wein darauf verschütten, deine Kinder auf dem Sofa spielen oder die Katze das Sofa zerkratzt? Willst du eine Ausstellungswohnung haben, die du nie richtig benutzen kannst? Wenn nein, dann kannst du gleich ein gebrauchtes Sofa kaufen, das ein Fünftel oder ein Zehntel kostet im Vergleich zu einem neuen.

3. Neue Autos

Einer meiner Bekannten zeigte mir stolz sein neues Auto, einen Audi A4 mit ein paar Extras für über 50 000 Euro. Finanziert mit Leasing. Dabei war er meist knapp bei Kasse, Immobilien oder sonstige Vermögenswerte hatte er nicht. Ich dachte mir, was soll der Bullshit? Wen willst du mit einem Mittelklassewagen beeindrucken? Beeindrucken kannst du vielleicht jemanden mit einem limitierten Porsche oder Ferrari, mit dem du obendrein noch Geld verdienst.[7] Aber mit einem stinknormalen Auto? Das gibt ja höchstens Mitleid für deine leere Kasse.

Auch der Kauf eines neuen Autos gehört zu den wirtschaftlich dümmsten Dingen, die du machen kannst. Nach drei Jahren liegt der Wertverlust bei 50 Prozent des Neupreises, das ist bei einem einfachen Mittelklasseauto die Anzahlung für eine kleine Einzimmerwohnung. Addierst du noch die Finanzierungskosten, sind vielleicht sogar zwei Einzimmerwohnungen drin. Eine gut gepflegte, gebrauchte Mercedes-S-Klasse oder ein alter Porsche kommt günstiger als ein neues (Mittelklasse)Auto.[8]

Solange du dir keine speziellen Supersportwagen leisten kannst, kaufe dir nie ein neues Auto.[9] Es komplettiert das Trio der wirtschaftlichen Dummheiten. Und nutze die steuerlichen Vorteile von Elektrofahrzeugen, wenn du die Möglichkeit dazu hast, Immobilienbesitz hilft übrigens dabei.

---

7 Bei limitierten Porsches oder Ferraris und anderen Supersportwagen hast du teilweise eine Wertsteigerung auf den Neupreis.

8 Grund ist der geringe Wertverlust bei älteren Gebrauchtwagen, bei Porsches möglicherweise sogar ein Wertgewinn, wenn du gut einkaufst.

9 Ausnahmen sind vom Hersteller subventionierte Leasingangebote oder Mietangebote ohne Restwertrisiko. Gab es bis 2020 häufiger, seit der Knappheit von Fahrzeugen aufgrund des Chipmangels sind sie rar geworden.

4. Alkoholsucht, Drogensucht, Spielsucht, Konsumsucht

Juli 2017: Ein Online-Marketing-Spezialist wollte für mein Unternehmen arbeiten. Wie üblich führten sowohl ich als auch einige meiner Mitarbeiter Gespräche mit ihm, um ihn zu testen. Er kannte sich in diesem Bereich wirklich gut aus, aber sowohl mir als auch meinem Team fiel auf, dass er einmal total euphorisch über eine Sache sprach und zwei Tage später über das Gleiche komplett negativ urteilte. Meine Assistentin hatte schon den Vertrag vorbereitet, aber ich zögerte noch. Irgendetwas stimmte nicht. Die Antwort bekam ich am Wochenende. Einer meiner Bekannten war mit ihm feiern gewesen, und obwohl es draußen 30 Grad hatte, gab es Wintereinbruch; es schneite ... in die Nase. Ich war froh, dass der Kelch an mir vorübergegangen war und ich ihn nicht eingestellt hatte, so etwas bringt immer Probleme mit sich. Ein Jahr später fragte mich ein Rechtsanwalt, ob ich die betreffende Person kennen würde; er führte gerade eine gerichtliche Betreibung gegen ihn durch. Offensichtlich war er pleite, obwohl er aufgrund seiner Fähigkeiten viel Geld verdiente.

Egal ob Drogensucht, Alkoholismus, Sexsucht, Konsumsucht oder Egomanie, all diese Süchte führen fast immer in den wirtschaftlichen Untergang. Sie zerstören nicht nur dein klares Denken, sondern kosten auch richtig Kohle. Was du in der Dorfdisco an Geld versaufen kannst, kannst du beim Sternekoch nicht verfressen. Erspar dir also die Dummheiten und du bist einen Schritt näher an Wohlstand und Reichtum.

5. Teure Lebenspartner/Scheidung

Relativ am Anfang meiner Karriere als Immobilieninvestor hatte ich ein Erlebnis. Zwei Einzimmerwohnungen standen zum Verkauf, die Lage war exzellent, der Preis war günstig; offensichtlich brauchte der Verkäufer Geld. Als ich den Kaufvertrag erstellen ließ, sagte mir mein Notar, dass der Verkäufer ebenfalls Notar sei. Ich fragte ihn: »Wie kann ein Notar Geld brauchen, ein Notariat ist doch eine Gelddruckmaschine.« – »Der Herr Kollege hat fünf Kinder aus drei Ehen, das ist teuer«. Bei der Beurkundung gab es dann die nächste Überraschung. Der Notar, der die Wohnungen verkaufte, kam mit einer jungen Dame als Begleitung, die sich als »Gold Digger« erweisen sollte. Als nämlich *mein* Notar erläuterte, dass ein sehr alter Mieter noch ein Vorkaufsrecht habe und sich daher der Übergabetermin etwas verzögern könne, fragte die Begleitung des Verkäufers: »Wann kommt das Geld?« Ich konnte mir ein Schmunzeln nicht verkneifen. Nach der Beurkundung gab ich dem Verkäufernotar noch meine Visitenkarte und sagte, dass er sich melden solle, wenn er nochmals Wohnungen zu verkaufen habe, ich wäre interessiert. Bei der nächsten Scheidung, dachte ich mir noch.

Ich kann euch nur zum Thema Geld und Finanzen beraten, nicht zu Emotionen und Liebe; da habe ich wenig Know-how. Aus wirtschaftlicher Sicht ist eines klar: Teure Lebenspartner kosten viel Kohle, auch dann bereits, wenn die Beziehung noch funktioniert. Und es geht um nachversteuertes Geld, denn den Shopping-Trip zu Gucci kannst du nicht von der Steuer absetzen. 1000 Euro für Shopping ausgeben heißt 2000 Euro verdienen.[10] Geht es dann zur Trennung oder Scheidung, wird es richtig teuer. Ohne Ehevertrag sind 50 Prozent deines Vermögens weg, zuzüglich Alimente und Unterhalt für die Kinder. Und hast du ein Eigenheim auf Pump, kann es dir passieren, dass du zwar nicht mehr im ehemaligen Familienwohnsitz lebst (sondern dein Ex-Partner), du aber immer noch die Schulden abbezahlst.

Teure Lebenspartner, die du erhalten musst, machen dich arm. Und solltest du heiraten, mach es bitte mit Ehevertrag und höre auf die Worte des Geistlichen, der die Zeremonie durchführt: »Treue auf immer und ewig«. Sonst wird die Beziehung so teuer wie ein Apartment in Monaco.

10 Später im Buch erkläre ich dir anhand einer wahren Geschichte, wie du die Shopping-Trips steuerlich effizient gestalten kannst.

6. Konsumschulden

Ich hatte den »Mindset Coach« damals nicht gefragt, welche Zinsen er für seine Autofinanzierung bezahle; aber ein Bekannter von mir, der für eine Leasinggesellschaft arbeitet, gab mir die Antwort: »Derzeit verlangen wir rund 8 Prozent (!) kalkulatorische Zinsen für ein Fahrzeugleasing, dazu kommen diverse Gebühren und Zusatzkosten«. Selbst für ein 50 000-Euro-Auto – und hier sprechen wir definitiv nicht von Luxus – bezahlst du bei einer Fünf-Jahres-Finanzierung[11] nochmals 15 000 Euro an Gebühren und Kosten. Die 30 000-Euro-Küche als Teil der Eigenheimfinanzierung kostet dich über die Laufzeit[12] nochmals 20 000 Euro an Zinsen und Gebühren. Viel dümmer geht es nicht mehr.

Wenn du Konsumschulden machst, begibst du dich freiwillig und express in die (finanzielle) Sklaverei. Du nimmst einen Kredit für eine Sache auf, die in wenigen Jahren praktisch wertlos ist, bezahlst Zins und Tilgung aus nachversteuertem Geld (das heißt du musst das Doppelte der Kreditrate verdienen) und bezahlst in der Regel sündhaft teure Zinsen. Sinkt dein Einkommen, kannst du deine Schulden nicht mehr bezahlen, das Konsumgut ist wertlos und der Pleitegeier klopft an deine Tür.

Das ist der große Unterschied zu Investmentschulden: Du nimmst einen Kredit auf, um eine Vermögensanlage wie beispielsweise eine Wohnung zu erwerben, die werthaltig ist oder sogar langfristig im Wert steigt, die Kreditrate bezahlst du aus dem Cashflow der Vermögensanlage (beispielsweise Miete) und die (günstigeren)

---

11 Annahme: 5000 Euro Anzahlung, Restwert 15 000 Euro, durchschnittlicher Finanzierungsbetrag somit 30 000 Euro, macht bei 8 Prozent Zinsen 2400 Euro pro Jahr Zinsen, über fünf Jahre 12 000 Euro Zinsen, dazu kommen Gebühren und sonstige Kosten.

12 Ist die Küche Teil der Eigenheimfinanzierung, ist die Laufzeit in der Regel 30 Jahre. Somit bezahlst du 30 Jahre lang Zinsen, selbst wenn die Küche schon abgewohnt und wertlos ist.

Zinsen[13] kannst du in der Regel von der Steuer absetzen. Auch Investmentschulden musst du mit Bedacht einsetzen, sonst kommt hier ebenso der Pleitegeier. Aber die Kombination aus Eigenheim auf Pump, Konsumschulden und Angestelltengehalt als einziger Einnahmequelle ist eine ähnlich große Risikoposition, wie wenn du bei hoher Lawinengefahr ohne Ausrüstung in einen steilen Hang abseits der Piste einfährst.

Wer Konsumschulden macht, gehört ins wirtschaftliche Irrenhaus, bevor er ins Armenhaus kommt! Das Einzige, was du mit Konsumschulden machen kannst, ist, sie zu besitzen, und von wirtschaftlich dummen Menschen 8 Prozent Zinsen kassieren.

Die Hitparade der Panzerknacker:

- Eigenheim auf Pump,
- Neue Möbel,
- Neue Autos,
- Alkoholismus, Drogensucht, Konsumsucht, Sexsucht und Egomanie,
- Teure Lebenspartner und Scheidung,
- Konsumschulden.

Wenn du diese Dinge vermeidest, dann musst du nicht mehr im Restaurant oder Urlaub auf jeden Cent achten, und kannst trotzdem Vermögen aufbauen.

Stichwort *Urlaub* oder *Restaurant*: Beides sind Einmalausgaben. Verdienst du in einem Jahr besonders gut, gehst du in ein teures Hotel, hast du ein schlechtes Jahr, dann wählst du eben ein billigeres. Schmerzhaft? Natürlich. Aber jederzeit möglich. Spielst du hingegen die Hitparade der Panzerknacker, bist du mit *Fixkosten* gefangen, die du nicht loswirst und die dir sowohl deine finanzielle

13 Kredite für Immobilien und andere Vermögensanlagen haben in der Regel günstigere Zinsen als Konsumkredite.

Flexibilität als auch deine Freiheit rauben: Willst du dein Eigenheim und deine Möbel verkaufen, die du auf Pump gekauft hast, weil du dir die Kreditraten und Betriebskosten nicht mehr leisten kannst? Das kann lange dauern, und du musst hoffen und beten, dass du nach dem Verkauf ohne Schulden dastehst. Leasingvertrag für ein Auto vorzeitig beenden? Bitte noch 15 000 Euro bezahlen.[14] Einen teuren Lebenspartner in die Wüste schicken? Die Scheidung ist noch teurer.

Wenn du vermögend und finanziell frei sein willst, vermeide die Hitparade der Panzerknacker. Sie raubt dir nicht nur dein Geld, sondern auch deine Freiheit.

Geld sorgsam, steuereffizient und risikooptimiert investieren

Ich bekomme eine Nachricht auf Instagram. Die Frage lautet: »Ich will Investor werden so wie du, was muss ich dafür tun?« Ich schaue mir sein Profil an, typisches Insta-Profil, Bilder vor schnellen Autos und Aufnahmen aus Dubai. Meine Gegenfrage lautete daher: »Wie viel Geld hast du zum Investieren?« Einige Stunden später antwortete er: »5000 Euro.« Ich dachte mir: Du kannst dir ja nicht mal den Sprit für die Autos und Boote leisten, vor denen du posierst. Verdien erst richtig Kohle, bevor du nach Dubai fliegst und gleichzeitig daran denkst, Investor zu werden.

Derartige Anfragen bekomme ich laufend. Aber als Investor brauchst du etwas Kapital, ganz ohne Kohle kannst du kein Vermögen

[14] Ist einem meiner Freunde passiert, der seinen Job verlor und darauf seinen BMW-Leasingvertrag beenden wollte. Die Summe setzte sich aus Restwertdifferenz, Mehrkilometer, Kosten für kleine Schäden am Fahrzeug und Bearbeitungsgebühren zusammen.

aufbauen. Du brauchst keine Unsummen dafür, mit 20 000 Euro bist du schon dabei. Aber zunächst musst du die Abfolge der ersten drei Schritte einhalten – also Geld verdienen, Steuerlast optimieren und Ausgaben vernünftig managen –, bevor du investierst, sonst lohnt sich die Sache nicht. Und mal ehrlich, jede Person, die fleißig und geschäftstüchtig ist, kann sich 20 000 Euro auf die Seite legen, ich kenne Kellner und Taxifahrer, die das schaffen.

Hast du 20 000 Euro als Startkapital, dann kann die Reise als Investor beginnen. Du musst dich gut auskennen, sonst wirst du geschoren wie ein Schaf und gerupft wie ein Huhn. Wenn du überteuerte Anlegerwohnungen kaufst, Kryptowährungen oder Aktien ohne Erfahrung handelst oder auf Armutsberater hörst, die dir erklären, wieso du 5 Prozent Provision für ein Wertpapier zahlen sollst, das du an der Börse für 0,5 Prozent Gebühren kaufen kannst, ist dein Geld schnell alle. Wenn du allerdings lernst, dein Geld effizient zu investieren, dann kannst du am Ende gar nicht mehr verhindern, Millionär oder Multimillionär zu werden.

Ein Hinweis noch zum Abschluss dieses Kapitels: Wenn du immer am gedeckten Tisch sitzen und dabei auch ruhig schlafen willst, sei stets ehrlich und mach keine krummen Geschäfte. Wenn du jemandem dein Wort gibst, halte dich daran, halte Vereinbarungen und Termine ein und bezahle pünktlich. Dann werden dich deine Geschäftspartner respektieren und aufgrund deiner guten Reputation wirst du bessere Geschäfte machen. Ich kann aus eigener Erfahrung sagen: Auf einer Million schläft man gut, auf vielen Millionen schläft man besser, *vorausgesetzt, du hast keine großen schwarzen Hunde im Keller.*

Wie baue ich mein Portfolio auf?

Der Herr Doktor und das liebe Geld

Klosterneuburg bei Wien, 16. September 2022: Ein angenehmer Spätsommerabend, ein Bekannter von mir, ein sehr erfolgreicher Arzt, hat mich zum Essen in seine Villa eingeladen. Wir können draußen sitzen, die Stimmung ist gut. Der Herr Doktor erzählt mir gerade von seinem neuen Apartment in Montenegro, das er gekauft hat, direkt am Meer, er zeigt mir den atemberaubenden Blick. Daneben hat er noch ein Apartment in Fort Lauderdale und eine Wohnung in Bali, die er vergeblich versucht über Airbnb zu vermieten. Und er erzählt mir auch von seiner nächsten geplanten Reise nach Windhoek, Namibia; »Afrika hat so viel Potenzial«, sagt er, »ich überlege mittelfristig auch dort zu investieren«. Seine Investments waren so exotisch und unterschiedlich wie seine Urlaubsdestinationen. NFTs, Bauherrenmodelle, Flugzeugbeteiligungen, exotische Kunstwerke, Osmium, Goldschürfrechte in Kanada. Fehlte eigentlich nur noch ein Reisebüro in Nordkorea.

Ich fragte ihn, wie er auf die ganzen Dinge gekommen war, und er antwortete: »Ich habe einige Patienten, die kennen sich bei Investments aus. Die haben es mir empfohlen, das sind richtige Vollprofis.« Wie sich später herausstellte, waren zwei davon Finanzvermittler, von denen einer schon insolvent war.

Der Herr Doktor füllte sein Weinglas erneut. Es war schon das vierte Glas und langsam kam er in Fahrt und erzählte die ganze Wahrheit. Er verdiene sehr gut, aber trotzdem sei das Geld immer knapp, alles werde teurer, nur die Arzthonorare stiegen nicht, außerdem zahle er viel zu viele Steuern, und das gleich in mehreren Ländern, und könne nichts dagegen tun. »Und jetzt habe ich eine kleine Herausforderung. Ich muss in einige Geräte für meine Ordination investieren, aber es geht sich nicht ganz aus. Hast du Ideen?« *Kleine Herausforderung* war britisches Understatement, der Herr Doktor war ziemlich pleite. Ich fragte ihn: »Hast du Immobilien in Wien oder Salzburg? Oder Goldbarren? Oder Apple- oder Microsoft- oder Mercedes-Aktien?« Er schüttelte jedes Mal den Kopf. Selbst bei Bitcoin und Ethereum schüttelte er den Kopf und sagte, das sei doch viel zu riskant, obwohl er mehrere Hunderttausend Euro in völlig unverkäufliche und teilweise wertlose NFTs gesteckt hatte. Ich dachte mir nur, wie (wirtschaftlich) dumm kann man sein, und das mit zwei Doktortiteln. Dann fragte er mich noch, ob ich ihm das Geld leihen könne. Ich lehnte dankend ab, keines seiner »Investments« konnte man rasch zu Geld machen und seine Villa war zu individuell, damit zu schwer verkäuflich und obendrein zu hoch mit Krediten belastet.

Solche Fälle erlebe ich tagtäglich, extrem smarte Menschen, Unternehmer, Geschäftsführer, Vorstände, Ärzte, Rechtsanwälte, sogar Steuerberater und Bankdirektoren, die sehr viel können, viel Geld verdienen, aber trotzdem bei der Geldanlage völlig ahnungslos sind. Dabei ist es ja gar nicht so schwer.

Die wesentlichen Punkte einer guten Vermögensanlage

Eigentlich muss man, vereinfacht gesagt, nur das Gegenteil von dem tun, was der Herr Doktor getan hat. Aber gehen wir die einzelnen Eigenschaften einer gut strukturierten Vermögensanlage im Detail durch.

Fokussierte Diversifikation

Alles auf eine Karte setzen ist wirtschaftlich dumm. Ein Investment oder eine Einkommensquelle kann noch so attraktiv sein, aber man weiß nie, was passiert. Schwarze Schwäne gibt es und sie werden häufiger. Hast du alles auf eine Karte gesetzt, bist du pleite. Und du willst ja *immer* am gedeckten Tisch sitzen, nicht nur temporär.

Deshalb propagieren Finanzprofis Diversifikation, also eine Streuung deiner Investments. Auch der Herr Doktor hatte eine starke Diversifikation, er hatte insgesamt mehr als 20 verschiedene Investments auf vier Kontinenten. Das Problem dabei: Solange du dich nicht klonen kannst, schaffst du es nicht, 20 verschiedene Anlageklassen oder Investments auf vier Kontinenten zu verstehen und zu kontrollieren. Wenn du Zirkusjongleur bist und einen IQ von 160 hast, schaffst du es vielleicht, die Übersicht über acht oder zehn verschiedene Vermögensanlagen zu behalten, bei den meisten Menschen sind es drei oder vier.

Wenn du wirklich Vermögen aufbauen und Kohle verdienen willst, such dir drei bis vier Investmentbereiche, die wirtschaftlich attraktiv sind, für die du sowohl Interesse als auch die passenden Fähigkeiten hast und bei denen du mit überschaubarem Risiko ordentlich Geld verdienen kannst. Daneben hast du noch Cash und Gold als Notreserve. Das ist fokussierte Diversifikation, so wirst du reich. Bei mir sind diese drei Investmentbereiche Immobilien, aufgeteilt auf Bestandshaltung im Rhein-Main-Gebiet und Stuttgart sowie Neubau im Speckgürtel Berlin, Kryptowährungen mit Fokus auf Futures und Optionshandel bei BTC und ETH sowie Beteiligungen. Das reicht.

Ich bekomme regelmäßig die Frage gestellt, wie man mit 5000 Euro oder 10 000 Euro sein Portfolio diversifizieren soll. Das ist Bullshit, zuerst musst du mal Geld verdienen und *eine* Sache richtig durchziehen. Am Anfang deiner Karriere musst du dich fokussieren, sodass du schnell auf ein zumindest sechsstelliges Nettovermögen kommst. Dann erst macht es Sinn zu diversifizieren.

Am Anfang deiner Karriere fokussiere dich auf *eine* Sache, beispielsweise Immobilien oder Kryptowährungen oder Aktien oder dein eigenes

Unternehmen. Hast du etwas Kohle, wähle drei bis vier Investmentbereiche aus, die zu deinen Fähigkeiten passen und bei denen du richtig gut verdienen kannst. Dazu Gold und Cash als Notreserve. Mehr nicht.

Skalierung von Investments

Manche kennen das Wort »skalieren« aus digitalen Geschäftsmodellen: Mit demselben Aufwand oder mit geringem Mehraufwand das Doppelte, Dreifache, Zehnfache an Umsatz machen. Die Basis von sehr hohen Unternehmensbewertungen.

Ähnlich ist es beim Investieren: Such dir Bereiche mit Skaleneffekten, das heißt du kannst deine Investmentstrategie ohne großen Mehraufwand immer wieder replizieren und größer machen.

Ein Beispiel: Was ist der Unterschied, wenn ich in Frankfurt oder in Hamburg ein Mehrfamilienhaus oder eine kleine Einzimmerwohnung kaufe? Ganz einfach: In Frankfurt habe ich bereits eine Infrastruktur aufgebaut, ich kenne die Stadt besser als viele Einheimische, und wenn ich eine neue Immobilie kaufe, passiert immer dasselbe: Mein Notar beurkundet, mein Gutachter begutachtet, meine Bank finanziert, mein Makler vermietet, mein Handwerker saniert. Alle freuen sich über mehr Geschäft, und zusätzlich bekomme ich ab einer gewissen Größe Mengenrabatte. Ganz anders in Hamburg: Ich müsste zunächst viel Zeit investieren, um die Stadt im Detail kennenzulernen. Danach muss ich mir meine Infrastruktur aufbauen, also Notar, Gutachter, Bank, Handwerker, Makler suchen. Das kostet enorm viel Zeit und Ressourcen. In zehn Städten jeweils zwei Wohnungen zu haben ist völlig ineffizient, so kannst du kein Geld verdienen.

Wenn du deine Investments skalierst, das heißt dasselbe immer wieder replizierst, hast du einen weiteren Vorteil: Du hast mehr Know-how als andere Marktteilnehmer und dadurch machst du viel bessere Geschäfte. In Frankfurt kann ich den meisten Maklern den Weg weisen und Frankfurtern Restaurant-Empfehlungen abgeben, folglich kann ich die Lage einer Immobilie, die erzielbare Miete et cetera schon beurteilen, bevor ich die Liegenschaft überhaupt gesehen habe. Genauso bei Aktien oder Kryptowährungen. Verfolgst du täglich die Analystenberichte, Charts, Finanzinformationen, aktuellen Nachrichten zu spezifischen Kryptowährungen oder spezifischen Aktien, hast du ein entsprechend tiefgehendes Verständnis und weißt, wie du in welcher Marktsituation agieren musst.

Wenn du auf zu vielen Hochzeiten tanzt, wirst du niemals skalieren können. Außerdem fehlt dir das Know-how, das erfahrene Marktteilnehmer haben, mit dem du erst richtig Geld verdienen kannst.

Risikooptimierung

Wien, Juni 2021: Bei einer Veranstaltung zeigte mir ein Teilnehmer einen Deal, von dem er total begeistert war: Neubauprojekt in Leipzig, 7 Prozent garantierte Zinsen, grundbücherlich besichert. Er wollte unbedingt einen großen Teil seiner Ersparnisse in dieses Investment legen und überlegte sogar, einen Kredit aufzunehmen, um sein Investment zu erhöhen. Ich wusste sofort, worum es ging, und als ich mir die Unterlagen ansah, bestätigte sich meine Vermutung: Es handelte sich um ein Nachrangdarlehen, mit *zweitrangiger* Besicherung im Grundbuch (im ersten Rang war die Bank) und Haftungsmasse war ausschließlich die Projektgesellschaft. Bedeutet im Klartext: Geht die Immobiliengesellschaft insolvent, bekommst du dein Geld erst, wenn *alle anderen Gläubiger* bereits bezahlt wurden. In der Regel heißt das, du bekommst gar nichts.

Ich riet ihm entschieden davon ab. Leider befolgte er meinen Rat nicht, ich konnte ihn lediglich davon abhalten, einen Kredit für das Investment aufzunehmen. Zwei Jahre später war der Bauträger pleite und die Investition ein Totalverlust. Ein Einzelfall? Leider nein. Ähnliches erlebte ich bei einer Mastermind auf Mallorca, wo ich Gastredner war. Viele Teilnehmer hatten in Terra Luna, eine Stable Coin[1], investiert, teilweise auf Kredit, mit dem Versprechen auf 10 Prozent Zinsen. Was bekamen sie? 100 Prozent Verlust.

Ich frage mich immer: Wie dumm muss man sein, um so etwas zu machen. Wenn du nur 10 Prozent verdienen kannst, aber 100 Prozent verlieren, ist das selten ein gutes Geschäft. Das Risiko-/Ertragsverhältnis passt einfach überhaupt nicht. Das Gegenteil gefällt mir schon besser: 100 Prozent verdienen, aber nur 10 Prozent verlieren können.

Die vorgenannten Beispiele sind grobe Dummheit. Die klassische Finanzindustrie lehrt keine grobe Dummheit, die Grundregel lautet hier: niedriges Risiko, niedriger Ertrag, hohes Risiko, hoher Ertrag. Das Problem dabei: So wirst du nicht reich.

Profi-Investoren greifen nur Investments und Deals an, die in eine der folgenden zwei Kategorien fallen:

a. niedriges Risiko, hoher Ertrag,
b. hohes Risiko, extrem hohes Ertragspotenzial.

Der Kern deiner Investments wird in Kategorie A fallen. Das Ziel der Übung besteht darin, 15 bis 25 Prozent nach Steuer Ertrag pro Jahr zu erzielen, mit einem Verlustrisiko von maximal 15 bis 25 Prozent. In diese Kategorie gehören beispielsweise gut ausgewählte Immobiliendeals (mehr dazu später im dritten Teil), risikoarme Beteiligungen, risikoarme Trading-Strategien bei werthaltigen Aktien, deren Bilanzkennzahlen solide sind, oder *Work for Equity*-Transaktionen.

Den Turbo-Boost für dein Portfolio bringen Investments der Kategorie B. In diesem Fall musst du bereit sein, ein Verlustrisiko von 70 bis 100 Prozent zu tragen, kannst aber auch dein eingesetztes

---

[1] Eine Stable Coin ist eine Kryptowährung, deren Kurs an eine reale Währung gekoppelt wird, zum Beispiel den US-Dollar. Leider funktioniert diese Koppelung oft nicht, ähnlich wie bei realen Währungen.

Eigenkapital in einigen Jahren verdreifachen, verfünffachen oder verzehnfachen. Dazu zählen Investments in Kryptowährungen, riskante Start-up-Beteiligungen sowie Bauträgerprojekte im Immobilienbereich, ebenso Aktien-Trading-Strategien mit Leverage, also mit Hebel, zum Beispiel unter Einsatz von Fremdkapital oder derivativen Finanzprodukten. Du musst es dir leisten und es nervlich ertragen können, dein Geld zu verlieren, folglich solltest du, je nach Risikobereitschaft, maximal 10 bis 25 Prozent deines Portfolios in solche Strategien investieren.

Eines muss dir auch klar sein: Beide Strategien erfordern Arbeit und Know-how. Bist du ahnungslos und faul, musst du die Regeln der Masse befolgen und arm bleiben.

Liquidität

Wir erinnern uns an den Herrn Doktor und sein großes Problem: Er hatte zwar Vermögen, aber er war nicht liquide. Ein Apartment in Bali, ein Bauherrenmodell oder ein Kunstwerk sind zwar etwas wert, wenn man einen Käufer findet. Aber wenn man rasch Geld braucht, bekommt man es auf die Schnelle nicht verkauft, oder nur zu einem Schleuderpreis. Erst kürzlich hat mir ein Private Banker ein Investment in einen guten Private Equity Fonds vorgeschlagen, mit erwarteter Rendite von 25 Prozent p. a. Einziges Problem daran: Ich bin zehn Jahre gebunden und bekomme meine Kohle im Ernstfall nicht raus.

Wenn du Vermögenswerte kaufst, musst du daher das Thema Liquidität berücksichtigen, also in anderen Worten: Wie schnell kann ich das Ganze zu Geld machen?

Aktien von Großkonzernen[2], amerikanische oder deutsche Staatsanleihen, manche ETFs, Bitcoin und Ethereum sowie Gold sind hyperliquide, das heißt du kannst es jederzeit zu Geld machen,

2 Bei sogenannten »Penny Stocks« ist meist die Liquidität sehr begrenzt, dasselbe gilt für viele kleinere Kryptowährungen.

bei Aktien und Staatsanleihen fünf Tage die Woche, bei BTC/ETH sieben Tage die Woche, 24 Stunden. Bitcoin, Ethereum sowie physisches Gold sind sogenannte »Weltwährungen«, die man weltweit zu Geld machen kann, bei BTC/ETH ist zudem der Transport von A nach B einfach. Der Preis mag zwar zum Verkaufszeitpunkt nicht optimal sein, aber du bekommst *Cash sofort*.

Kleine Einzimmerwohnungen in guten Lagen, Standard-Rolex-Uhren (zum Beispiel Daytona, Submariner et cetera) und viele große Fonds[3] sind semiliquide, das heißt du kannst sie in der Regel innerhalb von sechs Wochen bis drei Monaten zu Geld machen, wenn du beim Preis etwas flexibel bist. Nimm beispielsweise eine Einzimmerwohnung in guter Lage in Frankfurt oder Wien, die 150 000 Euro wert ist. Für 115 000 bis 120 000 Euro bekommst du sie definitiv rasch verkauft, wenn du sie für 100 000 Euro anbietest, hast du eine Schlange an Interessenten bis zum Hauptbahnhof.

Ganz anders sieht die Lage bei Immobilien in schlechten Lagen, Luxuswohnungen oder individuellen Einfamilienhäusern aus. Hier gibt es einfach manchmal gar keine Kaufinteressenten, außer du lässt preislich völlig die Hosen runter. Und ist die Immobilie *besonders* individuell, kann es sein, dass trotz absolutem Megarabatt kein Käufer am Horizont sichtbar ist. »Bitte warten, bitte warten …« Brauchst du dringend Kohle, dann fang lieber an zu beten.

Meist völlig illiquide und unverkäuflich sind Beteiligungen, geschlossene Fonds, Private Equity und Ventures Capital Fonds, Crowdfunding und Mezzanine-Investments, Kunstwerke[4] sowie NFTs. Hier dauert es meist Jahre, bis du die Sache zu Geld machen kannst. Dasselbe gilt für Immobilien, die du gemeinsam mit einem Geschäftspartner hast, der nicht verkaufen will. Wenn du Kohle brauchst – viel Erfolg bei der juristischen Auseinandersetzung.

---

3 Viele Fonds haben eine Exit-Periode von einer Woche bis zu drei Monaten und verlangen oftmals auch eine sogenannte Exit-Gebühr.

4 Mit wenigen Ausnahmen großer, bekannter Namen, die zumindest semiliquid sind.

»Cash is King«: Wenn es hart auf hart kommt, brauchst du Cash. Achte daher darauf, dass immer ein Teil deines Portfolios hyperliquide ist und der Großteil semiliquide, das heißt in sechs Wochen bis drei Monaten zu Geld gemacht werden kann. Illiquide Assets solltest du, so verlockend sie auch sein mögen, nur in homöopathischen Dosen haben, sie rauben dir jegliche finanzielle Flexibilität.

Inflationsschutz

Angenommen du leihst dem Herrn Doktor Geld zu 8 Prozent Zinsen, damit er seine Geräte kaufen kann. Nach Steuern bleiben dir 6 Prozent. Wenn ich bei meinen Vorträgen die Leute frage, ob sie das machen würden, sagen viele »Ja«. Das Problem: Bei 6 Prozent oder höherer Inflationsrate verarmst du, dein reales Vermögen sinkt.[5]

In Zeiten von starker Geldentwertung musst du sicherstellen, dass deine Vermögensanlagen dich vor der Inflation schützen oder du von der Inflation sogar noch profitierst. Sparbücher, Cash, Anleihen, die meisten Lebensversicherungen sind nicht inflationsgeschützt, dein reales Vermögen sinkt jedes Jahr, du verarmst stetig. Gute Immobilien, Aktien von Unternehmen, welche die Inflation an ihre Kunden weitergeben können,[6] Gold beziehungsweise andere Edelmetalle, Unternehmensbeteiligungen an Firmen, welche die steigenden Preise an ihre Kunden weitergeben können, und mög-

---

5 Dein Vermögen steigt zwar nominell, aber in Kaufkraft gerechnet sinkt dein Vermögen.

6 Beispiel Amazon: Steigt die Inflation, steigen die Preise der verkauften Produkte, steigen die Provisionen von Amazon, steigen bei gleicher Profitmarge auch die Profite und somit auch der Wert von Amazon.

licherweise auch Bitcoin[7] schützen dich vor der Inflation. Hast du gute Immobilien mit Fremdfinanzierung, dann profitierst du sogar von der Geldentwertung. Später kommen wir darauf zurück.

Wenn du Vermögen aufbauen willst, musst du sicherstellen, dass du die Inflation bei deinen Investments berücksichtigst.

Steuereffizienz

Bei seiner Steuerlast hatte der Herr Doktor den Vogel abgeschossen: Zuerst Steuern (und Steuerberater) bezahlen in fernen Ländern, und dann nochmals in Österreich.[8] Macht eine Steuerlast von bis zu 70 Prozent; davon träumt die Linkspartei vielleicht.

Wenn du Vermögen aufbauen willst, musst du vor allem auf die *Nachsteuerrendite* achten. 10 Prozent Rendite bei 50 Prozent Steuersatz sind schlechter als 8 Prozent Rendite bei 10 Prozent Steuersatz. Investments haben dabei sehr unterschiedliche steuerliche Eigenschaften. In jedem Fall benötigst du eine gute Steuerstruktur[9] und einen guten Steuerberater für deinen Vermögensaufbau.

Sowohl Österreich als auch Deutschland sind in vielen Bereichen ein wahres Steuerparadies. Dies gilt sowohl für Gold und Edelmetalle, Kryptowährungen, Beteiligungen und Aktien[10]. Gleichzeitig ist

---

7 Es gibt nur 21 Millionen Bitcoin, sodass Bitcoin eigentlich inflationsgeschützt sein sollte. Allerdings ist der Track Record von Bitcoin zu kurz, um hier eine finale belastbare Aussage treffen zu können.

8 Es gibt zwischen Österreich und Deutschland sowie anderen Ländern sogenannte Doppelbesteuerungsabkommen, welche eine doppelte Besteuerung verhindern sollen. Allerdings gibt es nicht mit allen Ländern Doppelbesteuerungsabkommen und auch die spezifischen Regelungen führen trotzdem oft zu einer doppelten Besteuerung.

9 Wenn du mehr über dieses Thema erfahren willst, schau bitte auf www.steuerelitetraining.com

10 Bei Aktien ist vor allem Deutschland ein Steuerparadies, wenn du die richtige Struktur wählst.

die Grenze zwischen Steuerparadies und Steuerhölle oft so dünn wie ein Zirkusseil, du musst dich hier gut auskennen.

Immobilien sind ein spezielles Steuerwunder, das gilt für Deutschland und Österreich gleichermaßen. Hier hast du die meisten steuerlichen Gestaltungsmöglichkeiten, auch als Angestellter oder Freiberufler; im besten Fall bekommst du sogar Geld vom Finanzamt zurück. Das gibt es nicht einmal auf Grand Cayman oder in Dubai!

Die besten Investments sind nicht nur ertragreich, sondern auch steuereffizient. Am Ende zählt die Nachsteuerrendite, denn das ist der Betrag, der in deiner Tasche bleibt.

Die wichtigsten Anlageklassen in deinem Portfolio[11]

Cash

»Cash is Trash« und »Cash is King«. Beide Aussagen sind wahr. Cash ist langfristig eine sehr schlechte Vermögensanlage, da du aufgrund der Inflation über zehn Jahre *garantiert* 50 bis 75 Prozent verlierst. Dennoch brauchst du immer genügend Cash auf dem Konto, und zwar aus zwei Gründen:

a. Du hast ein akutes Problem, zum Beispiel Steuernachzahlung, gesundheitliche Schwierigkeiten, Jobverlust, Kapitalnachschuss für dein Unternehmen et cetera. Weder das

---

11 Es handelt sich hier um keine Investmentempfehlungen, sondern meine persönliche Einschätzung zu den verschiedenen Anlageklassen. Außerdem gebe ich lediglich eine summarische Übersicht; zu jeder einzelnen Anlageklasse gibt es bereits eine ganze Reihe von Büchern.

Finanzamt noch deine Bank noch der Arzt noch das Restaurant akzeptieren Immobilien in Bali oder Bauherrenmodellanteile oder NFTs als Zahlungsmittel, sie akzeptieren auch nicht, dass du in sechs Monaten bezahlst[12]; sie akzeptieren ausschließlich Euros.

b. Jemand anderer hat ein akutes Problem und ist deshalb bereit, dir Immobilien, Beteiligungen, Oldtimer, Rolex-Uhren et cetera mit 20 bis 40 Prozent Rabatt zu verkaufen, um zu Cash zu kommen. So machst du die besten Geschäfte, ich habe sehr oft solche Chancen für mich genutzt. Aber um das Rabattangebot nutzen zu können, musst du zahlen können, und zwar *sofort*. Wenn du erst Tante Mizzi oder deine Bank um Geld fragen oder deine Bauherrenmodelle verkaufen musst, damit du irgendwann in drei Monaten bezahlen kannst, dann sucht sich der Verkäufer in Not jemand anderen, der *sofort* bezahlen kann. Und du hast das gute Geschäft verpasst.

Du solltest aus den oben genannten Gründen immer 10 bis 15 Prozent deines Nettovermögens in Cash halten. Wenn deine Vermögenswerte sehr illiquide oder deine Fixkosten – zum Beispiel Eigenheim, Leasingauto, teurer Lebenspartner – sehr hoch sind, möglichweise sogar noch etwas mehr. Und den Gewinn, den du machst, wenn ein anderer notverkaufen muss, frisst auch die Inflation niemals auf.

Anleihen

Auch wenn die irrationalen Zeiten von Negativ- und Nullzinsen vorbei sind, sind Anleihen nach wie vor keine attraktive Anlageklasse. Die Zinsen sind geringer als die Geldentwertung und dein Kapital ist nicht inflationsgeschützt: Investierst du heute 10 000 Euro in eine Anleihe, bekommst du nach zehn Jahren 10 000 Euro zurück – vorausgesetzt, der Anleiheemittent ist zahlungsfähig –, kannst dir damit

---

12 In Einzelfällen kann man mit dem Finanzamt Ratenzahlungen vereinbaren.

aber nur mehr die Hälfte kaufen. Solange die Realverzinsung, also Zinsen minus Inflation, negativ ist, machen Anleihen als langfristige Anlageklasse keinen Sinn, außer du möchtest garantiert verarmen.[13]

Anleihen eignen sich jedoch für mehrere Dinge:

a. Kurzfristiges Parken von Geld: Kurzlaufende europäische Staatsanleihen (ein bis sechs Monate Laufzeit) bezahlen wieder circa 3 Prozent Zinsen, kurzlaufende US-Staatsanleihen sogar 5 Prozent. Das ist mehr, als du bei den meisten Banken an Zinsen bekommst. Das Ausfallrisiko und Kursänderungsrisiko[14] ist bei kurzlaufenden Staatsanleihen gering, sodass du sie ohne Verlust zu Cash machen kannst.
b. Im Falle einer Bankenkrise oder Finanzkrise solltest du deinen Cash in deutsche oder US-Staatsanleihen parken. Geht beispielsweise eine Bank pleite, dann sind deine liquiden Mittel über der Grenze der Einlagensicherung Teil der Insolvenzmasse, das heißt du bekommst nur einen Bruchteil heraus. Wertpapiere – und dazu zählen auch Staatsanleihen – sind Sondervermögen und nicht Teil der Insolvenzmasse.
c. Bist du ein Vollprofi, kannst du mit Anleihen, insbesondere riskanten High Yield Bonds oder Junk Bonds, spekulieren. Da vor allem langfristige Anleihen durchaus heftige Kursbewegungen haben, gibt es hier viele Trading-Möglichkeiten. Dafür brauchst du natürlich das nötige Know-how.

---

13 Es gibt sogenannte »Inflation-linked Bonds«, bei denen die Zinszahlungen an die Inflation angepasst sind. Hier ist man teilweise inflationsgeschützt, solange die persönliche Inflationsrate nicht wesentlich höher als die offizielle Inflationsrate ist.

14 Bei langfristigen Anleihen ist das Kursänderungsrisiko erheblich. Steigen die Zinsen, fallen die Anleihekurse. Ebenso ist der Effekt der Verschlechterung der Bonität bei langfristigen Anleihen substanziell.

Aktien

Aktien sind ein Kernbestandteil deines Portfolios. Aktien sind teilweise inflationsgeschützt, vollkommen liquide und zumindest in Deutschland auch sehr steuereffizient[15]. Deshalb kann es Sinn machen, 10 bis 25 Prozent deines Portfolios in Aktien zu investieren. Es gibt mehrere Möglichkeiten, wie du das machen kannst, hier ist eine grobe Übersicht.[16]

a. **ETF-Ansparpläne**
Die einfachste Form, in Aktien zu investieren, sind ETF-Ansparpläne, also Ansparpläne auf passive Indexfonds, welche beispielsweise den MSCI World-Index, den DAX, den Nasdaq-Index oder den S&P 500-Index abbilden. Du kaufst monatlich für denselben Betrag – beispielsweise 500 Euro – einen ETF und nutzt dabei den »Cost Average Effect«[17]. Diese Strategie kannst du einfach und mit wenig Zeitaufwand umsetzen. Sie eignet sich für den *Vermögenserhalt*, reich wirst du damit nicht.
b. **Ansparpläne auf Einzelaktien**
Dieselbe Strategie der Ansparpläne kannst du auch mit Einzelaktien durchführen. Im Gegensatz zu ETFs, bei denen du in einen breit gestreuten Aktienindex investierst, hast du hier das Risiko des Totalverlustes, falls du beispielsweise eine Aktie wie Wirecard erwischst. Deshalb ist es notwendig, eine laufende detaillierte Analyse der jeweiligen Aktien durchzuführen – dazu zählen Finanzberichte, Analystenreports, Indust-

15 Für Kursgewinne auf Aktien in einer GmbH.

16 Es handelt sich hier nicht um ein Buch über Aktien. Daher sind die einzelnen Strategien nur sehr kurz zusammengefasst.

17 Wenn du jeden Monat für dieselbe Summe Wertpapiere kaufst, kaufst du bei höheren Kursen weniger Stück als bei niedrigeren Kursen. Dadurch hast du einen geringeren gewichteten durchschnittlichen Einstiegskurs und damit einen besseren Ertrag.

riereports, Kursentwicklung et cetera –, um deine Strategie regelmäßig anpassen zu können. Mit dieser Strategie kannst du mit den richtigen Aktien deutlich mehr Geld verdienen als bei ETF-Ansparplänen, sie erfordert jedoch Zeit und Research.

c. **Dividendentitel**

Durch den Ankauf von Dividendentiteln, beispielsweise Energieversorger, Autokonzerne oder Tabakkonzerne, kannst du ein passives Einkommen erzielen. Allerdings ist die Planbarkeit eingeschränkt, da Unternehmen in schlechten Zeiten ihre Dividende kürzen oder aussetzen. Zudem haben viele Länder, darunter die USA und die Schweiz, für Dividendenauszahlungen Quellensteuern bis zu 30 Prozent, sodass du zunächst eine Doppelbesteuerung und somit eine Steuerbelastung von über 50 Prozent hast. Die Rückforderung der zu viel bezahlten Steuern ist aufwändig und komplex und lohnt sich nur bei größeren Beträgen.

d. **Gezielte Trading-Strategien**

Wenn du die emotionale Disziplin dafür hast, kannst du für Aktien auch gezielte Trading-Strategien anwenden. Ich spreche hier nicht von Day Trading – das ist ein sehr stressiger Fulltime-Job –, sondern von mittelfristigen bis langfristigen (mehrere Monate bis mehrere Jahre) Handelsstrategien. Dabei gibt es zwei Basisstrategien: *Fundamentalanalyse*: Du analysierst die Finanzdaten eines Unternehmens und berechnest, ob das Unternehmen an der Börse zu einer günstigen Bewertung gehandelt wird. Ist das der Fall, kaufst du die Aktien des Unternehmens. *Chartanalyse:* Du analysierst die Kursentwicklungen und Charts der jeweiligen Aktie und baust darauf deine Trading-Strategie auf. Bei jeder Trading-Aktivität ist es essenziell, dass du eine klare und rationale Strategie hast, nach der du handelst. Du musst die Strategie auch dann durchziehen, wenn es dir emotional schwerfällt, sonst bist du dein Geld ganz schnell los.

e. **Stillhaltermodelle**
Wenn du ein Portfolio an (volatilen) Aktien hast, kannst du auf dein Aktienportfolio Call Optionen verkaufen und durch den Erhalt der Optionsprämien ein regelmäßiges Einkommen erzielen. Diese Strategie erfordert jedoch finanzmathematische Fähigkeiten, Trading-Erfahrung, emotionale Disziplin sowie entsprechenden Zeitaufwand und ist daher nur für Profis geeignet.

Gold

Gold ist der sogenannte »Notgroschen« in deinem Portfolio. Wenn alle Stricke reißen, das Geld nichts wert ist, in Zeiten großer Krisen, hat Gold noch immer einen Wert. Gold hat einen Track Record von mehr als 2000 Jahren als Reservewährung, hat sich in Kriegen und großen Krisen bewährt.

Gold hat zwar keinen laufenden Ertrag, aber es schützt dein Vermögen vor der Geldentwertung. Zumindest war es in vielen Perioden der Vergangenheit so: während der Hyperinflation der 1920er-Jahre, im Zweiten Weltkrieg oder in der Hochinflationsphase der 1970er-Jahre. Der Goldpreis wird in US-Dollar handelt, das heißt du hast ein US-Dollar basiertes Asset.

Je nachdem wie risiko*scheu* du bist, kannst du 5 bis 10 Prozent deines Nettovermögens in Gold halten, aber am besten in physischen Barren; im Notfall hast du darauf Zugriff. Lass die Finger von Goldansparplänen, Goldfonds et cetera, dort fressen nur gierige Verwalter dein Vermögen auf. Das Gold vermehrt sich ja nicht, wenn Verwalter und Vermittler ihre Gebühren verrechnen.

Bitcoin/Ethereum

Bitcoin, Ethereum und einige andere Kryptowährungen sind die Rakete für dein Portfolio – verbunden mit dem Hinweis, dass Raketen auch abstürzen oder explodieren können. In anderen Worten: eine Vermögensanlage mit sehr hohem Upside Potenzial, bei der du dein Geld verfünf- oder verzehnfachen kannst, aber auch mit hohem Risiko, was im Ernstfall 70, 80 oder 90 Prozent Verlust bedeutet. Außerdem sind Bitcoin und Ethereum hochliquide und du kannst es fast überall auf der Welt zu Geld machen.

Je nachdem wie risiko*bereit* du bist, kannst du 5 bis 15 Prozent deines Portfolios in Kryptowährungen haben. Du musst es dir aber auch leisten können, diesen Betrag unter Umständen zu verlieren. Für mich sind Kryptos eine große Opportunität mit attraktiver Upside/Downside Ratio[18], bei der man mit überschaubarem Kapitaleinsatz sehr viel Geld verdienen kann – mit Fokus auf *kann* – und man außerdem jederzeit liquide ist. Liquidität ist bei vielen anderen Risikoinvestments mit hohem Ertragspotenzial wie Beteiligungen, Venture Capital, Kunst et cetera nicht vorhanden. Würde ich einen Goldbarren, eine Apple-Aktie oder eine gute Immobilie verkaufen, um Kryptos zu kaufen? Definitiv nein. Aber zumindest nach meiner Einschätzung haben die großen Kryptowährungen einen sehr wichtigen Platz im Risikoteil des Portfolios. Hast du keine Kryptos, kann es sein, dass du dir in fünf Jahren richtig in den Arsch beißen wirst.

Beteiligungen

Mit Beteiligungen an nicht an der Börse notierten Unternehmen kannst du attraktive Renditen erzielen. Du kannst Unternehmensbeteiligungen teilweise zum drei- bis sechsfachen Jahresgewinn kaufen, das heißt, du hast dein Investment nach drei bis sechs Jahren aus den Gewinnen refinanziert. Ebenso kannst du über sogenannte *Work for Equity*-Modelle (fast) ohne Kapital, nur mit Arbeit und Know-how oder Kontakten, zu Anteilen an Unternehmen oder Unternehmensbeteiligungen kommen. Außerdem sind Erträge aus

[18] Der Begriff »Upside/Downside Ratio« bezeichnet das Verhältnis, was man verdienen und verlieren kann.

Unternehmensbeteiligungen in der richtigen Steuerstruktur fast steuerfrei.[19]

Um diese Chancen nutzen zu können, benötigst du allerdings *sehr viel* Wissen und Erfahrung, sowohl hinsichtlich des Managements der Beteiligung beziehungsweise des Unternehmens als auch hinsichtlich der rechtlichen und steuerlichen Struktur. Bist du ahnungslos, kannst du auch ganz schnell mehr als dein eingesetztes Kapital verlieren und viel Ärger bekommen. Für Unternehmensbeteiligungen brauchst du einen sehr langfristigen Anlagehorizont von 5 bis 10 Jahren; Beteiligungen sind in der Regel völlig illiquid und du kannst sie nicht so einfach verkaufen und zu Geld machen. Deshalb eignen sie sich als ertragreiche Beimischung für dein Portfolio mit maximal 10 Prozent Anteil.

Besonders vorsichtig musst du bei strukturierten Beteiligungsmodellen sein, die von Finanzvermittlern mit hohen Provisionen verkauft werden; hier wirst du selten ein gutes Geschäft machen. Start-up-Investments sind extremst riskant, und viele Unternehmensgründer sehen ein Start-up mehr im Sinne des Lifestyle als eine auf Gewinn ausgerichtete wirtschaftliche Aktivität. Such dir lieber Beteiligungen in Bereichen, deren Geschäfte du verstehst und in denen Menschen tätig sind, die ehrlich und geschäftstüchtig sind und die einen nachweisbaren Track Record[20] aufgebaut haben, Geld zu verdienen.

Immobilien

Im Jahr 2019 traf ich einen Vorstand einer großen Versicherungsgesellschaft bei einem Investorentreffen in Hamburg. Ich fragte ihn, wie es bei ihnen laufe und wie sie mit der Nullzinsphase umgingen.

[19] Um diese Strukturen zu nutzen, konsultiere bitte einen dafür qualifizierten Steuerberater oder schaue auf www.steuerelitetraining.com.

[20] Bedeutet: entsprechende nachweisbare Erfahrung.

»Wie handeln Sie Ihre Zahlungsverpflichtungen aus der Vergangenheit, wenn Sie keine Zinsen mehr am Kapitalmarkt bekommen?«

Der Vorstand war tiefenentspannt: »Im Gegensatz zu vielen unserer Mitbewerber, die ihr Tafelsilber zur Bilanzoptimierung verkauft haben, besitzen wir viele Immobilien in guten Lagen. Die Mieten kommen jeden Monat und sie steigen über die Jahre an. Wir haben keine Probleme, unsere Zahlungsverpflichtungen zu bedienen, und machen hohe Gewinne.«

So wie bei der Versicherung sind Immobilien in guten Lagen ein Kernbestandteil deines Vermögens. Von den Mieteinnahmen kannst du deine Lebenshaltungskosten bedienen und anstrengenden Chefs und lästigen Kunden Liebesgrüße aus Marbella schicken. Das ist finanzielle Freiheit. Immobilien sind das Brot, von dem du lebst; Kryptos oder Beteiligungen sind der Kaviar: Richtig lecker, aber ohne Kaviar kannst du leben. Ohne Brot nicht.

Im nächsten Teil dieses Buchs werde ich dir eine Strategie zeigen, wie du dir mit Immobilien finanzielle Freiheit aufbauen kannst und worauf du dabei achten musst. Eine Strategie, die sowohl ich als auch viele meiner Freunde und Fans angewandt und damit viele Millionen verdient haben. Die Strategie des »Einzimmer-Millionärs«.

TEIL III

DIE EINZIMMER-MILLIONÄR-STRATEGIE

Die klassischen Vorteile von Immobilien

Es gibt gute Gründe, warum du Immobilien, insbesondere *kleine Löcher,* also kleine Ein- und Zweizimmerwohnungen, kaufen und in deinem Portfolio haben solltest. Im Vergleich zu anderen Assets haben Immobilieninvestments nämlich ein paar wesentliche Vorzüge.

Planbare, regelmäßige Cashflows: Investments in Wohnimmobilien eignen sich hervorragend – ja, sie sind praktisch die einzige Möglichkeit –, um einen einigermaßen planbaren laufenden Cashflow zu generieren, der deine Lebenshaltungskosten decken kann. Allein meine Stuttgarter Immobilien – nur ein kleiner Teil meines Portfolios – mit 23 kleinen (und ein paar größeren) Löchern, die kleinste Wohnung mit 21 Quadratmetern, erzielen fast 150 000 Euro Nettokaltmiete pro Jahr. Nicht übel, oder? Das heißt, mithilfe von Immobilien hast du ein planbares, passives Einkommen.[1] Und das kann wirklich jeder erzielen, der fleißig und geschäftstüchtig ist. Passives Einkommen kannst du zwar auch mit Aktiendividenden, Optionsstrategien auf Aktien/Kryptowährungen (sogenannte Stillhaltermodelle) oder Unternehmensbeteiligungen erzielen, aber eben deutlich schlechter planbar.[2] Teilweise sind sie auch mit noch mehr Arbeit und/oder substanziellem Risiko verbunden. Ich nutze auch diese Modelle, aber Immobilien sind für mich die Basis und Grundlage meines Vermögens. Hast du genügend Immobilien in deinem Portfolio, reichen die Mieteinnahmen allein im Grunde aus, um

[1] Passives Einkommen heißt jedoch nicht Einkommen ohne jegliche Arbeit. Das gibt es nicht.

[2] Aktiendividenden können sehr schnell gekürzt werden oder komplett entfallen.

deine Lebenshaltungskosten zu decken. Früher war das noch relativ einfach mit Anleiheinvestments möglich, aber diese Zeiten sind bei höherer Inflation und niedrigen Anleihe- und Sparbuchzinsen längst vorbei.

Immobilien sind inflationsgeschützt. Die Zentralbanken drucken Geld ohne Ende, höhere Inflationsraten sind die Folge – aber mit den richtigen Immobilien profitierst du sogar noch davon! Woran liegt das? Nun, die meisten Immobilienpreise orientieren sich langfristig an der erwarteten Miete.[3] Kaufst du eine lukrative Immobilie in wirtschaftlich starken Regionen mit positiver Bevölkerungsentwicklung, steigen die Mieten langfristig mit der Inflation an, unter Umständen sogar noch stärker. Steigen die Mieten, steigen auch die Kaufpreise. Und mit den steigenden Mieten kannst du deine Lebenshaltungskosten trotz Inflation decken.

Zusätzlich profitierst du als Immobilienbesitzer von der Entwertung deiner Schulden durch die Inflation, genauso wie es Deutschland und die meisten anderen Staaten auch machen.

Aber Vorsicht: Mit den falschen Immobilien killt dich die Inflation. Gibt es in einer Region Wohnungsüberschuss, eine einkommensschwache Bevölkerung oder Abwanderung, kannst du die Mieten nicht so einfach erhöhen. Die Leute ziehen einfach aus. Das Problem dabei: Die Betriebs-, Reparatur- und Verwaltungskosten steigen mit der Inflation, dein Cashflow sinkt und der Wert der Immobilien fällt. Hast du dann noch eine energetische Ruine, so gnade dir Gott.

Für eine gute Immobilie bekommst du fast immer von einer Bank einen (relativ) günstigen Kredit. Stell dir vor, du gehst zu deiner Bank und fragst nach einem Kredit auf *ihre eigenen* Aktien. Viel Spaß dabei; wenn überhaupt, bekommst du vielleicht 30 bis 40 Prozent der Investitionssumme. Selbst für den Kauf der eigenen Anleihen der Bank wird die Bank dir nicht allzu viel Kredit geben, mit Verweis auf die Credit-Suisse-Causa noch etwas weniger als vorher. Und sollte

[3] Ausnahmen sind Luxusimmobilien, für die andere Kriterien gelten, aber das soll uns an dieser Stelle nicht weiter interessieren.

der Kurs der Aktie oder Anleihe nur für wenige Minuten unter einen Referenzwert fallen, zwangsliquidiert die Bank oder der Broker deine Position und du bist dein ganzes Geld los.

Gehst du hingegen zur Bank und willst einen Kredit für eine gute Immobilie, die du vermieten willst, bekommst du fast überall auf der Welt 60, 70, 80 oder 90 Prozent des Kaufpreises als Kredit. Und das zu deutlich niedrigeren Zinsen als für jeden anderen Kredit. Selbst bei den stark gestiegenen Zinsen kannst du für zehn Jahre – ordentliche Bonität vorausgesetzt – in Deutschland und Österreich noch immer unter 4 Prozent finanzieren. Für Konsumkredite zahlst du mehr als das Doppelte.

Die Bank hilft dir dabei, dein Vermögen aufzubauen, und wenn du eine gute Beziehung zur Bank unterhältst, vermittelt dir deine Bank auch noch gute Immobilien. Du kannst auf diese Weise mit »OPM« (Other Peoples' Money) viel schneller wachsen und ein viel größeres Vermögen aufbauen, als wenn du alles mit Eigenkapital finanzierst. Und Immobilienkredite sind verhältnismäßig risikoarm – gesetzt den Fall, dass du es nicht übertreibst.[4]

Das Modell funktioniert nicht nur in Österreich und Deutschland. Egal ob in Mailand oder München, Dallas oder Düsseldorf, Sydney oder Salzburg, überall auf der Welt sind Banken bereit, gute Anlageimmobilien zu finanzieren. Einer meiner Freunde hat dasselbe Modell für Wohnungen in Marrakesch verwendet, und selbst dort, in Marokko, funktioniert es, die Bank hat 70 Prozent des Kaufpreises für 6 Prozent Zinsen finanziert.

Die Miete bezahlt den Kredit, Zins und Tilgung machen dich vermögend. Dieses Modell hat überall auf der Welt Menschen reich gemacht, und nach den Exzessen der Jahre 2020 und 2021 funktioniert das Modell besser und risikoärmer als noch vor wenigen Jahren. Mehr dazu im Kapitel »Die Trendwende am Immobilienmarkt«.

4 Fremdfinanzierung von Wohnimmobilien, bei der die Miete den Kredit abbezahlt, ist deutlich risikoärmer als zum Beispiel die Fremdfinanzierung von Aktien, Fonds oder Unternehmensbeteiligungen. Solange du nicht laufend 100- und 110-Prozent-Finanzierungen machst, wenig tilgst oder überteuerte Immobilien kaufst, stellt dir die Bank den Kredit nicht fällig.

Anlegerimmobilien bieten große Steuervorteile. Die meisten Menschen verwenden den Großteil ihres verfügbaren Kapitals für ihr Eigenheim. Aber beim Eigenheim ist das Finanzamt ihr »Partner in Crime«, denn alles, was sie ausgeben, bezahlen sie aus nachversteuertem Geld. Kostet die Heizungssanierung 30 000 Euro, muss man zuerst 60 000 Euro verdienen. Ganz anders bei Anlegerimmobilien. Sie bieten bei entsprechendem Know-how einen ganzen Fundus an Möglichkeiten, deine Steuerlast zu optimieren. Für gut verdienende Angestellte und Freiberufler sind Anlegerimmobilien die bei Weitem größte Möglichkeit, die drückende Steuer- und Abgabenlast von 50 Prozent substanziell zu reduzieren. Unternehmer haben noch viel mehr Gestaltungsmöglichkeiten. Mit den richtigen Immobilien kannst du dir deinen Vermögensaufbau teilweise vom Staat bezahlen lassen, und du bekommst im steuerlichen Jahresausgleich sogar noch Geld vom Staat zurück. Auch Mieteinkünfte sind im Verhältnis zu anderen Einkunftsarten – insbesondere Arbeits- und Pensionseinkünfte – wesentlich geringer besteuert und eignen sich daher hervorragend dazu, deine Lebenshaltungskosten steuereffizient zu decken. Wie wir im Kapitel »Das Immobiliensteuerparadies Deutschland und Österreich« sehen werden, brauchst du jedoch fundiertes Know-how, um die Steuervorteile nutzen zu können.

Diese vier Vorteile:

1. laufender, planbarer Cashflow,
2. Inflationsschutz,
3. günstiges Fremdkapital,
4. steuerliche Vorteile

sind der Grund, wieso fast alle vermögenden Menschen auf der Welt entweder ihr Vermögen mit Immobilien gemacht haben oder zumindest viele Immobilien besitzen.[5]

---

[5] Der größte Wert von Hotelketten, Handelsketten, Restaurantketten sind meist ihre Immobilien. Beispiel Billa/REWE. Selbst Google oder Apple sind substanzielle Immobilienbesitzer in Toplagen in aller Welt.

Die Immobilienmythen

Es gibt eine Reihe von weitverbreiteten Ansichten zu Immobilien, die zwar wirtschaftlich dumm und falsch sind, aber trotzdem in den Köpfen der meisten Leute stecken. Damit sie deine Investmententscheidungen nicht blockieren, fasse ich sie hier kurz zusammen.

Das Eigenheim ist dein wichtigstes Investment

Wie schon mehrfach erwähnt, ist das Eigenheim in der Regel weder wirtschaftlich sinnvoll noch eine gute Geldanlage, außer du möchtest selbst in einem kleinen Loch mit 25 Quadratmetern in Frankfurt, Braunschweig oder Dornbirn leben. Beim Eigenheim bezahlst du alle Kosten aus nachversteuertem Geld, hast keine steuerlichen Abschreibungsmöglichkeiten und je größer und individueller das Eigenheim, desto geringer die Mietrendite.[1] Zudem ist das Eigenheim meist nur schwer zu verkaufen – speziell große Wohnungen und Einfamilienhäuser – und zu allem Überdruss hast du noch viel Arbeit damit.

Ein Beispiel: Im Sommer 2022 war ich in Stuttgart. Da erzählte mir mein Gesprächspartner stolz, dass er 2010 im Speckgürtel von Stuttgart ein Einfamilienhaus für 1,2 Millionen gekauft und es für 300 000 Euro saniert habe. Jetzt sei es 2,8 Millionen Euro wert – das beste Geschäft seines Lebens. Ich musste ihn bitter enttäuschen. 2010 gab es in Stuttgart kleine Einzimmerwohnungen für 50 000 Euro. Hätte er seine 1,5 Millionen Euro in diese kleinen Wohnungen investiert, hätte er 30 Stück mit je 450 Euro Monatsmiete erhalten können. Im Gesamten hätte er 13 500 Euro Monats- beziehungsweise 162 000 Euro Jahresmiete erzielt. Zudem wären die 30

---

1 Das bedeutet, dass Mieten attraktiv ist und Kaufen nicht.

kleinen Löcher selbst in der Krise je 130 000 bis 150 000 Euro wert gewesen, also zusammen etwa 4 Millionen Euro. Sie wären relativ leicht zu verkaufen, aber ob das Einfamilienhaus so schnell einen Käufer für 2,8 Millionen Euro findet? Und die Moral von der Geschicht: Von den 162 000 Jahresmiete könnte sich mein Gesprächspartner nicht nur ein Einfamilienhaus, sondern einen Palast mieten, einschließlich Butler und Rolls Royce vor der Türe.

Dann gibt es noch die »Überflieger«, die ihr Eigenheim mit ihrer GmbH kaufen, mit Firmengeld teuer ausstatten und es dann (meist relativ günstig) an sich selbst vermieten. Viel Spaß damit, das ist wie ein Elfmeter für das Finanzamt, aber ohne Torwart.

Wohne zur Miete und kaufe Immobilien als Geldanlage. Aus deinen Mieteinkünften bezahlst du nicht nur die Miete der Immobilie, in der du wohnst, sondern gleich noch das Auto, das Essen und die Haushaltshilfe dazu.

Ich kaufe Immobilien, die mir gefallen

Einer meiner Bekannten hat mir kürzlich stolz seine neue Anlegerwohnung gezeigt, die er gekauft hat. 80 Quadratmeter Neubau mit Balkon und herrlicher Aussicht in Wiesbaden. Kaufpreis schlappe 500 000 Euro. Als ich ihn gefragt habe, wieso er sich die Wohnung gekauft habe, war die Antwort: »Sie hat mir einfach gefallen. Allein die Aussicht vom Balkon, wunderbar.« Die Wohnung war zweifellos schön, aber ob sie sich rechnen wird? Selbst bei den vom Makler versprochenen 15 Euro Nettomiete pro Quadratmeter, also 1200 Euro für die gesamte Wohnung, ergibt das eine Mietrendite von unter 3 Prozent. Das ist weniger als deine Zinsen an die Bank. Das kann nicht funktionieren. Und ein Mieter, der 1500 Euro pro Monat bezahlen kann[2], muss erst einmal gefunden werden.

[2] 1200 Euro Nettomiete plus 300 Euro Betriebskosten.

Kleine Löcher gewinnen keinen Architekturpreis, aber sie rechnen sich. Für 500 000 Euro bekommst du fünf kleine Löcher mit jeweils 400 Euro Nettomiete, also insgesamt 2000 Euro anstelle von 1200. Und Mieter findest du für die kleinen Einzimmerwohnungen auch viel, viel schneller.

Kaufe Immobilien nicht mit dem Auge, sondern mit dem Rechenstift.[3]

Ich kaufe Immobilien dort, wo mein Kind einmal leben soll

Genau derselbe Irrsinn, wie Immobilien zu kaufen, die dir gut gefallen. In den meisten Fällen rechnen sich solche Immobilien ebenso wenig. Abgesehen davon, weißt du ernsthaft, wo dein Sohn oder deine Tochter tatsächlich studieren oder leben wird? Vielleicht zieht dein Kind ins Ausland oder in eine andere Stadt. Und sollte dein Traum wahr werden und dein Sohn oder deine Tochter tatsächlich die Wohnung nutzen, freut sich das Finanzamt.[4]

Wenn du deinen Kindern etwas Gutes tun willst, kaufe ihnen kleine Löcher, also Ein- und Zweizimmerwohnungen. Mit den Mieteinkünften haben sie ein Grundeinkommen und eine Absicherung.

3 Vielleicht hilft es, dass ich Mathematik studiert habe und nicht Design oder Architektur.

4 Wenn du die Wohnung deinen Kindern zur Verfügung stellst, müssen entweder deine Kinder dir Miete bezahlen oder du kannst die Zinsen, den Gebäudewert und die Sanierungskosten nicht mehr von der Steuer absetzen.

Ich kaufe eine Ferienimmobilie, die ich selbst nutzen kann und die ich während der anderen Zeiten vermiete

Die Quadratur des Irrsinns. Am besten noch viele Flugstunden entfernt von der Heimat.

Einer meiner Freunde hatte sich in Spanien den Traum von der Ferienimmobilie erfüllt. Im Juli und im Dezember für die Eigennutzung, für den Rest des Jahres als externe Ferienvermietung. Für die Vermietung wandte er sich an eine Agentur, die hohe Renditen versprach. Die Realität sah anders aus. Zunächst kamen etwa 60 Prozent der versprochenen Zahlungen, dann nur noch 30 Prozent, und irgendwann kam gar kein Geld mehr. Die Agentur sprach von »schwierigen Marktverhältnissen«, die spanischen Zeitungen von großem Urlauberandrang. Dann kam eine Rechnung des Wasserversorgers. Die Wohnung hatte einen Verbrauch wie ein Wasserfall. Mein Freund flog nach Spanien, um nach dem Rechten zu sehen. Und siehe da, in der Wohnung war eine siebenköpfige Familie einquartiert. Von der Maklerin weit und breit keine Spur. Der Rausschmiss der Familie dauerte zwei Jahre und kostete 25 000 Euro. Das spanische Mietrecht – eine Katastrophe.[5] Als Draufgabe kam noch ein Strafbescheid der spanischen Behörden für illegale Ferienvermietung.

Auch wenn es sich hier um ein Extrembeispiel handelt: Ferienimmobilien verursachen meist sehr viel Arbeit, Ärger und Kosten. Immobilien sind immer ein lokales Geschäft. Die besten Immobilien kaufen die lokalen Profis, dann kommen die lokalen Anfänger, und was sich im eigenen Land nicht verkaufen lässt, wird an »dumme Ausländer« vertickt. Bei der Vermietung bist du auf lokale Makler angewiesen, die oft links und rechts die Hand aufhalten. Da muss schon viel Glück dabei sein, dass für dich noch was übrigbleibt.

---

5 In Spanien können Wohnungen illegal besetzt werden. Reagiert der Eigentümer nicht innerhalb einer kurzen Frist, haben die Besetzer der Wohnung das Recht, in der Wohnung zu leben.

Ebenso solltest du dir folgende Fragen stellen: Willst du wirklich jedes Jahr zur selben Zeit an denselben Ort auf Urlaub fahren? Selbst wenn das Wetter schlecht ist oder du schon alle Sehenswürdigkeiten in der Umgebung abgeklappert hast? Das wird doch langweilig. Und willst du arbeiten und dich um die Ferienimmobilie kümmern, wenn du auf Urlaub bist? Oder willst du abschalten und relaxen?

Zu guter Letzt: Die Kombination aus Eigennutz und Fremdvermietung ist ein gefundenes Fressen für das Finanzamt. Bei Immobilien im Ausland bezahlst du oft doppelt Steuer, zunächst im Ausland und dann nochmals in Österreich und Deutschland, je nach Doppelbesteuerungsabkommen. Bei Ferienimmobilien im Inland verlierst du in Deutschland die Möglichkeit, steuerfrei zu verkaufen, wenn du auch nur einen Tag fremdvermietest, im Extremfall wirst du gewerblich eingestuft. Macht die Ferienvermietung Verluste, weil du das Objekt für deine Zwecke edel ausstaffiert hast, kommst du schnell in den Tatbestand der Liebhaberei.[6]

Bevor du dir eine Ferienimmobilie ans Bein bindest, denke fünfmal nach. In der Regel sind allein die Betriebskosten, Steuern und Abgaben höher als der Urlaubsaufenthalt im Fünf-Sterne-Hotel. Verwendest du das Kapital nicht für die Ferienimmobilie, sondern für kleine Löcher, dann bezahlen deine Mietwohnungen die Kosten aller deiner Urlaube. Fünf-Sterne-Hotel, Flug und Essen inklusive.

Der Mieter ruft mich um Mitternacht an, weil der Wasserhahn nicht funktioniert, die Wohnung wird leer stehen und ich habe unendlich Arbeit

Ich kann mich noch daran erinnern, als ich meine erste Wohnung in der Mohsgasse in Wien gekauft habe. Mein Vater hatte mich angeschrien, was für einen Blödsinn ich mache, dass der Mieter nicht

[6] Bei Liebhaberei kannst du die Kosten der Immobilie nicht mehr steuerlich geltend machen.

zahlen, ich nur Ärger haben und sowieso keinen Mieter für die Wohnung finden werde.

Mein Vater hatte nicht *völlig* unrecht, aber zu 98 bis 99 Prozent. Bei mehr als 17 Jahren Wohnungsvermietung und mehr als 200 Wohneinheiten habe ich schon alles erlebt, nicht nur tropfende Wasserhähne. Allerdings hat mich noch kein Mieter um Mitternacht angerufen. Im Verhältnis zu der Anzahl der Wohnungen und Mieter, die ich habe, gab es tatsächlich nur bei 1 bis 2 Prozent aller Mietverhältnisse größere Schwierigkeiten. Im Normalfall gibt es kaum Probleme und der Mieter bezahlt die Miete. Am Anfang meiner Karriere habe ich zwar aufgrund mangelnder Erfahrung etwas häufiger Deppensteuer bezahlt, aber – *so what* –, man lernt dazu.[7] Sofern du gute Immobilien kaufst, sorgfältig bei der Auswahl der Mieter bist und mit deinen Mietern ein gutes Verhältnis pflegst, wird es dir ähnlich ergehen wir mir. Meiner Erfahrung nach[8] hast du in 1 bis 2 Prozent der Mietverhältnisse größere Probleme. Also hatte mein Vater zu 1 bis 2 Prozent recht.

Vielleicht war es ein Omen, aber in der Mohsgasse hatte ich tatsächlich nie gröbere Probleme mit den Mietern. Und im Jahr 2010, nach der Finanz- und Eurokrise, sagte mein Vater schließlich: »Vielleicht war es doch nicht so eine dumme Idee, Immobilien zu kaufen. Das Geld ist ja bald nichts mehr wert.« In diesem Punkt sollte er recht behalten, auch wenn die Rückkehr der Inflation noch zehn Jahre dauern sollte.

Immobilien verursachen Arbeit, genauso wie jedes andere Investment, wenn du Geld verdienen willst. Dafür schaffst du dir Vermögen und laufendes Einkommen. Der Einsatz zahlt sich aus.

---

7 Kurse dazu, wie man Immobilien kauft, zum Beispiel das Betongoldtraining (www.betongoldtraining.com), gab es damals nicht.

8 Bei einem Portfolio von 225 Wohneinheiten und entsprechend vielen Mietverhältnissen habe ich dazu statistisch signifikante Daten.

Es gibt eine entscheidende Regel von guten Investoren

Trenne Investment und privaten Konsum. Das Ziel besteht darin, ausreichend Vermögenswerte zu haben, aus deren Einkünften du deine Lebenshaltungskosten bedienen kannst; hast du genügend passive Einkünfte, dann kannst du auch in einem Palast leben. Die meisten Anfänger vermischen beruflich und privat. Das führt zu krassen wirtschaftlichen Fehlentscheidungen und ist zusätzlich ein gefundenes Fressen fürs Finanzamt.

Kaufe Immobilien als Geldanlage und nutze den daraus gewonnenen Cashflow für die Miete für deinen Hauptwohnsitz, deine Urlaube, deine Autos, das Studium deiner Kinder et cetera. Das bringt dir Freiheit.

Wieso kleine Löcher

Zunächst eine Geschichte vom Anfang meiner Immobilienkarriere: Frankfurt Bornheim, Schellingstraße: Ich interessierte mich für drei Einzimmerwohnungen mit jeweils knapp 30 Quadratmetern, welche im Paket für 200 000 Euro angeboten wurden. Sie erzielten zusammen 1000 Euro Nettomiete pro Monat, also 330 Euro pro Wohnung. Damals interessierten sich nur wenige Leute für Immobilien, die Zinsen waren bei knapp unter 5 Prozent. Der Makler rief mich an, ob ich dennoch zur Besichtigung kommen würde. Er teilte mir mit, dass man beim Preis und auch bei der Provision noch etwas machen könne, ich war offenbar der einzige Interessent. Die Wohnungen lagen sehr zentral, zwei Minuten von der Berger Straße und fünf Minuten von der U-Bahn entfernt. Trotz der guten Lage sah das Haus trist aus, staubgraue Fassade, dunkelbraunes düsteres Treppenhaus. Aber die Bausubstanz war gut. Die Wohnungen waren gut und praktisch geschnitten, aber selbst für jemanden, dem Schönheit egal ist, wirklich hässlich – olivgrünes Bad und grauer Teppichboden. Der Makler merkte meine Stimmung und fragte mich lachend: »Was wollen Sie denn mit den kleinen Löchern machen?« Ich sagte: »Die Miete kassieren und den Kredit abbezahlen.« Der Makler sagte prompt: »Für diese Wohnungen werden Sie immer einen Mieter finden und eine exzellente Miete bekommen.« Der Makler sollte recht behalten. Beim Auszug eines Mieters gab es sofort Dutzende Interessenten, die bereit waren, eine deutlich höhere Miete zu bezahlen; mittlerweile sind die Wohnungen jeweils 150 000 Euro wert, also insgesamt 450 000 Euro, und die erzielbare Nettomiete je Wohnung liegt bei 550 bis 600 Euro pro Monat.

Die Bezeichnung »kleine Löcher« war geboren und viele dieser Ein- und Zweizimmerwohnungen haben mich und andere Kapitalanleger sehr vermögend gemacht. Aber wieso sind kleine Löcher so lukrativ?

Die Mietrendite von kleinen Wohnungen ist viel höher als bei großen Wohnungen

Der Preis einer Wohnung bemisst sich üblicherweise am Preis pro Quadratmeter, mit Zu- und Abschlägen für besondere Vor- und Nachteile einer spezifischen Wohnung. Beträgt der Preis pro Quadratmeter in einer Mikrolage oder einer Liegenschaft zum Beispiel 3000 Euro pro Quadratmeter, kostet eine 30-Quadratmeter-Einzimmerwohnung circa 90 000 Euro, eine 60-Quadratmeter-Zweizimmerwohnung circa 180 000 Euro und eine 90-Quadratmeter-Dreizimmerwohnung circa 270 000 Euro. Allerdings ist die erzielbare Nettomiete (exklusive Betriebskosten) bei der 90-Quadratmeter-Wohnung nicht dreimal so hoch wie bei der Einzimmerwohnung. Die Einzimmerwohnung erzielt eine Nettomiete von zum Beispiel 390 Euro pro Monat (13 Euro pro Quadratmeter), für die 60-Quadratmeter-Zweizimmerwohnung bekommst du 600 Euro Nettomiete pro Monat (10 Euro pro Quadratmeter) und für die Dreizimmerwohnung bekommst du 750 Euro Nettomiete pro Monat (8,33 Euro pro Quadratmeter).

Wohnung	Kaufpreis	Miete pro Monat	Nettomietrendite[1]
30 Quadratmeter, 1 Zimmer	90 000 Euro	390 Euro	5,2 Prozent
60 Quadratmeter, 2 Zimmer	180 000 Euro	600 Euro	4,0 Prozent
90 Quadratmeter, 3 Zimmer	270 000 Euro	750 Euro	3,3 Prozent

[1] Die (vereinfachte) Mietrendite wird berechnet als Nettomiete pro Monat*12 dividiert durch den Kaufpreis. Einzimmerwohnung: Mietrendite = 390*12/90 000 = 4680/90 000 = 0,052 = 5,2 Prozent.

Mittlerweise gibt es Fälle von Zweizimmerwohnungen mit 50 Quadratmetern, die *fast dieselbe* Nettomiete wie Einzimmerwohnungen mit 30 Quadratmetern haben. Klingt verrückt? Schau auf Immoscout, dort siehst du es live. Der Grund dafür? Die Betriebskosten sind teurer geworden, in Niedrigmietmärkten sind die Betriebskosten genauso hoch wie die Nettomiete, und die Mieter können sich die Betriebskosten der großen Wohnung nicht mehr leisten.

Das bedeutet, dass kleine Wohnungen *viel lukrativer* sind bei der Vermietung als große Wohnungen. Bei einem kleinen Loch zahlt die Miete den Kredit ab, bei einer großen Dreizimmerwohnung wohl kaum. Die Mietpreisspiegel der deutschen Städte zeigen den Trend deutlich. Im Frankfurter Mietspiegel wird eine 25-Quadratmeter-Wohnung mit 14 Euro Nettomiete pro Quadratmeter taxiert, eine 90-Quadratmeter-Wohnung mit 9 Euro pro Quadratmeter.[2] Der Mietspiegel für Stuttgart sieht ähnlich aus: 13 Euro Nettomiete pro Quadratmeter für eine Einzimmerwohnung, 9 Euro pro Quadratmeter für eine Dreizimmerwohnung. Und das sind nur die offiziellen Werte, die Marktrealität auf Immoscout und Immowelt sieht noch deutlich extremer aus. *Small may not be beautiful, but small is highly profitable.*

Die Nachfrage nach kleinen Wohnungen ist viel höher als nach großen Wohnungen

Königs Wusterhausen, April 2023: Ein attraktiver Vorort von Berlin. Der Flughafen Berlin Brandenburg und das Tesla-Werk sind in weniger als 30 Minuten erreichbar. Klassischer Speckgürtel. Ich hatte 2021 gemeinsam mit einem Partner ein Grundstück erworben und dort ein Mehrfamilienhaus mit zehn Wohnungen errichtet, darunter einige Einzimmerwohnungen und der Rest Dreizimmerwohnungen; alle mit Balkon, die großen Wohnungen haben teilwei-

2 https://frankfurt.de/themen/planen-bauen-und-wohnen/wohnen/informationen-zum-wohnungsmarkt/mietspiegel

se atemberaubenden Seeblick. Das Haus war kurz vor der Fertigstellung und wir inserierten die Wohnungen zur Vermietung. Ich hatte mir zunächst gedacht, dass eher Familien in einen Vorort der Stadt ziehen würden und die Nachfrage nach großen Wohnungen höher sein würde als für die Einzimmer-Buden. Weit gefehlt! Auf die kleinen 34-Quadratmeter-Wohnungen hatten wir innerhalb von wenigen Tagen 150 Anfragen, darunter auch von Tesla-Mitarbeitern. Sie waren sofort vermietet, und das für 680 Euro Nettomiete pro Monat – also 20 Euro pro Quadratmeter –, plus Betriebskosten, plus Stellplatz. Auch für die großen Wohnungen fanden wir Mieter, aber es dauerte doch deutlich länger und die Nettomiete lag hier bei 16 bis 17 Euro pro Quadratmeter.

Die Situation ist überall dieselbe. Egal ob Wien oder Hannover, Frankfurt oder Stuttgart, Dornbirn oder Klagenfurt. Die Nachfrage nach kleinen Einzimmerwohnungen ist fast überall deutlich höher als nach größeren Wohnungen. Dafür gibt es viele Gründe:

a. Im Traum wäre jeder gerne Millionär und würde gerne in einer großen Penthouse-Wohnung leben. Nur die Kohle dafür fehlt fast immer. Fakt ist, es gibt viele Leute mit wenig Geld und nur wenige Leute mit viel Geld. Zudem mieten Leute mit viel Geld seltener (viele kaufen ein Eigenheim, auch wenn es wirtschaftlich dumm ist), Leute mit wenig Geld können sich schlicht kein Eigenheim leisten.
b. Viele Menschen mit geringerem Einkommen haben ihren Arbeitsplatz in der Stadt und können kein Homeoffice machen. Sie sind darauf angewiesen, ohne hohe Kosten zum Arbeitsplatz zu kommen. Beispiel Frankfurt Niederrad oder Hattersheim: Der Frankfurter Flughafen ist mit 81 000 Beschäftigten die größte Arbeitsstätte in Hessen. Die meisten Menschen, die dort arbeiten – Security-Personal, Busfahrer, Traktor-Fahrer, Stewardessen, Bodenpersonal –, haben kein hohes Einkommen. Für viele von ihnen wäre allein der Parkplatz am Flughafen zu teuer, von den sonstigen Kos-

ten wie Sprit und so weiter ganz zu schweigen. Folglich sind sie gezwungen, in der Nähe des Flughafens zu leben. Von Frankfurt Niederrad ist man mit dem Autobus in 10 bis 15 Minuten am Airport. Der Stadtteil ist definitiv keine Schönheit, die Lärmbelastung hoch, nur Flugzeugliebhaber kommen auf ihre Rechnung: Von den Balkonen meiner Wohnungen kann man sämtliche Flugzeuge, die in Frankfurt starten und landen, gut sehen (und hören!), die Lufthansa Boeing 747 genauso wie den Dreamliner von Air Canada. Ich habe in Frankfurt Niederrad mehrere kleine Löcher, die Nachfrage ist enorm. Wird eine Wohnung frei, hat der alte Mieter meist schon mehrere Nachmieter. Einer meiner Freunde, der am Airport arbeitet, hat Wohnungen in Hattersheim, die Situation ist ident.

c. Für kleine Löcher kommt eine große Anzahl an potenziellen Mietern infrage: Singles oder Menschen mit niedrigerem Einkommen sowieso, dazu kommen Studenten, Expats, Berater und Manager von großen Firmen, die nur tageweise in der Stadt sind, aber die gemietete Wohnung günstiger und bequemer ist als das Hotel. Leute mieten nach einer Scheidung diese Wohnungen an (und wohnen aufgrund der hohen Alimente oft lange darin), Pflegepersonal oder Angehörige von pflegebedürftigen Menschen nutzen kleine Wohnungen, auch medizinisches Personal während langer Schichten, Arbeiter oder Handwerker et cetera.

d. Mehrmals hatte ich auch schon folgenden Fall: Ein gut situierter Mieter wohnt zum Beispiel in Bad Homburg oder im Speckgürtel von Stuttgart. Er mietet eine Einzimmerwohnung für seine »Gäste« an oder erklärt, sie nutzen zu wollen, wenn er es abends nach einem langen Dinner nicht mehr nach Hause schafft. Die Mieter teilen mir auch meist höflich mit, dass die Wohnung nur selten genutzt wird. Ich bin mir sicher, dass in manchen Fällen der Ehepartner in Bad Homburg oder Stuttgart nichts von den »Gästen« weiß ...

Es werden viel zu wenige kleine Wohnungen gebaut. In Frankfurt entstehen jedes Jahr neue Türme mit Luxuswohnungen zu exorbitanten Preisen, in Wien oder Innsbruck werden wunderschöne Luxuswohnungen und viele Familienwohnungen gebaut, zu teils ebenso exorbitanten Preisen. Aber kleine Einzimmerwohnungen? Fehlanzeige. Sind die Bauträger so blind und dumm, dass sie an der Nachfrage vorbei bauen? In einigen Fällen vielleicht ja, aber die Antwort liegt im Baurecht. In den meisten Städten muss pro Wohnung, die gebaut wird, ein Stellplatz errichtet werden. Wer ein Haus mit 500 Quadratmetern errichtet, hat (vereinfacht gesagt) folgende Wahl[3]:

Wohnungsgröße	Anzahl Wohnungen	Stellplätze
100 Quadratmeter	5	5
50 Quadratmeter	10	10
25 Quadratmeter	20	20

Das Problem ist, dass für die Stellplätze oft der Platz fehlt beziehungsweise die Errichtung von aufwändigen Tiefgaragen extrem teuer ist, sodass sich das ganze Projekt nicht mehr rechnet. Aus diesem Grund werden vermehrt größere Wohnungen gebaut, auch wenn die Nachfrage nach kleinen Wohnungen viel höher wäre.

Für kleine Wohnungen findet sich immer ein Käufer, selbst in Krisenzeiten

London, 2018, mitten im Brexit-Chaos: Der Londoner Immobilienmarkt war in einer Krise, viele Banker verließen die Insel. Deshalb flog ich nach London, um nach günstigen Wohnungen Ausschau zu halten. Die Makler waren – wie immer während einer Krise –

[3] Das Baurecht variiert je nach Stadt und oft auch nach Stadtteil. Die Stellplatzproblematik besteht aber in den allermeisten Fällen.

höflich, es standen Wohnungen in den besten Stadtteilen massenhaft zum Verkauf. Vier Zimmer in Belgravia, Penthouse in Mayfair, teilweise um 30 Prozent günstiger als vorher. Aber Käufer mit Millionen auf dem Konto waren rar. Ich hatte auch eine Besichtigung für ein kleines Loch in Shepherds Bush vereinbart. 28 Quadratmeter, »original British Carpet« (entsprechend versifft), aus dem Wasserhahn kam rostige Brühe, bei den Fenstern zog es herein. Die Wohnung war für 200 000 Pfund im Angebot, die Nettomiete betrug 280 Pfund, *pro Woche*, wohlgemerkt. Macht 7,2 Prozent Mietrendite. Plötzlich klingelte mein Handy und die Maklerin war dran: »I am sorry to inform you, but the apartment has been sold above asking price. But we have a four bedroom apartment in Knightbridge for 1.5 Million on offer if you are interested.« Ich lehnte höflich ab. Aber selbst in der Krise war das kleine Loch nach fünf Tagen verkauft, die Luxuswohnung in Knightsbridge (ein wesentlich besserer Stadtteil) wartete nach drei Monaten immer noch sehnsüchtig auf einen Käufer.

In Deutschland und Österreich sieht es in der Immobilienkrise 2023 ähnlich aus. Makler und Notare klagen über Geschäftseinbruch, die Auswahl an Wohnungen ist groß, die Makler und Verkäufer offerieren proaktiv Preisnachlässe. Ein Teilnehmer meines Betongoldmentoring-Immobilien-Trainingsprogramms[4] berichtet mir von einem kleinen Loch in Nürnberg mit 29 Quadratmetern. Angebotspreis 98 000 Euro. Als ich ihm sage, dass er noch versuchen soll zu verhandeln, antwortet er, dass es 18 Interessenten gebe, immerhin erziele die Wohnung bei Neuvermietung knapp 400 Euro Nettomiete. Ich gab ihm den Rat, der Maklerin eine Überprovision zu bezahlen und zu versuchen, den Preis noch etwas zu drücken. Er rief die Maklerin am nächsten Morgen an und vereinbarte 95 000 Kaufpreis und 6000 Euro Provision. Hätte er drei Stunden länger gewartet oder die Provision verhandelt, wäre er nicht mehr zum Zug gekommen.

---

4 Mehr Informationen dazu findest du auf www.betongoldmentoring.com.

Auch in Krisenzeiten gibt es Käufer – meist Schnäppchenjäger. Aber eine Wohnung in guter Lage für 100 000 Euro findet einfach schnell einen Käufer, es gibt genügend Menschen, die das bar bezahlen können. Bei 500 000 Euro Kaufpreis sieht es schon anders aus, solche Wohnungen sind in Krisenzeiten Ladenhüter. Wenn du liquide sein willst, kaufe kleine Löcher, die du auch in schwierigen Zeiten verkaufen kannst.

Bei kleinen Wohnungen ist die Gefahr von letalen Fehlern deutlich geringer

Gerade als Anfänger, aber selbst als Profi, besteht immer die Gefahr, dass du bei einer Immobilie etwas übersiehst oder die Lage falsch einschätzt. Aber bei einer kleinen Wohnung sind auch die Fehler kleiner als bei einer großen Wohnung. Ein Beispiel: Urbanstraße, Stuttgart. Beste zentrale Lage, ich kaufte in einem Haus eine kleine Einzimmerwohnung mit 28 Quadratmetern. Damals war ich noch ein Greenhorn und die statischen Probleme in der Tiefgarage hatte ich falsch eingeschätzt. Acht Jahre später kam das böse Erwachen. Sonderumlage von 1 Million Euro für die Sanierung der Tiefgarage und der Statik, mit einem Abschlag von 50 Prozent für Wohnungseigentümer ohne Stellplatz[5]. Mein Anteil an der Liegenschaft: 1,8 Prozent. Mein Anteil an der Sonderumlage: 9000 Euro, da ich keinen Stellplatz hatte. Schmerzhaft? Ja. Letal? Nein. Wie sieht es bei einer 90-Quadratmeter-Wohnung mit zwei Stellplätzen aus? 63 000 Euro Sonderumlage!

---

5 In dieser Wohnungsanlage hatten einige kleine Wohnungen, so wie meine Wohnung dort, keinen Stellplatz, dafür manche große Wohnungen zwei Stellplätze.

Mehrere kleine Wohnungen bedeutet: bessere Streuung, geringeres Klumpenrisiko

Viele Menschen sehen bei Immobilieninvestments (teilweise zu Recht) ein Klumpenrisiko. Bezahlt der Mieter nicht oder steht eine große Reparatur an, wird aus dem Immobilieninvestment schnell ein Negativgeschäft. Hast du nur eine Wohnung, gibt es zwei Möglichkeiten: Es passiert nichts und du machst ein gutes Geschäft. Oder: Es passiert etwas und du machst einen ordentlichen Verlust. Hast du fünf oder zehn Wohnungen, ist dieses Klumpenrisiko nicht mehr gegeben. Denn die Wahrscheinlichkeit, dass zehn Mieter gleichzeitig nicht bezahlen oder zehn Heizungen zur gleichen Zeit kaputt gehen, ist gleich null, außer du bist ein Vollidiot, wählst Junkies als Mieter und prüfst die Wohnungen im angetrunkenen Zustand. Im Durchschnitt hast du etwas weniger Ertrag, da es immer wieder irgendwo ein Problem geben wird, aber das Risiko eines hohen Verlusts ist wegdiversifiziert.

Die Rechnung ist einfach: Für 1 Million Euro bekommst du *eine* Luxuswohnung oder *zehn* kleine Löcher. Bei der Luxuswohnung hast du ein großes Klumpenrisiko, bei zehn kleinen Löchern hast du keines. Und solltest du dringend Geld brauchen, verkaufst du einfach eine Wohnung und hast weiterhin neun Immobilien, die Cashflow produzieren. Hast du nur eine Wohnung, musst du deinen gesamten Besitz unter Druck verkaufen; dann machst du wirklich ein schlechtes Geschäft.

Auch kleine Löcher haben langjährige Mieter

Ich bekomme immer wieder zu hören, dass kleine Löcher zwar lukrativ seien, aber dass die Mieter dauernd wechseln würden und der Verwaltungsaufwand enorm wäre. Nach 17 Jahren Vermietungserfahrung von deutlich mehr als 100 kleinen Löchern[6] muss ich dem widersprechen.

---

[6] In meinem Portfolio befinden sich natürlich auch andere Wohnungen, Zweizimmer-, Dreizimmer-, Vierzimmerwohnungen und einige Gewerbeobjekte. Daher habe ich auch gute Vergleichswerte.

Ich habe mehr als 15 Mieter, die seit 15 oder 16 Jahren in den kleinen Wohnungen leben – mir wäre es sogar lieber, wenn einige ausziehen würden, denn dann könnte ich bei der Neuvermietung einen höheren Ertrag erzielen. Die Durchschnittsverweildauer eines Mieters liegt bei meinem Portfolio bei circa sechs bis sieben Jahren, und ich habe keinen nennenswerten Unterschied zwischen kleinen und großen Wohnungen festgestellt. Der einzige Nachteil der kleinen Wohnungen sind geringfügig höhere Verwaltungs- und Sanierungskosten – sowohl eine Einzimmer- als auch eine Dreizimmerwohnung hat ein Bad, eine Küche und eine Gastherme, und diese Teile sind bei der Sanierung besonders teuer.[7] Aber dieser Nachteil wird durch die Risikostreuung und die viel höhere Rendite deutlich ausgeglichen.

Kleine Löcher sind auch für den »Normalbürger« erschwinglich

Viele Menschen glauben, dass man für Immobilieninvestments reich sein muss und sehr viel Geld benötigt. *Diese Aussage ist definitiv falsch.* Ein kleines Loch in einer mittleren bis guten Lage kostet 80 000 bis 110 000 Euro.[8] Das heißt, du benötigst 15 000 bis 20 000 Euro Eigenkapital (10 bis 15 Prozent des Kaufpreises plus Kaufnebenkosten), den Rest finanziert die Bank. Die Miete bezahlt den Kredit ab, bei der ersten Wohnung solltest du noch eine Reserve von circa 5000 Euro haben, falls in der Wohnung etwas kaputt geht oder der Mieter nicht bezahlt.

Du brauchst definitiv keinen Doktor der Mathematik und keinen Harvard-Abschluss und musst kein Hedgefondsmanager, Computergenie oder Verkaufsprofi sein, um kleine Löcher kaufen zu können. Fast jeder Mensch, der fleißig und geschäftstüchtig ist und nicht über seine Verhältnisse lebt, kann sich jedes Jahr 15 000 bis 20 000 Euro auf die Seite legen. Nur wenn du faul und wirtschaft-

---

7 Deshalb sind die Sanierungskosten pro Quadratmeter bei kleineren Wohnungen etwas höher als bei größeren Wohnungen.

8 Im Sommer 2023, also zum Erscheinungszeitpunkt dieses Buchs.

lich dumm bist,[9] wirst du es nicht schaffen, Immobilien zu kaufen, aber dann solltest du sowieso das Armutsgelübde ablegen und Lastenfahrrad fahren.

Ich werde oft gefragt, wie klein ein kleines Loch sein soll; viele Leute denken an 30 oder 40 Quadratmeter. Aber das ist schon Executive Style. Meine kleinste Wohnung befindet sich in einem Mehrfamilienhaus in Frankfurt Bockenheim und hat 14 Quadratmeter. Unlängst kündigte der Mieter, der für die Wohnung immerhin 340 Euro Nettomiete und 50 Euro Betriebskosten bezahlt hat. Der Mieter hat drei Interessenten gebracht, sodass wir die Wohnung gar nicht inserieren mussten; mit einem Inserat hätten wir sicher 150 Interessenten gehabt. Alle Nachmieter waren bereit, 360 Euro Nettomiete zu bezahlen, also eine Gesamtmiete von 410 Euro. Das sind wohlgemerkt 25,70 Euro pro Quadratmeter; eine Traumrendite für mich als Investor, aber in Summe für den Mieter trotzdem sehr günstig, wenn man bedenkt, dass es in ganz Frankfurt nur 35 Wohnungen unter 500 Euro Nettomiete, also 600 Euro Gesamtmiete, gibt, und zwar *inklusive Tauschwohnungen und WG-Zimmer*. Versteht ihr, wieso die Nachfrage so hoch ist? Die Alternative zur 14-Quadratmeter-Wohnung wäre ein Baumhaus oder eine Hundehütte oder eine soziale Brennpunktwohnung in Dietzenbach. Und in Frankfurt geht es noch »großzügig« zu, in London, Paris, Amsterdam oder New York gibt es kleine Löcher mit 8 Quadratmetern, »Windows Optional«, also Aufpreis für ein Fenster. Auch hier ist die Nachfrage gewaltig. Als Immobilieninvestor gilt die einfache Regel: *Small is profitable, smaller is even more profitable.*

9 Es gibt natürlich Ausnahme- und Härtefälle, zum Beispiel alleinerziehende Mütter mit drei Kindern, die weder faul noch dumm sind. Hier bedarf es tatsächlich extremen Geschicks, um sich Immobilien leisten zu können. Aber für die Mehrheit der Bürger gilt das oben Gesagte.

Der Kuckuck ruft: Kaufe keinen Dreck

Wenn du gefragt wirst: »Willst du Dreck kaufen?«, antwortest du mit »Nein«, oder? Bei Investments führt die Kombination aus Gier und Unwissenheit aber sehr häufig dazu, dass Menschen Dreck kaufen. Das hat man im Krypto-Bereich gesehen, als Leute JPEG-Bilder und »Bullshit Coins« für Zehntausende Dollars gekauft haben, oder Penny Stocks und Meme Stocks von Unternehmen mit riesigen Verlusten und kaputten Bilanzen, und meist ihr ganzes Kapital verloren haben. Bei Immobilien, die in der Regel fremdfinanziert werden, kann die Sache aber noch schlimmer sein. Für einen »Bullshit Coin« bekommst du keinen Kredit, für eine Drecksimmobilie unter Umständen schon. Und das kann deinen wirtschaftlichen Ruin bedeuten.

Auf der Jagd nach Rendite haben meist unwissende Anleger Wohnungen in Lagen gekauft, wo sich Fuchs und Hase gute Nacht sagen. ICE- oder Railjet-Anschluss? Fehlanzeige. Abwanderung, Arbeitslosigkeit, wirtschaftliche Tristesse und hohe Leerstandsquoten halten die Leute nicht davon ab, in schlechten Lagen und Regionen – beispielsweise in Ostdeutschland, in Teilen von NRW[10], im tiefsten Kärnten[11], Waldviertel oder Südburgenland – zu kaufen. 6, 7 und 8 Prozent Renditeversprechungen waren besonders in Niedrigzinsphasen ein attraktives Lockmittel. Immobilien-Coaches und Berater, von denen einige bereits in fernen Ländern Selbstfindung oder Insolvenzflucht (je nach Interpretation) betreiben, haben die unwissenden Kleinanleger noch zusätzlich angespornt und motiviert, Mist zu kaufen. Leider sieht die Realität ganz anders aus.

---

10 Sowohl in NRW als auch in Ostdeutschland gibt es sehr attraktive Lagen, in NRW natürlich Köln und Düsseldorf und deren Speckgürtel, aber auch beispielsweise Koblenz, Bonn, Teile von Dortmund sowie andere selektive Lagen im Ruhrgebiet. Auch in Ostdeutschland sind etwa der Berliner Speckgürtel, Leipzig, Dresden, Erfurt, Jena und mit Einschränkungen Rostock oder Stralsund nicht unattraktiv.

11 Auch hier gibt es attraktive Lagen, Klagenfurt und Villach haben beispielsweise durchaus Potenzial.

Die Chemnitzer Tragödie in 6 Akten

Akt Nr. 1: Die Gier nach Rendite

Wir nehmen das Beispiel eines Bekannten, der im Jahr 2018 in Chemnitz eine 50-Quadratmeter-Wohnung in einem Plattenbau für 60 000 Euro gekauft hat. Beim Ankauf Nettomiete von Euro 300 pro Monat, zuzüglich 150 Euro Betriebskosten, also theoretisch 6 Prozent Mietrendite. Der Makler hat ihm versprochen, dass er die Miete auf bis zu 400 Euro pro Monat erhöhen kann, das wären dann 8 Prozent Mietrendite. Er hat stolz von den Renditen erzählt, sich als Profi gefühlt und über meine kärgliche Mietrendite in Wiesbaden und Frankfurt gelacht. In kurzer Zeit hat er drei weitere, ähnliche Wohnungen gekauft, 100 Prozent fremdfinanziert, also in der Theorie 1200 Nettomiete pro Monat mit angeblichem Potenzial auf 8 Prozent Mietrendite. Einer seiner Kollegen hat das Spiel noch größer aufgezogen und ist zum Großimmobilienbesitzer geworden. 50 Wohnungen in Chemnitz und Zwickau, und das mit gerade einmal 250 000 Euro Eigenkapital. *Wow! A new Real Estate King is born.*

Akt Nr. 2: Die Betriebskosten steigen

Mittlerweile lacht keiner der beiden mehr. Was ist passiert? Die Wohnungen hatten durchwegs einen schlechten Energiekennwert, meist rot oder rostbraun, bei Plattenbauten und alten Gebäuden nicht gerade verwunderlich. Durch die teuren Energiepreise sind die Betriebskosten der Wohnungen auf 300 bis 400 Euro hochgeschnellt. Das ist höher als die Nettomiete. Chemnitz ist nun nicht gerade die reichste Gemeinde Deutschlands, und die hohen Betriebskosten konnten sich die Mieter schlichtweg nicht leisten. Sie drohten mit Auszug und das war, im Gegensatz zu Mietern in Frankfurt, Wiesbaden oder Berlin, keine leere Drohung. Denn in

Chemnitz ist die Leerstandsquote hoch, über 10 Prozent, sodass es ein Leichtes ist, eine günstigere Wohnung zu finden. Immerhin ist das Angebot an Mietwohnungen in Chemnitz fast so groß wie in Berlin, das zwölfmal mehr Einwohner hat. In Frankfurt, Wiesbaden oder Berlin freut sich der Vermieter, wenn der Mieter auszieht, denn er kann die Wohnung teurer vermieten; in Chemnitz weint er, weil er keinen Mieter findet oder die Miete senken muss.

Die Wahl lag zwischen Pest und Cholera: Die Miete um 30 bis 50 Prozent senken oder Leerstand riskieren. Aus 6 Prozent Mietrendite werden dann schnell 4 oder 3 Prozent; da wird es schwer, den Kredit zu tilgen.

Schauen wir uns die Situation in Chemnitz einmal genauer an. Ist die Wohnung vermietet, bezahlt der Mieter die Betriebskosten, steht sie leer, muss der Eigentümer sie bezahlen. Da schmilzt die Rendite wie das Eis in der Sonne.

Anzahl Monate Leerstand pro Jahr	Tatsächlicher Mietertrag in Euro	Rendite
0	3600	6 Prozent
1	3000 (11*300 – 300)	5 Prozent
2	2400 (10*300 – 2*300)	4 Prozent
3	1800 (9*300 – 3*300)	3 Prozent

Akt Nr. 3: Die Verwaltungskosten und die ersten Sanierungen

In einer Stadt wie Chemnitz, mit großem Wohnungsangebot, habe ich als Vermieter nicht gerade eine große Auswahl an potenziellen Mietern und muss daher Kompromisse machen. Und der ein oder andere Mieter mit fragwürdiger Bonität hinterlässt die Wohnung dann in einem wüsten Zustand. Auch die alten Wohnungen müssen bei Auszug saniert werden, um überhaupt einen Mieter zu finden. Das Problem dabei: Die Sanierung in Chemnitz ist nicht viel günstiger als in Frankfurt oder Berlin. Oder hat jemand von euch schon von einer Chemnitzer Küche oder Gastherme gehört, die 50 Prozent günstiger ist als in Frankfurt? Wenn ja, sagt es mir bitte, ich kaufe sie sofort und bezahle Provision!

Machen wir auch hier die Rechnung: Eine Vollsanierung einer 50-Quadratmeter-Wohnung in Chemnitz kostet beispielsweise 20 000 Euro. Die Wohnung bringt 3000 Euro Nettomiete pro Jahr, also nach sieben Jahren habe ich die Kosten wieder hereingespielt. Dieselbe Sanierung kostet in Frankfurt oder Berlin 25 000 Euro[12], die Wohnung derselben Größe (50 Quadratmeter) bringt jedoch 9000 bis 10 000 Euro Jahresmiete, also habe ich die Sanierungskosten nach weniger als drei Jahren wieder herinnen.

Auch die Verwaltungskosten und die nicht auf den Mieter umlegbaren Betriebskosten schmerzen in Chemnitz deutlich mehr als in Frankfurt oder Berlin. 50 Euro pro Monat sind 16 Prozent der Miete in Chemnitz, aber nur 6 Prozent der Miete in Frankfurt.

Bald ist von den 6 Prozent theoretischer Mietrendite nicht mehr viel übrig.

Akt Nr. 4: Die Inflation

Als Immobilienbesitzer freust du dich eigentlich über die Inflation, zumindest überall dort, wo Wohnraum knapp und die Wohnungsnachfrage hoch ist. Die Mieten steigen mit der Inflation, manchmal sogar noch stärker als die Inflation. Die Verwaltungs- und Sanierungskosten steigen ebenso, aber in Summe erhöht sich dein Cashflow jedes Jahr. Die Immobilienpreise sind immer ein Multiple des Cashflows: Steigt der Cashflow, steigt der Wert deiner Immobilie. Die Kreditraten bleiben gleich, vorausgesetzt, du hast fix finanziert. Es bleibt jedes Jahr mehr Geld in deiner Tasche.

Die Inflation macht dich reich.

---

12 Die Sanierung in Frankfurt oder Berlin ist geringfügig teurer, da die Handwerksfirmen höhere Personalkosten haben.

Ganz anders sieht die Lage in Chemnitz oder anderen Standorten mit hohem Leerstand aus. Die Mieten kannst du nicht erhöhen, die Verwaltungs- und Instandhaltungskosten erhöhen sich mit der Inflation. Hast du eine energetische Ruine wie die Chemnitzer Investoren, musst du möglicherweise die Miete sogar senken, da sich die Mieter die hohen Betriebskosten nicht leisten können. Dein Cashflow sinkt, der Wert deiner Immobilie sinkt, du bekommst Probleme, deinen Bankkredit zu bedienen.

Die Inflation macht dich arm.

Akt Nr. 5: Die energetische Sanierungspflicht

Die EU hat beschlossen, dass alle Gebäude bis 2030 den Energiestandard E und bis 2033 den Energiestandard D erreichen müssen. Auch wenn noch viele Fragen ungeklärt sind und es sicher diverse Ausnahmeregelungen geben wird, droht eine Sanierungspflicht für energetische Ruinen mit rotem oder rostbraunem Energiekennwert. Alternative: möglicherweise Vermietungsverbot oder Zwangsstrafen.[13]

Nehmen wir beispielsweise ein Mehrfamilienhaus mit 500 Quadratmetern Wohnfläche. In guter Lage von Frankfurt, Berlin oder Wien kostet so eine Immobilie 1,5 bis 2 Millionen Euro.[14] Eine energetische Vollsanierung des Gebäudes kostet circa 200 000 bis 300 000 Euro, eine Teilsanierung 80 000 bis 100 000 Euro.[15] Die Vollsanierung

---

13 Das sind keine Fantasien. In England ist bereits die Vermietung von Büroimmobilien mit einem Energiekennwert von G verboten.

14 Es handelt sich um grobe Richtwerte. Der Preis einer Immobilie hängt von vielen Detailfaktoren ab, unter anderem Mietertrag, Zustand, genaue Mikrolage et cetera.

15 Auch hier sind die Beträge als grobe Richtwerte zu sehen. Die genauen Kosten ergeben sich aus dem Zustand und der Beschaffenheit der jeweiligen Immobilie.

kostet somit circa 10 bis 15 Prozent des Immobilienwerts, die Teilsanierung, die meist für Energiestandard D ausreichend ist, ungefähr 5 Prozent. Ärgerlich, ja, aber durch die Sanierung sinken die Betriebskosten und somit steigen mittelfristig die erzielbaren Mieten.[16] Und 5 oder sogar 10 Prozent ist oft die Verhandlungsmasse beim Ankauf einer Immobilie. Außerdem gibt es als Schmerzmittel in Deutschland Förderprogramme der KfW für energetische Sanierungen mit subventionierten Krediten mit sehr niedrigen Zinsen[17] sowie Tilgungszuschüssen. In vielen Fällen ist die energetische Sanierung in guten Lagen sogar ein lohnendes Geschäft.

Bei den Chemnitzer Investoren sieht das etwas anders aus: Dort ist das Mehrfamilienhaus mit 500 Quadratmetern Wohnfläche 400 000 bis 500 000 Euro wert. Die energetische Sanierung ist kaum billiger als in Frankfurt oder Berlin. Folglich kostet die energetische Vollsanierung 40 bis 50 Prozent des Immobilienwerts, und selbst die Teilsanierung 20 bis 25 Prozent. Hier ist die energetische Sanierung kaum ein lohnendes Geschäft, beim Verkauf der Immobilie bekomme ich mein Investment nicht zurück. Die Schmerzmittel der KfW können die wirtschaftliche Tragödie nicht wirklich lindern.

Unsere Chemnitzer Investoren sitzen in der Falle. Entweder Leerstand oder Mieten senken, oder nochmals hohe Kredite für die Sanierung aufnehmen, um die Betriebskosten zu senken und dann zu hoffen, dass sie Mieter finden.

---

16 Den Mieter interessiert fast immer die Gesamtmiete, also Nettomiete plus Betriebskosten. Sind die Betriebskosten gering, kann ich, zumindest in Lagen mit Wohnraummangel, eine höhere Miete erzielen.

17 Zum Zeitpunkt des Erscheinens dieses Buchs liegen die Zinsen bei circa 1,4 Prozent. Die Zinsen ändern sich laufend, sind aber immer auf niedrigem Niveau.

Akt Nr. 6: Das Grand Finale – der Kuckuck ruft

Langsam wird die Bank des Chemnitzer Großimmobilienbesitzers – vor Kurzem noch als Immobilienking gefeiert – nervös. Der Gutachter berichtet, dass die Immobilienwerte stark gefallen sind, da Käufer die Kosten der energetischen Sanierung vom Kaufpreis abziehen. Ebenso fällt der Bank auf, dass die Mieten sinken und der Leerstand höher wird. Die Bank bittet den Investor zum Gespräch. Der Kundenberater empfängt ihn höflich, nach fünf Minuten kommt ein weiterer Banker herein, auf seiner Visitenkarte steht »Sanierungsabteilung«. Er will wissen, ob sich eine energetische Sanierung bei den Objekten überhaupt lohnt. Der Investor hat keine überzeugende Antwort. Der Kuckuck ruft.

Ganz anders stellt sich die Lage in Berlin oder Frankfurt dar. Dort besprechen Immobilieninvestoren mit ihrer Bank, wie sie den Cashflow ihrer Immobilie mithilfe von energetischer Sanierung und KfW-Programmen erhöhen. Die Banker nicken zustimmend, ich weiß es aus eigener Erfahrung.

Diese wahre Geschichte aus Chemnitz soll euch zeigen, was passieren kann, wenn ihr Immobilien in schlechten Lagen kauft. Aus einer theoretisch hohen Rendite wird ein finanzielles Armageddon. Das ist kein Einzelfall, ähnliche Fälle gibt es zuhauf in Deutschland und Österreich. Auch wenn du ein paar Jahrzehnte zurückblickst, in die 1990er-Jahre, siehst du, dass sich die Geschichte wiederholt. Nach der Öffnung des Eisernen Vorhangs und der deutschen Wiedervereinigung strömten Investoren in die neuen Bundesländer. Viele ahnungslose Anleger kauften überteuerte Wohnungen in obskuren Lagen, konnten sie nicht ordentlich vermieten und gingen bankrott.

PS: Ich habe in meiner 18-jährigen Karriere als Immobilieninvestor immer extrem darauf geachtet, gute Lagen zu kaufen. Keine absoluten Toplagen wie Kitzbühel, 1010 Wien oder Frankfurt Westend, das sind Liebhaberobjekte, bei denen sich die Vermietung nicht rechnet. Aber gute solide Lagen in wirtschaftlich starken Städten mit positiver Bevölkerungsentwicklung und Wohnungsmangel. Bei mir sind es Frankfurt, Wiesbaden, Offenbach, Stuttgart, Hannover, Speckgürtel Berlin, Wien und Graz.[18] Und auch in diesen Städten habe ich nicht planlos gekauft, sondern sehr genau die Mikrolage eines jeden Objekts geprüft, höchstpersönlich. Diese Strategie hat mich sehr vermögend gemacht. Das Wort Leerstand kenne ich praktisch nicht, und trotz aller Aufwärts- und Abwärtsbewegungen des Immobilienmarkts ist der Mietertrag meines Portfolios kontinuierlich gestiegen, die Miete bezahlt den Kredit, und *nach* Kreditraten bleibt mittlerweile ein hoher sechsstelliger Betrag pro Jahr in meiner Brieftasche. Daher meine klare Empfehlung:

Kaufe gute, solide Lagen und keinen Dreck. Gute Lagen machen dich reich, schlechte Lagen machen dich arm.

[18] In Graz habe ich nur gekauft, weil ich die Wohnungen sehr günstig kaufen konnte. Trotzdem haben sie im Verhältnis zu meinen anderen Immobilien sehr viel Ärger verursacht und die Profitabilität des Investments war trotz sehr günstigem Einstieg im Verhältnis zum Rest des Portfolios unterdurchschnittlich. So viel zu Lagen mit Wohnungsüberangebot.

LZR: Lage, Zustand und Rendite, das magische Dreieck eines Immobilieninvestors

Was sind nun gute Lagen und was ist Mist? Worauf musst du als Immobilienkäufer achten? Bei deinen ersten Wohnungen wird die Prüfung des Objekts noch einiges an Zeit erfordern. Aber sobald du Übung darin hast, kannst du sehr viel Arbeit bereits zu Hause am Computer erledigen, und viele Wohnungen, die nicht passen, von vornherein aussortieren. Das erspart dir viel Zeit und Mühe.

Ich habe in den letzten 17 Jahren mehr als 5000 Immobilien geprüft, mehr als 2000 besichtigt und mehr als 250 Wohneinheiten angekauft, sodass ich schon ziemlich viel gesehen und erlebt habe. In diesem Kapitel möchte ich dir daher zeigen, nach welchen Kriterien ich Immobilien auswähle, beurteile und prüfe. Dabei geht es immer um drei Kernelemente:

1. L – Lage, aufgeteilt auf Makrolage (in welcher Region/Stadt kaufe ich) und Mikrolage (in welchem Stadtteil kaufe ich).
2. Z – Wie ist der Zustand der Immobilie, die ich kaufe?
3. R – Rechnet sich das Ganze? Wie ist die Rendite?

Lage, Lage, Lage

Willkommen im Ländle

Ich stieg in das People's-Flugzeug nach Altenrhein. Am nächsten Tag sollte ich einen Vortrag vor Unternehmern in Bregenz halten und Altenrhein, obwohl in der Schweiz gelegen, ist von Bregenz aus der nächste Flughafen. Ich hatte am Abend noch ein Dinner mit einem Immobilieninvestor aus Vorarlberg vereinbart; er schwärmte von der Region und erzählte im Vorarlberger Dialekt von seinen Immodeals: »Vor zwei Jahren habe ich in Dornbirn ein Grundstück gekauft und ein Hus[1] drauf gebaut, jetzt ist es fertig. Die Mietinteressenten rennen mir fast die Türe ein und viele arbeiten für renommierte Firmen: Alpla, Hilti, Doppelmayr, Gebrüder Weiss. Ich bekomme viel mehr Miete, als ich erwartet habe, für eine Zweizimmerwohnung knapp 800 Euro Nettomiete. Und erst vor wenigen Tagen wollte mir jemand mein Haus abkaufen, ich hätte 1 Million verdient, aber ein gutes Hus verkauft man nicht.«

Vorarlberg gehört, gemeinsam mit dem Tiroler Inntal und der Stadt Salzburg und ihrem Umland, zu den attraktivsten Immobilienregionen Österreichs: viele große Arbeitgeber, eine diversifizierte Unternehmensstruktur, aufgrund der vielen gutbezahlten Jobs und des hohen BIPs pro Einwohner eine starke Zuwanderung sowie geografisch bedingt wenig Platz. Die Politik ist wirtschaftsfreundlich und stabil. Da können die Mieten und Immobilienpreise langfristig nur in eine Richtung gehen, nämlich hinauf. Nicht umsonst sind die Mieten in Dornbirn, Bregenz oder Feldkirch, und das sind wirkliche Städtchen, ähnlich hoch oder höher als in Wien; genauso wie im beschaulichen Grenzstädtchen Kufstein.

Im Nachgang zu meinem Vortrag führte ich noch Gespräche mit Unternehmern. Ein forscher Vorarlberger Hotelier sagte mir:

1 Vorarlberger sagen gerne »Hus« zu Haus.

»Wer Work-Life-Balance braucht und nicht arbeiten will, den brauchen wir hier nicht. Den schicken wir express nach Wien und Berlin.« Seine Aussage, wenngleich überzeichnet, hatte durchaus etwas Wahres an sich.

Ziemlich vergleichbar mit Vorarlberg, nur etwas größer, ist Stuttgart, wo ich auch einige Wohnungen gekauft hatte, im Nachhinein betrachtet leider zu wenige. Ich erinnere mich noch an den kroatischen Makler, der mir meine erste Wohnung in der Eierstraße verkauft hatte; sein Bauch war kugelrund, er erreichte fast das Lenkrad seines 7er BMWs. Er klatschte in die Hände und sagte: »Hörhan, kaufen, kaufen, kaufen.« Ich hatte auf ihn gehört, aber leider nicht genug.

Stuttgart bietet für Immobilieninvestoren eine Vielzahl an Vorteilen. Stuttgart hat eine starke diversifizierte Wirtschaft[2] und eine hohe Wirtschaftsleistung, also ein hohes BIP pro Einwohner[3]. Der wichtigste Faktor, der für oder gegen eine Stadt beziehungsweise Region spricht, ist das dortige Jobangebot. Wo es Jobs der Zukunft gibt, ist sowohl das Potenzial beim Mietwachstum als auch die Entwicklung der Kaufpreise tendenziell positiv. Wenn eine Stadt Universitäten und diversifizierte Jobangebote bietet, zeichnet sich eine gute Preisentwicklung auf den Immobilienmärkten ab, denn einerseits steigt die Nachfrage und andererseits gibt es für viele Absolventen gute Jobs vor Ort. Wenn eine Stadt hingegen überwiegend von einem Arbeitgeber abhängig ist, sollten bei dir die Alarmglocken schrillen – denn wenn es dieser Firma mal an den Kragen geht, steht auch für dich viel auf dem Spiel, wenn du in dieser Region investiert bist. So etwas hat natürlich keine positiven Auswirkungen auf die Immobilienmärkte.

---

2 In Stuttgart und im Stuttgarter Umland haben viele Milliardenkonzerne ihren Sitz. https://die-deutsche-wirtschaft.de/standort/stuttgart/. Im Gegensatz zu Wolfsburg oder Ingolstadt besteht nicht die Abhängigkeit von einem großen Arbeitgeber.

3 https://de.wikipedia.org/wiki/Liste_der_deutschen_St%C3%A4dte_nach_Bruttoinlandsprodukt

Klare Sache: Die Leute ziehen gerne in Regionen oder Städte, in denen es viele lukrative Jobangebote gibt, steigende Gehälter, wachsende Firmen. Umgekehrt: Kaum etwas vertreibt die Menschen schneller aus einer Gegend als drohende Arbeitslosigkeit.

Ein weiterer positiver Aspekt von Stuttgart: Die Stadt ist geprägt von Zuwanderung bei gleichzeitig wenig Platz. Hohe Nachfrage + knappes Gut = hohe Preise, so einfach ist die Rechnung. Wenn in einer Stadt viele Leute zuwandern, etwa weil es dort interessante Jobs gibt, aber nur wenig potenziellen Baugrund, steigen die Mieten. Die Bevölkerungsentwicklung in einer Stadt oder Region ist insofern für Immobilieninvestoren interessant, als sie Rückschlüsse darauf zulässt, wie wahrscheinlich mit Leerständen zu rechnen ist. Grundsätzlich bedeutet ein Bevölkerungsabschwung bei Abwanderung schlicht und einfach fallende Immobilienpreise, mehr Nachfrage aufgrund von Zuwanderung hingegen steigende Immobilienpreise.

Was meiner ganz persönlichen Erfahrung nach noch sehr für Stuttgart spricht: Die wenigsten Probleme in meinem Portfolio habe ich dort, die Mieten treffen fast immer pünktlich ein und in vielen Hausordnungen ist noch eine Kehrwoche festgelegt, was bedeutet, dass der Mieter das Treppenhaus fegen muss (und das auch tut). Versuch so etwas mal in Berlin durchzusetzen ... da funktioniert höchstens die »Chillwoche«.

Eine starke diversifizierte Wirtschaft, hohe Wirtschaftsleistung, gut bezahlte Jobs und damit eine starke Zuwanderung sind die Basis für eine langfristig positive Wertentwicklung deiner Immobilie.

Die Auferstehung von Erfurt

»Ich muss nächste Woche nach Erfurt fahren.« Wenn du das jemanden vor dem Jahr 2017 gesagt hättest, hätte er dich nur mitleidig angeschaut. Und das zu Recht, denn die Anreise wäre eine regelrechte Odyssee gewesen. Das änderte sich schlagartig mit der Eröffnung der neuen ICE-Linien von Berlin nach München und Frankfurt (beides über Erfurt). Plötzlich gab es ICE-Verbindungen im Stundentakt nach Frankfurt, München und Berlin, Fahrzeit zwei Stunden. Plötzlich war Erfurt nicht mehr am Arsch der Welt, sondern gut und leicht erreichbar. Die Mieten und Immobilienpreise entwickelten sich dementsprechend positiv, der Deutschen Bahn sei Dank.

Ähnliche Entwicklungen kann man auch auf regionaler Ebene verfolgen. In der Troststraße und im südöstlichen Teil von Wien Favoriten konnte man früher Immobilieninvestoren nur Trost spenden, das war wirklich eine traurige Gegend. Seit dem Ausbau der U-Bahn-Linie U1 mit rascher und direkter Anbindung zum Stephansplatz, hat sich hier einiges geändert, die Preise haben massiv angezogen, Baugrundstücke haben sich im Preis verdoppelt. Es lohnt sich daher, die Ausbaupläne der Verkehrsverbünde genau zu verfolgen, Immobilienpreise und Mietnachfrage entwickeln sich oft parallel zum Ausbau von Bahn-, S- Bahn-, U-Bahn-Strecken.

Der Hit, was die Verkehrsanbindung in Deutschland und Mitteleuropa betrifft, ist zweifelsohne Frankfurt am Main mitsamt dem Rhein-Main-Gebiet, eine Region, in der ich viele ertragreiche Immobilien besitze. Aufgrund der zentralen Lage in Europa sind Städte in ganz Deutschland und viele europäische Metropolen in drei bis vier Stunden mit dem Zug und bis zu 15-mal täglich per Flugzeug erreichbar, und selbst in die meisten größeren Städte in Nordamerika und Asien gibt es mehrmals täglich Flüge. Wollte man während der Corona-Pandemie aus Österreich wegfliegen, gab es anfangs nur zwei Optionen: Frankfurt und Doha. Frankfurt war und ist neben London, Paris und Amsterdam das Einfallstor nach Europa, dabei ist Frankfurt eigentlich im Vergleich zu London, Paris oder Berlin eine Kleinstadt mit gerade einmal knapp 800 000 Einwohnern. Dafür gibt es in der Stadt mehr Jobs als Einwohner, nicht nur im Verkehrswesen, sondern auch im Finanzbereich inklusive Hauptsitz der EZB, im Messe- und Veranstaltungsbereich und in vielen weiteren Segmenten. Die Geografie einer Stadt kannst du nicht ändern, deshalb haben sehr viele dieser Jobs auch langfristig Bestand. Nicht umsonst ist die Mietnachfrage in der Rhein-Main-Metropole ungebrochen hoch – ich weiß es aus eigener Erfahrung, und Frankfurt hat eine der positivsten Immobilienpreisprognosen in Deutschland.[4]

So attraktiv gute Verkehrsverbindungen sind, so unattraktiv sind sie, wenn sie (mit Ausnahme von U-Bahnen und Untergrund-S-Bahnen) direkt neben oder über deinem Haus verlaufen. In Blankenfelde Mahlow, an der Stadtgrenze von Berlin, wurde mir ein Baugrundstück angeboten, nahe an der S-Bahn. Eigentlich eine sehr attraktive Lage, aber nur fast ... Denn das Baugrundstück lag direkt in der Abflugschneise des Flughafens Berlin Brandenburg, die Karte der Flugrouten bestätigte meinen Initialverdacht. Ein No-Go, außer du findest es attraktiv, in den Fahrwerksschacht eines Airbus zu schauen.

Eine gute Verkehrsanbindung ist essenziell für eine gute Vermietbarkeit und Wertentwicklung deiner Immobilie. Besonders in Speckgürtellagen solltest du nicht in Lagen kaufen, wo die Anreise mit den Öffis länger dauert als von Frankfurt nach Köln mit dem ICE.

---

4 https://www.handelsblatt.com/finanzen/immobilien/immobilienpreise-wie-entwickelt-sich-der-wert-ihrer-immobilie-bis-2035/29155236.html#:~:text=Wohnatlas%20Deutschland%202023&text=F%C3%BCr%2043%20Prozent%20oder%20Regionen,Prozent%20pro%20Jahr%20bis%202035

Der Horror von Hallein

November 2021: Ein Teilnehmer meines Immobilienseminars zeigt mir Bilder seiner Wohnungen. Sie sehen aus, als stammten sie aus einem Kriegsgebiet. Das Kriegsgebiet heißt Hallein, in der Nähe der Stadt Salzburg. Extreme Regenmengen haben im Juli 2021 aus dem beschaulichen Almbach einen reißenden Wasserfall gemacht, der Autos, Sonnenschirme und leider auch Menschen tief hinabriss. Die Wohnungen sahen dementsprechend aus, alles kaputt, der Schaden 150 000 Euro, die Versicherung und der staatliche Hilfsfonds bezahlten weniger als 30 000 Euro.

Als ich im Jahr 2019 in einem meiner Youtube-Livechats meine Zuseher eindringlich vor der steigenden Anzahl von Wetterextremen warnte, insbesondere im Hinblick auf Immobilieninvestments, gab es in den Kommentaren Statements wie: »Bist du jetzt ein Grüner oder ein Kommunist geworden?« Nach den Überschwemmungen im Ahrtal und vielen anderen Teilen Mitteleuropas im Juli 2021 mit 186 Todesopfern allein in Deutschland[5] ist das Bewusstsein für Wetterextreme auch in Deutschland und Österreich angekommen. Ich kann mich noch erinnern, dass ich zu dieser Zeit gerade in Köln bei einer Konferenz war, einige Autobahnen waren vorsorglich gesperrt, und ich wollte am Rheinufer spazieren gehen. Nach kurzer Zeit wurden die Wasserpfützen immer größer, sodass ich mich trotz Dr. Martens Stiefel entschloss, meinen Spaziergang in die Innenstadt zu verlagern. Am Weg dorthin blieb ich kurz stehen, um Nachrichten am Handy zu checken, und war zufälligerweise auf einem Kanaldeckel stehen geblieben; das merkte ich aber erst, als sich der Boden unter den Füßen zu heben begann. Ich dachte zuerst an ein Erdbeben, aber dann sah ich, dass aus dem Kanaldeckel Wasser nach oben kam. Glücklicherweise hatte ich keine Sneakers an, die wären wohl völlig durchnässt worden, trotzdem waren mei-

---

5 https://de.wikipedia.org/wiki/Hochwasser_in_West-_und_Mitteleuropa_2021

ne Schuhe feucht. Ich konnte mir nur ausmalen, was das für die angrenzenden Gebäude bedeutet hatte. Hoffentlich hatten sie festes Mauerwerk wie ich ein festes Schuhwerk; feucht wurden die Keller dennoch, teure Sanierungskosten waren wohl die Folge.

Überflutungen sind nicht das einzige Thema, das du als Immobilienbesitzer beachten musst. Waldbrände gibt es nicht mehr nur in Kalifornien, Portugal oder Spanien, sondern auch in Brandenburg, der sächsischen Schweiz oder Niederösterreich. Hurricanes, Tornados oder zumindest extreme Stürme und Hagelunwetter sind nicht auf Florida und den Mittleren Westen der USA beschränkt, auf Dachdecker kommt viel Arbeit zu. Und auch Hanglagen mit herrlicher Aussicht können mitunter eine wenig herrliche Rendite bringen. In Stuttgart hatte ich einmal ein Mehrfamilienhaus in bester Lage mit wunderschönem Blick auf die Stadt besichtigt. Das Objekt war in den Hang hineingebaut, und über eine steile Stiege kam man auch noch zu einem eigenen Garten mit Grillplatz. Der Preis war für Stuttgarter Verhältnisse gar nicht mal so hoch, aber der Blick in den Keller offenbarte bereits ernsthafte Probleme: Es gab einige Risse im Mauerwerk. Ich schickte die Bilder meinem Gutachter. Seine Antwort war eindeutig: »Lassen Sie die Finger davon, wenn es richtigen Starkregen gibt, besteht die Gefahr, dass das Gebäude abrutscht beziehungsweise die Liegenschaft statische Probleme bekommt.«

Wenn du eine Immobilie kaufen willst, pass auf bei wetterexponierten Lagen. Die Schäden können substanziell sein und die Versicherung ist bestenfalls so umfangreich wie die Basisversicherung eines Mietautos auf Mallorca (wo Scheiben, Räder, Felgen et cetera nicht mitversichert sind).

Sadomasochismus oder die Selbstzerstörung einer Stadt

Ich erinnere mich noch an einen Song, den ich als Jugendlicher extrem gern gehört habe: »If you're going to San Francisco ...« Mein Traum war immer, jederzeit nach San Francisco reisen zu können, ohne jemanden fragen, ohne um Geld betteln zu müssen, und das in Style, also First Class – mein Vater hielt mich damals für verrückt. Die Stadt war seit jeher die Stadt der Sehnsüchte und Träume. Aber nicht nur das: Als Tor zum Silicon Valley hatte sie lange Zeit eine gewaltige Boom-Phase. Kalifornien allein ist die fünftgrößte Volkswirtschaft der Welt, größer als Indien, Frankreich oder Großbritannien.[6] Und ein Gutteil dieser Wirtschaftsleistung passierte in San Francisco und im angrenzenden Silicon Valley, wo die wertvollsten Konzerne der Welt wie Meta, Tesla, Apple, Google et cetera ihre Headquarters eingerichtet hatten. Nicht umsonst kannten die Immobilienpreise und die Mieten lange nur eine Richtung, und San Francisco gehörte neben New York zu den absolut teuersten Immobilienmärkten der USA.

Leider sprechen wir von der Vergangenheit. Denn eine extrem dumme und verrückte Politik hat die mächtige Immobilienlokomotive gestoppt, mittlerweile fallen die Immobilienpreise und die Mieten, und einige namhafte Großkonzerne wie Tesla, Oracle oder Palantir haben die Region verlassen, beispielsweise Richtung Texas[7]. Gründe dafür: die höchsten Steuern in den USA, strenge Corona-Lockdowns, extreme Bürokratie. Dazu kommen starke Probleme mit Obdachlosigkeit und Kriminalität, speziell seitdem San Francisco und andere Städte in Kalifornien entschieden haben, Kleindiebstähle nicht mehr zu verfolgen. Mexikanische Banden haben schnell

---

6 https://de.statista.com/statistik/daten/studie/1326795/umfrage/bruttoinlandsprodukt-in-kalifornien-und-anteil-am-bip-der-usa/

7 https://www.manager-magazin.de/unternehmen/tech/tesla-oracle-hewlett-packard-palantir-warum-us-techkonzerne-das-silicon-valley-verlassen-a-d979d903-590d-41c3-90b3-e183cfff5518

ihre Geschäftsmöglichkeiten erkannt. Man könnte fast denken, die Stadtregierung sei sadomasochistisch veranlagt.

Eine ähnliche Entwicklung sieht man in London. London war und ist eine Weltmetropole, aber die endlose Tragikomödie des Brexits – die Unterhausdiskussionen zum Brexit haben Unterhaltungswert, Hollywood könnte es nicht so gut machen – hat Englands Wirtschaft stark zugesetzt. Arbeitskräftemangel, sinnlose Bürokratie, Abwanderung von Unternehmen, alte Infrastruktur und der Beinahe-Kollaps des englischen Finanzsystems unter Madame Truss haben auch an den Immobilienmärkten ihre Spuren hinterlassen. Mittlerweile gibt es Stadtteile von Wien, die bald ähnlich teuer sind wie London, und das trotz der nach wie vor horrenden Mieten in London.

Die beste Wirtschaft und der beste Standort sind nicht vor groben politischen Dummheiten sicher, mit schlimmen Folgen für Mieten und Kaufpreise. Leider gilt das überall auf der Welt, auch in Österreich und Deutschland.

Graz ist eine hübsche kleine Stadt, aber in einem Bereich gehört sie zu den ganz Großen

Graz, die Hauptstadt der Steiermark, ist eine Stadt, mit der ich viel Positives verbinde. Ich habe viele gute Freunde in der Steiermark, habe dort viele gute Geschäfte gemacht und auch das Essen genügt höchsten Ansprüchen. Sogar meine Hausbank ist in der Steiermark.

Aber Graz ist überschaubar.

In einem Bereich jedoch gehört Graz im ganzen deutschsprachigen Raum zu den ganz Großen: im Angebot an Mietwohnungen. 2500 bis 4000 Mietwohnungen gibt es auf Immoscout regelmäßig im Angebot, das sind ähnlich viele wie in Berlin, das aber mehr als zehnmal so viele Einwohner hat. Ansonsten ist die Stadt sehr weit oben auf der Hitliste des Wohnungsangebots, Wien hat noch deutlich mehr Wohnungen, und die deutsche Stadt Chemnitz kann es mit Graz durchaus aufnehmen. Ansonsten wird die Luft dünn. Selbst die Millionenstädte München und Hamburg müssen kämpfen, den Grazer Level zu erreichen.

Sogar die kommunistische Stadtregierung muss gestehen, dass die Mieten in Graz nicht wirklich hoch sind. Der gesetzliche Mietendeckel bei Altbauwohnungen ist höher als die Marktmiete. Die Leerstandsquote ist hoch.

Ganz anders sieht die Lage in Salzburg Stadt aus. Salzburg hat etwa halb so viele Einwohner wie Graz, aber nur 250 bis 300 Mietwohnungen anzubieten, also 10 Prozent des Grazer Angebots. Nicht umsonst sind die Mieten in Salzburg doppelt so hoch wie in Graz.

Wo wirst du schneller einen Mieter finden? Wo kannst du dir deinen Mieter aussuchen und wo musst du bei der Auswahl des Mieters Kompromisse machen? Wo wirst du langfristig eine hohe Miete erzielen? Ich glaube, die Antwort ist eindeutig.

Dasselbe gilt auch für Deutschland, mit dem Unterschied, dass es in Deutschland deutlich mehr Städte mit akutem Wohnungsmangel gibt (siehe dazu das Kapitel »Die Trendwende am Immobilienmarkt«).

Sei vorsichtig, wenn du in Städten oder Stadtteilen kaufst, in denen es ein Überangebot an Mietwohnungen gibt. Die Renditeberechnung, die dir der Makler zeigt, ist in solchen Fällen bestenfalls eine Erzählung aus dem Märchenbuch.

Die Lage einer Immobilie ist noch immer der entscheidende Faktor, ob du eine Immobilie kaufen solltest oder nicht. Eine schlechte Lage bleibt meistens schlecht, sowohl was die Stadt/Region als auch was die Mikrolage betrifft. Eine gute zentrale Lage bleibt in der Regel gut und zentral. Gute Lagen machen dich reich, schlechte Lagen machen dich arm.

Allerdings gibt es langfristige Entwicklungen, die Lagen zum Positiven oder Negativen verändern können. Sind in einer Stadt oder Region größere Investitionen, Betriebsansiedelungen, Neubauten von Unis oder Krankenhäusern, Ausbau des Nah- oder Fernverkehrs geplant, oder gibt es beispielsweise Steuervergünstigungen, kann sich die Lage einer Immobilie oder einer Region deutlich verbessern. Umgekehrt können grobe oder langanhaltende politische Dummheiten, überbordende Kriminalität, neue Flugrouten oder der wirtschaftliche Niedergang einer Region die Lage einer Immobilie auch deutlich verschlechtern. In den meisten Fällen wird jedoch der Zeitfaktor völlig unterschätzt.

In Magdeburg ist beispielsweise ein Chipwerk geplant, aber bis es so weit ist, vergehen noch viele Jahre. Überleg dir, wie lange es dauert, bis eine neue U-Bahn- oder S-Bahn-Linie gebaut wird, oder wie lange es gedauert hat, bis der Flughafen Berlin Tegel geschlossen wurde. Die Euphorie und der Optimismus von Investoren ist zum Teil völlig verrückt, in Magdeburg beispielsweise werden hohe Preise bezahlt, obwohl die Stadt auf 235 000 Einwohner knapp 2000 verfügbare Mietwohnungen hat, ein ähnliches Verhältnis wie in Wiener Neustadt oder St. Pölten, wo Wohnraum wahrlich nicht knapp ist. Bezahlst du den Preis der Euphorie, musst du die Durststrecke wirtschaftlich überstehen, bis das Chipwerk tatsächlich eröffnet wurde oder die erste S-Bahn ihren Betrieb aufgenommen hat.

Umgekehrt werden langfristige Negativtrends gerne verschlafen, weil sie unmerklich passieren. Bis die Effekte politischer Idiotien merkbar sind, dauert es Jahre, die Kriminalität und die Fälle von Messerstechereien steigen nicht von einem Tag auf den anderen, und wirtschaftlicher Niedergang dauert lang. Der Niedergang von Essen – von Deutschlands teuerster Fußgängerzone hin zu den 1-Euro-Shops – dauerte zwei Jahrzehnte. Die Menschen pumpen Geld nach Miami und Florida – ein extrem flaches Gebiet, in dem das Meer auf der gleichen Höhe liegt wie die Stadt – als gäbe es kein

Morgen. Aber sollte der Meeresspiegel mal steigen, ist Miami eine der ersten Städte, in der es heißen wird »Land unter«.

Kaufe nur gute Lagen, keine Dreckslagen. Aber analysiere das langfristige Potenzial einer Lage genau, sowohl im Positiven als auch im Negativen.

Zustand

Wenn du eine Immobilie prüfst, besteht die Übung aus fünf Teilen:

1. Umgebungsbesichtigung,
2. Außenbesichtigung des Objekts,
3. Innenbesichtigung des Objekts,
4. Prüfung der Wohnung,
5. Prüfung der Unterlagen.

In diesem Kapitel erzähle ich dir, was ich alles bei Objektbesichtigungen und Immobilienprüfungen gelernt habe und worauf du aufpassen solltest. Viel Spaß bei dieser Reise durch die Immobilienwelt.

Der Marathonläufer

Ich war gerade in Berlin gelandet, um einige Freunde zu treffen und am Wochenende feiern zu gehen. Berlin hat viel zu bieten, sowohl businessmäßig als auch hinsichtlich Kultur, Gastronomie und Nightlife. Da Berlin eine völlig unplanbare und – höflich gesagt – verrückte Politik hat, hatte ich mich bereits vor einem Jahr entschlossen, im Speckgürtel von Berlin zu investieren. Dort ist das Risiko für politische Kurzschlusshandlungen geringer und die Nachfrage nach Wohnungen – ähnlich wie in Berlin selbst – hoch. Nicht umsonst wird zum Beispiel die Region Potsdam immer wieder als die deutsche Region mit dem meisten Immobilienwachstumspotenzial genannt. Kurz nach der Ankunft klingelte mein Handy, ein Makler rief mich an: Er habe ein Objekt im Speckgürtel von Berlin im Angebot, nahe Hennigsdorf und nicht weit von der Berliner Stadtgrenze entfernt. Die S-Bahn-Station sei zu Fuß nur zehn Minuten entfernt, ein See ebenso, die Region aufstrebend, das Objekt habe 5 Prozent Anfangsrendite und die Mieten seien noch steigerbar. Ich wusste von den Immobilien im Speckgürtel Berlin, welche ich im Bestand hatte, dass die Mieten in der Region tatsächlich hoch sind, und willigte ein, das Objekt zu besichtigen. Wir vereinbarten, dass mich der Makler nach meinem Lunch im »Grand Hyatt Hotel« abholen und zum Objekt fahren würde. Danach plante ich noch einen Spaziergang, um mir die Umgebung anzusehen.

Der Makler wartete pünktlich vor der Tür und ich stieg in seinen Audi A6 ein. Er erzählte mir noch einige Eckdaten zu der Immobilie. Als wir ankamen, schaute ich mir das Haus an, der Zustand war gepflegt, die Fassade wärmegedämmt. Der Makler hatte nicht zu viel versprochen. Nur eines fiel mir auf: Die Umgebung war wirklich sehr, sehr ruhig, vielleicht etwas zu ruhig? Er fragte, ob mir das Objekt gefalle und ob er mich wieder nach Berlin fahren solle. Ich antwortete, dass ich noch einen Spaziergang machen und das schöne Wetter genießen wolle, und dass ich mich bei ihm melden werde. Wir verabschiedeten uns, und mein erster Weg war zum Bahnhof. Mit dem Auto fährt man andere Strecken und schätzt die Entfernung falsch ein, aber ich wollte den Weg meiner potenziellen Mieter gehen und machte mich also auf in Richtung Bahnhof. Die Immobilie war ja auch nicht direkt in Henningsdorf (das unmittelbar an der Berliner Stadtgrenze liegt), sondern nur in der Nähe. Als ich am Bahnhof angekommen war, staunte ich nicht schlecht. Obwohl ich nicht gerade langsam gehe, brauchte ich 23 Minuten. Dann die nächste Überraschung: Ich suchte einen Zug nach Berlin, aber es gab keinen. Schnell merkte ich, dass man nur mit ein Mal Umsteigen nach Berlin kommt, ein No-Go. Ich wollte die Wartezeit überbrücken und in einem Supermarkt Wasser kaufen – Fehlanzeige. Weitere zehn Minuten Gehzeit, aber nicht in Richtung der Immobilien. Das war's, ich wollte zurück nach Berlin, die Immobilie war aus mehreren Gründen unattraktiv: keine Einkaufsmöglichkeiten in der Nähe, keine Gastronomie, die öffentliche Verkehrsanbindung viel zu weit weg und dann noch schlecht, selbst der versprochene See war nicht in unmittelbarer Nähe zur Liegenschaft. Ohne Auto war man hier völlig aufgeschmissen, und tatsächlich war es in der Umgebung so ruhig, weil es einfach nichts gibt. Ich rief den Makler an, um abzusagen, und fragte ihn, ob er angenommen habe, dass ich ein Marathonläufer sei? Der Makler war verdutzt. Dann antwortete er: »Manche Leute gehen schneller, manche langsamer.« Ich verabschiedete mich und dachte mir: Wenn du langsam gehst, brauchst du 30 Minuten zum Bahnhof, dann mit dem Zug nach Hennigsdorf, dann nach Berlin, mit Glück schaffst du das in eineinhalb Stunden – eine halbe Weltreise. Das ist die Hälfte der Zeit, die ich Door-to-Door von Wien nach Berlin brauche. Selbst schuld, wenn du so was kaufst.

Den Weg zum Bahnhof bin ich auch bei der Immobilie gegangen, die ich im Herbst 2020 in Werder gekauft hatte. Zum Bahnhof und Supermarkt brauchte ich knapp unter 15 Minuten und der Regionalexpress fährt zweimal pro Stunde in 28 Minuten zum Berliner Ku'damm. Aus manchen Berliner Stadtteilen brauchst du da länger.

Der quakende Frosch

Pottendorf, südlicher Speckgürtel von Wien: Ich besichtige eine Neubauwohnung in der Nähe des Bahnhofs. Der Preis ist attraktiv, der Entwickler will die letzten Wohnungen abverkaufen und das Projekt abschließen. Die Region ist stark aufstrebend, da die Pottendorfer Linie, eine Parallelstrecke zur Südbahnstrecke, die hoffnungslos überlastet ist, zweigleisig ausgebaut wird, mit Zügen im 15-Minuten-Takt nach Wien Hauptbahnhof. Ich schaue mir das Objekt zunächst von vorne an, aber plötzlich höre ich einen quakenden

Frosch. Der Verkäufer tut so, als hätte er nichts gehört, ich aber gehe schnell auf die Hinterseite des Gebäudes. Und siehe da, dort war ein ganz kleines Bächlein. Das Nachbargebäude, das noch keine zehn Jahre alt war, hatte schon Bläschen in der Fassade, einige Stellen in Bodennähe waren brüchig. Kein gutes Zeichen. Ich schaute mir noch die Wohnung an und verabschiedete mich vom Verkäufer. Der Preis der Wohnung war attraktiv und die Entwicklungsaussichten für die Gegend rosig, deshalb war ich mir noch nicht ganz sicher, ob ich wirklich absagen sollte. Also ging ich das Bächlein entlang und siehe da – es wurde immer breiter. Oha, dachte ich mir, das sieht nach Überschwemmungsgefahr aus. Dann rief ein Freund von mir an, was meine Pläne für heute Abend wären, ob ich dabei wäre, in der Arena feiern zu gehen. Ich wollte antworten, aber es wurde immer lauter, wie bei einem Donnergrollen. Ein mit drei Lokomotiven bespannter Güterzug brauste die Bahnlinie entlang, dass der Boden erzitterte. Der Verkäufer hatte mir noch erzählt, es würden hier nur leise Regionalzüge fahren. Auch bei dieser Immobilie gleich mehrere No-Gos, schade. Ich machte noch einen Spaziergang und freute mich auf einen wilden Abend in der Arena.

Wenn du eine Immobilie kaufen willst, schau dir zuerst die Umgebung an; egal ob Autodrom, Fluglärm, Gewässer, Naherholungsgebiete, lokale Infrastruktur – es gibt vieles zu beachten. Und geh den Weg der Mieter. Es macht wenig Spaß, im Winter 25 Minuten zur S-Bahn gehen zu müssen.

Der spektakuläre Blick auf die Frankfurter Skyline

Frankfurt am Main, Juni 2007: Ein Immobilienmakler zeigt mir eine Wohnung am Sachsenhäuser Berg. 60 Quadratmeter für 110 000 Euro, ein echtes Schnäppchen, auch für die damaligen (günstigen) Marktverhältnisse. Der Blick vom Balkon ist atemberaubend, die Sonne spiegelt sich in den Frankfurter Bankentürmen. Den tollen Ausblick verdüsterten ein wenig die schon damals hohen Betriebskosten von 320 Euro pro Monat, aber der Makler sagte, dass die hohen Betriebskosten eine Ausnahme seien und deshalb auch der Preis günstig sei. Ich stellte das Objekt meiner Bank vor, die sonst immer 10 bis 15 Prozent Eigenkapital (plus die Nebenkosten) von mir verlangte. Aber diesmal wollte sie plötzlich 40 000 Euro, also 35 Prozent. Ich fragte den Banker nach dem Grund. Seine Antwort: »Kaufen Sie nicht in Hochhäusern, deren Instandhaltung kann sich niemand leisten und irgendwann werden sie soziale Brennpunkte.« Ich überlegte kurz, aber musste dem Banker recht geben. Fensterputzen in einem Hochhaus erfordert einen Kranwagen und die Straße muss gesperrt werden, von größeren Reparaturen wie dem Aufzug oder Steigleitungen ganz zu schweigen. Einer meiner Freunde hat einmal eine Wohnung in einem Hochhaus in Graz gekauft, obwohl ich ihm abgeraten hatte. Am Anfang war er noch begeistert, aber die Eigentümergemeinschaft beschloss für die Objektsanierung eine Sonderumlage von 2,4 Millionen Euro, bei 60 Wohnungen kannst du dir ausrechnen, was er bezahlen musste. Hochhäuser rechnen sich nur in Lagen mit einem so teuren Grund, dass die Instandhaltungskosten praktisch egal sind, zum Beispiel Monaco, New York City oder Singapur.

Ebenso wenig rechnen sich aber hübsche Zwei- und Dreifamilienhäuser. Ein Zweifamilienhaus braucht genauso wie ein Zwanzigfamilienhaus ein Dach und eine Heizung, und die ist bei einem Zweifamilienhaus nicht viel billiger. Die beste Kombination aus Wirtschaftlichkeit und Wohnqualität sind Mehrfamilienhäuser mit 8 bis 50 Wohneinheiten. Diese kann man auch noch gut verwalten. Sozialistische Prachtbauten wie der Karl-Marx-Hof in Wien werden oftmals zu sozialen Brennpunkten und sind zu groß und unpersönlich.

Lass die Finger von Hochhäusern und von Zwei- und Dreifamilienhäusern. Es rechnet sich nicht.

Die weiße Miami-Beach-Kappe

Ich war gerade erst aus Miami Beach ins kalte Wien zurückgekommen und hatte einen Kälteschock: Das Wetter war grauslich, Nieselregen. Ich ging die Kärntner Straße entlang und hatte noch meine Miami-Beach-Kappe auf, um nicht am Kopf völlig durchnässt zu werden, und plötzlich machte es »Platsch«. Eine Taube hatte auf meinen Kopf geschissen. War ich froh, dass ich die Kappe aufgehabt hatte.

Einige Wochen später war ich auf einer Immobilienbesichtigung und hatte dieselbe Kappe auf – meine Haushälterin hatte sie gereinigt –, wieder gab es Nieselregen. Ich besichtigte gerade die Rückseite eines Mehrfamilienhauses und schaute mir den Innenhof und die rückwärtige Fassade an. Im Innenhof gab es einige Stellen, an denen sich Wasser sammelte, und auch die Fassade, die auf der Vorderseite noch ganz adrett ausgesehen hat, hatte einige Risse. Das musste sich auf jeden Fall ein Gutachter ansehen! Einige Wohnungen hatten auch Balkone und die wollte ich mir gerade von unten ansehen, als plötzlich im zweiten Stock eine der Balkontüren aufging und eine Dame herauskam. Sie schrie: »Was machen Sie hier?«, und stampfte wild mit dem Fuß auf. Plötzlich löste sich ein kleiner Teil aus dem Balkonputz und fiel zu Boden beziehungsweise auf meinen Kopf. Wiederum war ich froh, dass ich mein Miami-Käppi aufgehabt hatte, sonst wäre wohl Schlimmeres passiert. Die Liste der notwendigen Sanierungen wurde immer länger, und ich hatte die Liegenschaft erst von außen betrachtet. Klingelanlage, Fenster, Balkone, hintere Fassade ..., da gab es echt viel zu tun. Das gibt wohl eine teure Sonderumlage, dachte ich mir.

Wenn du eine Immobilie prüfst, schau das gesamte Haus von außen an, nicht nur die Vorderseite. Gerade im Innenhof und auf der Rückseite des Gebäudes erlebt man oft seine blauen Wunder und sieht den realen Zustand des Gebäudes.

Die Beule am Kopf: Nicht immer geht alles so schmerzfrei aus

In Frankfurt besichtigte ich den Keller eines Mehrfamilienhauses, das ich möglicherweise erwerben wollte. Der Keller war eng, aber bis auf wenige Stellen trocken. Die Stromzähler wurden gerade neu gemacht, immerhin, dachte ich mir, denn bei der vorherigen Besichtigung hatte ich mich schon wie im Technischen Museum gefühlt. Auch die Leitungen waren relativ neu, es tropfte nichts, nur die Heizung war etwas in die Jahre gekommen, hier würde wohl ein Tausch des Brenners notwendig sein, der den Energiekennwert verbessern würde. Ich hatte einen positiven Eindruck. Dann gab es noch eine Tür zu den Mieterkellern. Leider war die Glühbirne kaputt und ich musste meine Handytaschenlampe einschalten. Auch der Makler, er war sehr zuvorkommend (ich hatte auch schon anderes erlebt), half mit und nahm sein Handy, um etwas mehr Licht zu haben. Er sagte noch: »Herr Hörhan, passen Sie auf Ihren Kopf auf.« Meine Gedanken waren aber mehr bei den Mieterkellern und vor allem bei den Eisenträmen. Im restlichen Keller war alles in Ordnung gewesen, aber hier gab es einige ziemlich rostige Stellen. Ich nahm einen Kugelschreiber heraus, um die Träme abzutasten. Bei einigen Häusern hatte ich schon erlebt, dass ich mit dem Kugelschreiber so durchgestoßen bin wie einmal beim Chassis eines alten dunkelgrünen Daimler V12 Double Six, den ich kaufen wollte. Sowohl beim Auto als auch bei einem Haus ist es extrem teuer, so etwas wieder in Ordnung zu bringen. So schlimm war es zwar nicht, aber die rostigen Träme mussten genauer geprüft werden. Ich machte mit meinem Handy viele Fotos der rostigen Stellen, um sie meinem Gutachter zu schicken. Als ich ein paar Schritte zurückging, um noch eine andere Perspektive für die Fotos zu bekommen und einen abgesperrten Mieterkeller auszuleuchten, rumste es. Ich war mit meinem Kopf an ein Gewölbe gestoßen. »Haben Sie sich weh getan, Herr Hörhan«, fragte der Makler. »Nein, es geht schon, alles ok«, antwortete ich, es tat zwar etwas weh, aber ich sah keine Sterne und es floss kein Blut. Ich sehe das sportlich, immerhin hatte ich die gewünschten Bilder, da war es egal, ob ich eine kleine Beule am Kopf mit nach Hause nahm. Teil des Business. Der Gutachter sagte mir dann nach einer Folgebesichtigung: »Es war gut, dass Sie darauf geachtet haben. Die rostigen Träme lassen sich mit überschaubarem Aufwand sanieren. Aber Sie müssen das schon machen lassen, wenn Sie das Objekt kaufen. Wenn Sie einige Jahre warten, kann es richtig teuer werden«.

Die Kellerstudien haben sich ausgezahlt, trotz kleiner Beule am Kopf.

Der Keller ist das Fundament eines Hauses. Prüfe ihn genau, hier können teure Sanierungen oder Probleme anstehen.

Fitnesstraining und akrobatische Übungen in Offenbach

In der Schule waren Leibesübungen nicht gerade meine Stärke. Die Ringe und das Reck habe ich nur aus der Ferne gesehen, die Note am Verhandlungstisch bekommen. Auch wenn ich darauf achte, mich fit zu halten, bin ich definitiv keine Bergziege (obwohl diese Fähigkeit manchmal nützlich wäre).

Wenn du Immobilien besichtigst, brauchst du kein zusätzliches Fitnesstraining! Denn nach dem Keller gehst du mal eben vier oder fünf Stockwerke nach oben, um das Treppenhaus zu prüfen. Risse, Zustand der Stiegen und der Wohnungseingangstüren, Feuchtigkeitsstellen, Fenster. Und das achtmal am Tag – macht 40 bis 50 Stockwerke inklusive Keller. Aber jetzt wird es akrobatisch und für den externen Betrachter lustig. Denn es beginnt die Besteigung des Dachstuhls. Bei einer Liegenschaft in Offenbach war das gar nicht so einfach, es gab nur eine Leiter, die zunächst aus der Verankerung geholt werden musste. Der Makler, der etwas besser gebaut war, brauchte nach den vier Stockwerken erst mal eine Pause und war keine Hilfe. Und ich habe zwei (oder vier) linke Hände und brauchte ganze 15 Minuten, um überhaupt die Leiter in einen

Zustand zu bringen, dass ich sie besteigen konnte. Immerhin hatte sich der Makler von der Erschöpfung erholt und war zumindest wieder ansprechbar. Ich ersuchte ihn, die Leiter zu verankern und mich etwas abzustützen. Das ganze Procedere war nicht einfach, dafür war der Dachstuhl reich an Erkenntnissen. Eine Wohnung im Dachgeschoss sah schwer danach aus, dass sie nachträglich ohne Genehmigung gebaut worden war, da die Wohnung mit einfachen Ziegelsteinen umgeben war. Es gab einige Feuchtigkeitsstellen, da drang bei Starkregen Wasser ein. Und nach einer weiteren akrobatischen Übung schaffte ich es auch, ein paar Dachfenster zu öffnen und die Dachhaut und den Schornstein zu sehen. Das Dach nicht mehr ganz taufrisch, einige Dachschindeln brüchig und auch der Schornstein hatte schon bessere Zeiten erlebt. Viel Arbeit für den Dachdecker, überschlagsmäßig 40 000 bis 50 000 Euro. Ich tippte die Daten, so wie ich das zur Dokumentation bei jeder Besichtigung mache, in mein Handy ein und schloss die Dachfenster wieder. Dann kam der mühsame Abstieg. Der Makler hielt die Leiter und ich kletterte langsam und zögerlich Stufe für Stufe hinunter. Jetzt war ich auch ein wenig erschöpft, immerhin hatte das Haus einen Aufzug, den ich nahm, um zur Wohnung zu gelangen. Ich notierte im Aufzug das Baujahr des Hauses (beziehungsweise des Aufzugs) und notwendige Aufzugsreparaturen. Das quietschende Geräusch erinnerte mich an meine Liegenschaft am Bismarckring, dort waren dann 20 000 Euro an die Aufzugsfirma zu bezahlen, um den Lift wieder in Schuss zu bringen.

Nach dem Keller prüfst du das Treppenhaus, den Dachstuhl, die Dachhaut und den Aufzug. Aber bitte nicht aufs Dach klettern, das ist zu gefährlich. Tippe alle Mängel, die du siehst, in dein Handy ein und mache Fotos davon. Dann hast du später alle Infos griffbereit, wenn es um die Verhandlung geht.

Zwei kleine Löcher im Vergleich

Stuttgart: Ein Tag voller Wohnungsbesichtigungen steht auf dem Programm. Ich setze mich in die U-Bahn und fahre zum ersten Objekt. Eine 28-Quadratmeter-Wohnung in Stuttgart Hedelfingen, Angebotspreis 110 000 Euro, eine Wohnung, die mir meine Maklerin vorgestellt hat und die noch gar nicht öffentlich angeboten wurde. Von der U-Bahn ist es nicht weit, auch ohne die Eigenschaften eines Marathonläufers. Als ich in die Wohnung komme, bin ich überrascht, denn sie sieht größer aus, als sie ist. Die Raumaufteilung ist perfekt: quadratisch, praktisch, gut. Es gibt eine kleine Küchenzeile, ein abgetrenntes Badezimmer, die Räume sind relativ hoch und ein kleiner Balkon ist auch dabei. Als mir die Maklerin sagt, dass 550 Euro Nettomiete realistisch wären, stimme ich zu. Ich kaufe die Wohnung, der Verkäufer hat die Wohnung von seiner Mutter geerbt und will sich für das Geld ein neues Auto kaufen. Würde ich zwar nicht so machen, aber immerhin bekomme ich aus diesem Grund eine gute Wohnung. Danach geht es zur nächsten Besichtigung, eine 27-Quadratmeter-Wohnung in Stuttgart Heslach, diesmal eine Dachgeschosswohnung. Obwohl sie dieselbe Fläche hat, wirkt sie durch die geringe Raumhöhe, die Dachschrägen und die schlauchförmige Form wirklich beengt. Als die Maklerin von 600 Euro Monatsmiete spricht, kann ich nur den Kopf schütteln. Sie will 140 000 Euro für die Wohnung, das ist zu viel. Ich lehne den Deal ab.

Achte auf die Raumaufteilung einer Wohnung. Nicht umsonst heißt es: quadratisch, praktisch, gut. Und bei größeren Wohnungen sollten alle Räume getrennt begehbar sein.

Die Regentonne

Einmal war ich zu Gast in einem Dachgeschossbüro in Wien im 1. Bezirk. Beste Lage, wir hatten einen Gesprächstermin vereinbart. Die Tage davor hatte es Starkregen gegeben in Wien, und auch für die darauffolgenden Tage war die Wetterprognose regnerisch und windig. Als ich das Büro betrat, merkte man schon etwas Feuchtigkeit, und dann sah ich eine Regentonne. Ich fragte meinen Gesprächspartner, was passiert war. Er sagte, dass der Dachgeschossausbau schon 30 Jahre alt sei und die Qualität offensichtlich nicht die beste. Ebenso seien die Betriebskosten astronomisch, im Sommer brauche er eine Klimaanlage und an die Heizkosten im Winter wolle er erst gar nicht denken. Wenn der Mietvertrag ausläuft, würde er ausziehen, trotz der erstklassigen Lage in der Wiener Innenstadt.

Wenn du Dachgeschosswohnungen kaufst, musst du besonders vorsichtig sein. Die Dachschrägen schränken oft die Nutzung ein und verschlechtern das Raumgefühl, und bei den hohen Energiepreisen und Wetterextremen ist nicht mit Besserung zu rechnen.

Aber es gibt auch Dachgeschosswohnungen, die richtig begehrt sind, wenn die Aussicht gut ist, der Wohnungsschnitt passt und ein großer Balkon dabei ist. Ähnlich ist es bei Erdgeschosswohnungen. Eine Hochparterrewohnung mit eigenem Gartenzugang ist sehr begehrt und teuer, aber eine Erdgeschosswohnung an einer Durchzugsstraße, bei der Passanten ins Wohnzimmer hineinschauen können und die eventuell noch feucht ist, da der Keller schon unter Wasser gestanden hat, eignet sich bestenfalls als thailändischer Massagesalon.

Bei Erd- und Dachgeschosswohnungen musst du besonders achtsam sein, sie können sehr begehrt sein, aber auch ein Albtraum.

Her Majesty's Corgis

Ihr erinnert euch sicher noch an das kleine Loch in London. Dort gab es einen »Original British Carpet« und aus dem Wasserhahn kam braune Brühe. Auch die Fenster hatten etwas mit England gemeinsam – es gab immer einen Durchzug. Bei einer anderen Wohnung, die ich besichtigt hatte, gab es ebenfalls einen Teppichboden, und auch hier nahm die Maklerin ihn als Verkaufsargument: »Die ehemaligen Eigentümer hatten Hunde, die vom selben Stamm wie die Hunde von ›Her Majesty‹ kamen.« Sie wollte damit einen höheren Preis rechtfertigen. Der Teppichboden sah entsprechend aus.

Englische Mieter sind geduldig und leidensfähig; genauso wie sie beim Bus in der Schlange stehen, akzeptieren sie so ziemlich alles. Aber deutsche und noch weniger österreichische Mieter sind nicht so tolerant und leidensfähig. Ein alter Teppichboden oder ein Linoleumboden, der an Golf L Zeiten erinnert, muss getauscht werden, genauso wie ein WC oder Bad, in dem aus dem Wasserhahn nur zögerlich das Warmwasser kommt, deine Mieter wollen ja duschen können, sonst mindern sie die Miete.

In London sah ich einmal eine Wohnung in Holland Park, beste Lage, aber die Stromleitungen erinnerten etwas an meine Modelleisenbahnanlage, die ich als Kind gehabt hatte. »This is actually an above average standard«, sagte der Makler. In Deutschland und Österreich wäre dies ein »illegal standard«, sanierst du die Sache nicht und der Mieter kommt in den Stromkreis, klopfst du an die Gefängnistür mit der Bitte um Einlass. Auch die Warmwasser- oder Gastherme sollte nicht 30 Jahre alt sein, Gaseinzelöfen sind fast immer ein Fall fürs Museum und einfachverglaste Fenster gehören schlichtweg entsorgt.

Auch hier notiere alle notwendigen Sanierungsmaßnahmen in deinem Handy und mach Fotos davon. Du wirst diese Infos benötigen, wenn du den Kaufpreis, den du bereit bist zu bezahlen, ermittelst.

Prüfe eine Wohnung genau und achte auf alle Details. Egal ob schlechter Wasserdruck, zu wenige Steckdosen oder ein kaputter Balkon. All das muss saniert werden, wenn du einen guten Mieter finden willst.

Zwei kleine Löcher in Wien Favoriten im Vergleich

Bis Anfang 2022 war das Thema Betriebskosten bestenfalls eine Randnotiz, vielleicht mit Ausnahme von Hochhäusern, die immer schon mit extrem teuren Betriebskosten verbunden waren. Nach dem Angriff Russlands auf die Ukraine wurde alles anders. »Droht der Blackout« war der Titel einer Diskussionsrunde bei Bild-TV am 26. Juni 2022[8], der die Ängste der Bevölkerung widerspiegelte. Gas- und Strompreise verfünf- beziehungsweise verzehnfachten sich bis zum August 2022. Energieversorger mussten reihenweise vom Staat gerettet beziehungsweise mit Notkrediten versorgt werden, Beispiel Uniper. Preppen war der neue Trend, die Nerven lagen blank. Dazu 10 Prozent Inflation, und plötzlich waren die Betriebskosten so hoch wie die Miete, zumindest in schlechteren Lagen mit niedrigen Mieten. Lagen die Betriebskosten bei einer Zweizimmerwohnung im Jahr 2021 noch bei 150 Euro, musste man 2022 mit 250 bis 300 Euro rechnen, bei energetisch ineffizienten Gebäuden möglicherweise mit 400 Euro. Auf einmal fragte jeder Mieter nach den Betriebskosten – ich weiß es aus eigener Erfahrung, wir bekamen Dutzende solcher Anfragen – und die Höhe der Betriebskosten war plötzlich auch bei jeder Neuvermietung ein wesentliches Thema.

Auch wenn sich die Strom- und Gaspreise wieder deutlich beruhigt haben – jeder Exzess findet ein jähes Ende –, bleiben die Be-

8 https://www.bild.de/video/clip/video/droht-der-blackout-gehen-ohne-russen-gas-bei-uns-die-lichter-aus-80518960.bild.html

triebskosten hoch und werden aufgrund der Inflation und der Bepreisung von CO_2 weiter steigen.

Was bedeutet das für dich als Immobilienbesitzer? Eine Wohnung mit hohen Betriebskosten – alles über 6 Euro pro Quadratmeter ist definitiv hoch – hat einen substanziellen Abschlag bei der Miete und beim Kaufpreis.

Ein Beispiel: In der Herzgasse in Wien besitze ich in einem Neubau, der 2017 errichtet wurde und folglich sehr energieeffizient ist, mehrere (schöne) kleine Löcher mit knapp 30 Quadratmetern. Ich kann diese Wohnungen zu knapp 500 Euro Nettomiete vermieten, also 16 Euro pro Quadratmeter, und das in Wien Favoriten. Für Wiener Verhältnisse schon eine hohe Miete, in Frankfurt würde man darüber lachen. Die Gesamtmiete inklusive Betriebskosten und Umsatzsteuer beträgt etwas unter 600 Euro.[9] Einer meiner Bekannten hat ganz in der Nähe auch ein kleines Loch aus den 70er-Jahren, nicht gerade energieeffizient. Die Betriebskosten sind deutlich höher und liegen bei knapp 200 Euro pro Monat. Er kann nur 360 Euro Nettomiete pro Monat verlangen (12 Euro pro Quadratmeter), also 140 Euro weniger; der Mieter bezahlt jedoch ebenso fast 600 Euro Gesamtmiete, nur eben weniger Nettomiete und höhere Betriebskosten.

Vergleichen wir die beiden Wohnungen:

Wohnung 1: Nettomiete 6000 Euro pro Jahr,
Wohnung 2: Nettomiete 4320 Euro pro Jahr.

Die Wohnung mit den hohen Betriebskosten hat 28 Prozent Mietabschlag.

Da sich der Kaufpreis für die Wohnung als Multiplikator der Jahresmiete bemisst, beispielsweise Faktor 22 oder 4,5 Prozent, gibt es

[9] In Österreich sind Wohnungsmieten im Gegensatz zu Deutschland umsatzsteuerpflichtig, außer für Kleinunternehmer. Gesamtmiete: Nettomiete 490 Euro + 49 Euro Ust. + 50 Euro BK-Vorauszahlung = 589 Euro.

auch einen Preisabschlag für die Wohnung mit den hohen Betriebskosten.

Wohnung 1: Preis 132 000 Euro,
Wohnung 2: Preis 95 040 Euro.

Alternativ kann der Preisabschlag auch über die Kosten der energetischen Ertüchtigung und damit einhergehenden Senkung der Betriebskosten berechnet werden: In guten Lagen ist der Preisabschlag hier geringer[10], in schlechten Lagen deutlich höher.

Wenn du eine Immobilie kaufst, achte auf die Betriebskosten; sind die Betriebskosten zu hoch, dann musst du einen Preisabschlag machen.

Das Wachstumshormon in Frankfurt

Frankfurt Heddernheim: Ein Makler bietet mir eine 75-Quadratmeter-Wohnung im Dachgeschoss an. Kaufpreis 290 000 Euro, also knapp 4000 Euro pro Quadratmeter. Die Wohnung hat zwei Balkone und ist eigentlich sehr attraktiv. Bei der Besichtigung werde ich allerdings schnell misstrauisch. Die Wohnung erscheint mir wirklich sehr klein für 75 Quadratmeter. Vier Zimmer, aber die haben eher Tokioter Dimensionen. Der Makler empfiehlt das Objekt in blumigen Worten und spricht von 16 Euro Nettomiete pro Quadratmeter und 5 Prozent Mietrendite, aber genauso hätte er sagen können: Die Sonne ist grün. Ein Blick auf die Teilungserklärung[11], in der das Vertragsverhältnis zwischen den einzelnen Wohnungseigentümern festgeschrieben ist, offenbarte schnell die Wahrheit. Die Wohnung hatte nur 64 Quadratmeter, der Makler hat einfach

10 Die energetische Sanierung kostet in jeder Lage ähnlich viel.

11 In Österreich Wohnungseigentümervertrag und Nutzwertgutachten.

die Balkone voll gerechnet und die Dachschrägen nicht richtig bewertet. Klassisches temporäres Wachstumshormon, habe ich schon oft erlebt.

Einer meiner Bekannten hätte auch die Teilungserklärung genau prüfen sollen. Er hat eine Erdgeschosswohnung in Karlsruhe gekauft und war stolz, dass der Preis deutlich unter Markt war. Das Problem dabei: Das Objekt war zwar als Wohnraum vermietet, aber nur als Lagerraum genehmigt. Für die Nachgenehmigung brauchte er die Zustimmung der Eigentümergemeinschaft, dann die Zustimmung der Baubehörde, und dann die Stellplatzablöse … Das wird teuer.

Doppelt hält nicht immer besser

Bisamberg, Sommer 2020: Ein wunderschöner Vorort von Wien. Die Sonne scheint und ich fahre mit meinem Aston Martin Cabrio zu einer Besichtigung. Eine 60-Quadratmeter-Wohnung wird für 160 000 Euro angeboten, zentral, aber in ruhiger Lage. Ein akzeptabler Preis. Der Eigentümer erzählt mir, dass die Wohnhausanlage gerade saniert wurde, auch die Betriebskosten waren mit 200 Euro pro Monat nicht zu hoch. Ich wollte die Wohnung eigentlich schon kaufen, aber ich forderte wie immer noch alle Unterlagen für die Wohnung an, unter anderem Protokolle der Eigentümerversammlung, Betriebskostenabrechnung, Energieausweis, Wohnungseigentümervertrag, Versicherungspolice, Flurkarte, Grundrisspläne, Grundbuchauszug, falls die Wohnung vermietet ist, den Mietvertrag und so weiter. Als ich mir die Betriebskostenabrechnung genauer ansah, stutzte ich. Irgendetwas stimmte nicht. Nachdem ich mir die Dokumente dreimal angesehen hatte, sah ich, wo der Hund begraben war. Die Eigentümergemeinschaft hatte für die Sanierung der Liegenschaft ein Darlehen über 1,2 Millionen Euro aufgenommen, und der Anteil der Wohnung, die ich kaufen wollte, lag bei 3 Prozent, was flotten 36 000 Euro entsprach. Die Eigentümer mussten dann das Darlehen über monatliche Raten abstottern. Auch die Hausverwaltung schien nicht sonderlich sorgsam mit den Mitteln der Eigentümergemeinschaft umzugehen, denn es gab bei der Sanierung richtig hohe Baunebenkosten und Nachträge, die noch zu einer zusätzlichen Sonderumlage führen könnten. Ich rief den Eigentümer an. Er sagte, er wisse nichts von den zusätzlichen Zahlungen, das mache alles sein Vater. Ich dachte mir meinen Teil und sagte ihm, dass auf der Wohnung 36 000 Euro Schulden seien, von denen ich nichts wusste, und folglich der Kaufpreis 124 000 Euro sein müsse und nicht 160 000 Euro. Es kam zu keiner Einigung. Aber hätte ich nicht genau gelesen, hätte ich definitiv zu viel bezahlt.

Bevor du eine Wohnung kaufst, prüfe die Unterlagen genau. Dazu zählen Teilungserklärung, Grundrissplan, Energieausweis, Flurkarte, Grundbuchauszug, Mietvertrag, Betriebskostenabrechnungen und Protokolle der Eigentümerversammlung. Sonst erwarten dich schnell böse Überraschungen. Oder würdest du ein Auto kaufen ohne jegliche Papiere?

Rendite: Rechnet sich das Ganze?

Das anfängliche Mietwunder von Hannover

Ein Teilnehmer meines Betongoldmentoring-Immobilien-Trainingsprogramms erzählt, dass ihm eine tolle Wohnung angeboten wurde. Eine Neubauwohnung in zentraler Lage in Hannover mit 5,6 Prozent Mietrendite! Die Wohnung hatte 20 Quadratmeter und sollte 150 000 Euro kosten. Sie war möbliert und der Makler sagte ihm, dass sie für rund 700 Euro pro Monat an Expats vermietet wird, die für Konzerne in Hannover arbeiten. Moment mal. 7500 Euro pro Quadratmeter in Hannover? Und auch die Mietannahmen kamen mir verdächtig vor. Mag sein, dass bei der Erstvermietung jemand das bezahlt, aber dauerhaft 35 Euro pro Quadratmeter wirst du nie erzielen. Ich weiß das aus Erfahrung, in Hannover musst du froh sein, wenn du (zwar unmöbliert) 12 Euro pro Quadratmeter bekommst. In ein paar Jahren, wenn die Fassade nicht mehr weiß ist und die Wohnung nicht mehr neu, bekommst du bestenfalls 100 000 Euro für die Wohnung, das sind dann 33 Prozent Verlust! Niemals würde ich so ein Geschäft machen.

Regel Nummer 1, wenn du eine Wohnung berechnest: Achte auf den Preis pro Quadratmeter. Bezahlst du einen überteuerten Quadratmeterpreis, bekommst du dein Investment nur schwer zurück und kämpfst ein »Uphill Battle«. Was bedeutet das? Du musst im Vergleich zu anderen Wohnungen am Markt, eher am unteren Ende beim Preis pro Quadratmeter sein, immer unter der Berücksichtigung, welche individuellen Vorteile und Nachteile die Wohnung hat, die du kaufen willst. Ist sie sanierungsbedürftig, ist sie im vierten Obergeschoss ohne Lift oder hat sie einen besonders guten Wohnungsschnitt, ist sie nahe an der U-Bahn, ist die Lage besonders attraktiv und so weiter Ebenso sind neu gebaute Wohnungen immer teurer als gebrauchte, und leere oder zu Marktpreisen vermietete Wohnungen teurer als Wohnungen mit Altmietern[12]. Die Preise auf Immoscout sind hier immer nur ein Richtwert, in schwierigen Marktphasen musst du auf die Immoscout-Preise einen Abschlag von 15 bis 20 Prozent nehmen.

Im nächsten Schritt prüfst du, welche Miete langfristig realistisch ist. Ein Beispiel: Ich besichtigte eine Einzimmerwohnung in Mödling, ein kleines, feines Städtchen nahe Wien. In Mödling war ich zur Schule gegangen, deshalb kannte ich die Region gut. Die Wohnung war befristet für 300 Euro Nettomiete pro Monat vermietet, der Makler wollte 120 000 Euro für die Wohnung. Ich fand das zu teuer. Er argumentierte, dass nach Ablauf der Befristung eine Neuvermietung für 500 Euro pro Monat möglich wäre und ich somit über 5 Prozent Mietrendite hätte. Ein Blick auf Immoscout offenbarte die Wahrheit.

---

[12] Hier liegt der Preisabschlag für Altmieterwohnungen oft bei 20 bis 30 Prozent, bei Altbauwohnungen in Wien manchmal auch bei 40 Prozent.

Die Wohnung war zwar zu günstig (an die Schwester des Eigentümers) vermietet, aber mehr als 380 bis 400 Euro wären bei einer Neuvermietung nicht erreichbar. Ich zeigte dem Makler die Ergebnisse von vergleichbaren Einzimmerwohnungen auf Immoscout und fragte ihn, ob er mir die 500 Euro Miete garantieren würde. Er antwortete: »Garantieren kann ich nichts, aber ...«. Bla, bla, bla.

Lass dich nicht von Maklern oder verlockenden Angeboten in die Irre führen. Auf Immoscout siehst du sowohl welche Nettomiete in einer Stadt oder Mikrolage realistisch ist als auch ob es einen Wohnungsmangel oder Wohnungsüberschuss gibt. Ist die derzeitige Miete niedriger als die Immoscout-Miete, musst du prüfen, ob beziehungsweise wie rasch du die Miete erhöhen kannst. Ist die Wohnung leer oder wird sie extrem teuer vermietet, solltest du einen langfristig realistischen Mietansatz wählen. Sonst erlebst du später mal eine Fahrt mit der Hochschaubahn, aber express hinunter.

Last but not least, vergleiche immer Äpfel mit Äpfeln und nicht mit Zwetschgen. Du erinnerst dich, Einzimmerwohnungen haben eine deutlich höhere Miete pro Quadratmeter als große Wohnungen, und energieeffiziente Neubauwohnungen haben eine höhere Miete pro Quadratmeter als gebrauchte, ineffiziente Wohnungen. Das kleine Loch gewinnt.

Wenn du eine Wohnung kaufst, prüfe zuerst, ob der Preis pro Quadratmeter eher günstig ist oder überteuert. Und im nächsten Schritt prüfe, welche Miete langfristig realistisch erzielbar ist. Lass dich nicht blenden, Immoscout sagt fast immer die Wahrheit.

Finanzieller Dünnschiss

Jetzt hast du alle Infos, um berechnen zu können, ob sich die Sache lohnt. Dabei solltest du keinen finanziellen Dünnschiss haben, das heißt keine Immobilien, die dauerhaft substanziell negativen Cashflow produzieren.[13]

Grundsätzlich sollte die Nettomietrendite, also die jährliche Nettomiete dividiert durch den Kaufpreis, höher sein als der Bankzinssatz plus 1,5 bis 2 Prozent. Zahlst du der Bank beispielsweise 3,5 Prozent Zinsen, sollte die Nettomietrendite zumindest 5 bis 5,5 Prozent sein. Die genauen Finanzierungsmodelle findest du im Kapitel »Ohne Geld spielt keine Musik: Die richtige Finanzierung«.

Dabei musst du natürlich berücksichtigen, ob die Wohnung zu sanieren ist oder ob es Sonderumlagen gibt. Diese Kosten musst du zum Kaufpreis addieren, da du andernfalls die Wohnung nicht vermieten kannst. Bei der Nettomiete kannst du die zukünftig erzielbare Miete ansetzen, wenn du die Miete in den nächsten Jahren erhöhen kannst, ebenso kannst du allfällige Steuervorteile berücksichtigen.

Kaufe Wohnungen, bei denen die Miete den Kredit abbezahlt. Sanierungen und Sonderumlagen müssen berücksichtigt werden genauso wie ein mögliches Mietsteigerungspotenzial.

13 Es gibt Ausnahmefälle, wenn die Lage sehr gut und der Preis pro Quadratmeter sehr niedrig ist, aber dieses Modell kannst du nicht skalieren.

Als Immobilienkäufer erlebt man lustige Dinge: Verhandlungen beim Immobilienkauf

Die königliche Hoheit und der Aga Khan

Frankfurt Sachsenhausen, April 2010: In einem Mehrfamilienhaus in der Nähe des Schweizer Platzes wurden fünf kleine Wohnungen für jeweils 75 000 bis 100 000 Euro angeboten. Der Preis war für die damalige Marktlage noch etwas teuer, aber die Lage war vom Feinsten. Ich hatte für 11 Uhr einen Besichtigungstermin vereinbart und kam in meinem üblichen Outfit mit Festival- und Keller-erprobten Dr. Martens und Rucksack zum Termin. Die Maklerin war auch anwesend und sagte, wir müssten noch auf den Eigentümer warten. Um 11:10 Uhr kam ein dunkler 12-Zylinder BMW vorgefahren. Der Eigentümer und seine Begleitung stiegen aus, er war in feinsten Zwirn gekleidet mit Stecktuch aus Seide, die Dame trug eine Louis-Vuitton-Tasche und Prada-Schuhe. Sein Blick war arrogant, er schaute verächtlich auf mich und meine Schuhe herab und erzählte von den großen Immobiliengeschäften, die er mache. Er wolle die Wohnungen nur verkaufen, weil sie zu klein und unbedeutend für ihn seien, aber er *müsse* nicht verkaufen. Danach sagte er verächtlich zur Maklerin: »Zeigen Sie doch dem jungen Herrn die Wohnungen, ich warte hier auf Sie; aber beeilen Sie sich bitte, ich habe nachher noch einen Empfang mit hohen Gästen in meiner Villa.« Ich überlegte schon, ob ich ihn mit »königliche Hoheit« ansprechen sollte, es passte zu seinem Gehabe und er hätte vermutlich Freude daran gehabt.

Die Maklerin war wesentlich bodenständiger als »seine königliche Hoheit« und öffnete die Wohnungstüren. Der Schnitt der Wohnungen war exzellent, jede Wohnung hatte einen Balkon, aber das Interieur war in die Jahre gekommen. Es standen ein paar Reparaturen an. Ich fragte die Maklerin, ob es noch Verhandlungsspielraum beim Preis gebe, wenn ich alle Wohnungen kaufen würde, immerhin wäre einiges zu sanieren. Die Maklerin raunte mir zu: »Wenn es rasch geht, auf jeden Fall.« Sie teilte mir noch mit, dass im Haus eine Sonderumlage für die Sanierung des Hauses beschlossen wurde, für die fünf Wohnungen waren das knapp 60 000 Euro. Der Eigentümer brauche dringend Geld und habe Probleme, das Geld für die Sonderumlagen aufzubringen; die Eigentümergemeinschaft habe schon ein Mahnschreiben an ihn verschickt. Ich sagte der Maklerin, dass ich das Paket für 300 000 Euro kaufen würde. Als wir das Haus verließen und den Eigentümer vor seinem BMW erblickten, telefonierte er gerade hektisch. Nachdem das Telefonat beendet war, nannte die Maklerin ihm meinen Preis. Ich ergänzte, dass ich bei der Preisfindung die Sonderumlagen und den Reparaturstau berücksichtigt hätte. Der Verkäufer sagte, das sei viel zu niedrig, ich zeigte ihm zum Abschluss noch einen Kontoauszug mit einem ordentlichen Habensaldo. Er schaute etwas ungläubig, aber dann sagte er, dass er zu seinem Empfang müsse, und brauste davon. Am Nachmittag rief mich die Maklerin nochmals an: Sie hätte mit dem Eigentümer gesprochen und herausgefunden, dass die Objekte mit 320 000 Euro belastet seien. Wenn ich eine Kleinigkeit über diesem Betrag zahlen würde, könnte ich vermutlich die Wohnungen bekommen. Ich sagte, dass ich bereit dazu sei, und rief danach meinen Notar an, mit der Bitte, einen Kaufvertragsentwurf zu erstellen. Eigentlich hatte ich geplant, noch am Abend zurück nach Wien zu fliegen, aber der Deal war heiß. So entschied ich mich, meinen Frankfurt-Aufenthalt um drei Tage zu verlängern, obwohl ich in Wien Termine hatte. Ich rief meine Assistentin an, die mir ein Hotelzimmer buchte, meine Termine verschob und sich darum kümmerte, dass ich mich zu einer Aufsichtsratssitzung telefonisch einwählen konnte, anstatt physisch zu erscheinen. Vorsorglich vereinbarte ich auch einen Beurkundungstermin mit meinem Notar.

Ich saß gerade im Grüneburgpark bei strahlendem Sonnenschein und war im Conference Call für meine Aufsichtsratssitzung. Ich sah die Nummer der Maklerin am Display. Sie fragte, ob ich noch in Frankfurt sei. Ich bejahte und sie sagte: »Der Eigentümer ist bereit zu verkaufen, aber es muss noch bis Ende der Woche geschehen, da er nachher nach Marbella fliegt.« Ich sagte ihr, dass ich bereits einen Beurkundungstermin reserviert und einen Kaufvertragsentwurf erstellt hatte. Zwei Tage später fand die Beurkundung statt. Seine »königliche Hoheit« kam wieder zu spät – ich dachte schon, der Deal wäre geplatzt –, aber dafür ersuchte er dann den Notar in forschem Ton, den Vertrag schneller zu verlesen; er müsse den Flug nach Marbella erreichen. Ich dachte mir »immer dasselbe Spektakel«.

Um 23.10 Uhr landete ich mit dem Lufthansa Nachtshuttle in Wien, mit fünf kleinen Löchern mehr in meinem Portfolio.

Vom Anfang meiner Immobilienkarriere bis zum heutigen Tag, bei fast 70 Prozent der Immobilien, die ich im Laufe von 17 Jahren erworben habe – und wie ihr wisst, bin ich ein kaufpreisminimierender Käufer –, brauchte der Eigentümer Geld, und zwar meist urgent. Ich erinnere mich noch an den Ankauf meiner ersten zehn Wohnungen in Frankfurt. Die Eigentümerin erzählte von einem Treffen mit dem Aga Khan und Flügen mit der Concorde, als sie in einer fast leeren Wohnung im Frankfurter Westend saß; 439 500 Euro von 440 000 Euro Kaufpreis gingen an ihre Bank.

Ich hatte elegante Damen im Jaguar, Künstler, Vermögensberater, Hausfrauen, Zahnärzte, Unternehmer, Immobilienprofis mit flottem Spruch und straffem Haar, sogar einen Notar mit fünf Kindern aus drei Ehen auf der Verkäuferseite gehabt. Sie hatten alle eines gemeinsam: KEINE KOHLE!

Manchmal dauert es lange, bis der Verkäufer realisiert, dass er zu einem günstigen Preis verkaufen muss, manchmal dauert es nur wenige Tage oder Wochen. Bei einer komplexen Transaktion musste ich mehr als ein Jahr warten, bis der Verkäufer bereit war, zu einem für mich attraktiven Preis zu verkaufen. Die schnellste Einsicht bei einem Immobilieneigentümer dauerte ganze zwei Tage, der Besuch vom Gerichtsvollzieher war hier der Auslöser. Aber wenn der Apfel vom Baum fällt, also wenn der Verkäufer sich entscheidet zu verkaufen, musst du bereit sein, und zwar sofort. Denn wenn jemand dringend Kohle braucht, hat er meist keine Zeit mehr zu warten. Nicht nur bei der »königlichen Hoheit« hat es sich für mich gelohnt, länger als geplant in Frankfurt zu bleiben und vorsorglich einen Kaufvertragsentwurf erstellen zu lassen; du musst ja den Apfel – sprich die Immobilie zu einem attraktiven Preis – auch fangen können, sonst macht es ein anderer.

Die besten Immobiliendeals machst du, wenn der Verkäufer Kohle braucht. Manchmal brauchst du die Geduld eines Engels, aber wenn der Apfel vom Baum fällt, also der finanzielle Druck des Verkäufers unerträglich wird, musst du bereitstehen, und das verdammt schnell.

Der Karneval von Rio

Ich bekam einen Anruf. Ein ehemaliger Vorstand eines mittelständischen Unternehmens war am Telefon. Er war bereits im Ruhestand. Als ich ihn das letzte Mal gesehen hatte, war er noch in Amt und Würden gewesen und hatte gerade eine Scheidung hinter sich. Ob ich Interesse hätte, seine neun Wohnungen in Frankfurt zu kaufen, fragte er mich. »Wenn die Konditionen passen, bin ich interessiert«, war meine Antwort, und wir vereinbarten einen Abendtermin bei einem Nobel-Italiener. Ich wusste, dass er leidenschaftlich gern italienischen Rotwein trank, und bestellte daher eine Flasche Barolo. Ich erkundigte mich, wie es ihm im Ruhestand ging, und hörte aufmerksam zu. Er hatte eine neue Flamme gefunden, aus Brasilien, hatte sie geheiratet und wollte mit ihr in der kalten Jahreszeit nach Rio de Janeiro ziehen. Sein Arzt hatte ihm geraten, im Winter in die Wärme zu fliegen, das würde ihm guttun, und das Geld dazu hatte er auch – immerhin war er über 15 Jahre Vorstand gewesen, hatte nicht über seine Verhältnisse gelebt und bekam eine ordentliche Firmenpension. Seine neue Ehefrau freute sich schon auf den Karneval in Rio mit ihm. Nach dem dritten Glas Barolo kam er zur Sache. Bei drei seiner Wohnungen gebe es Probleme, er müsse Geld in die Sanierung stecken, die Handwerker seien unzuverlässig, ein Mieter bezahle nicht. Er habe keine Lust, mehrfach nach Frankfurt zu fliegen, um nach dem Rechten zu sehen, und er würde die Wohnungen gerne verkaufen. Da er wusste, dass ich in Frankfurt investiert bin und genügend Geld habe, ist er auf mich gekommen, denn er wolle, so sagte er, sich nicht drei Monate mit Käufern herumärgern, die nicht bezahlen können. Danach gab er mir die Liste der Wohnungen inklusive der Nettomieten, der Betriebskosten und des Reparaturstaus; er war ein genauer und ordentlicher Mensch und hatte alles gut vorbereitet. Ich fragte ihn, welchen Preis er sich vorstelle. Seine Antwort: »1,3 Millionen, aber es muss rasch und unkompliziert ablaufen.« Der Preis war fair, aber logischerweise wollte ich weder zu kaufwillig erscheinen – sonst wird der Preis schnell teurer – noch ihn mit zu viel Arbeit abschrecken. Ich machte ihm folgenden Vorschlag: Ich würde auf Besichtigungen und umfangreiche Prüfungen verzichten, aber um dieses Risiko und auch den Aufwand mit den Problemmietern und Sanierungen abzudecken, sollte er mir noch etwas nachlassen. Dafür würde der Deal für ihn einfach und unkompliziert, sagte ich ihm, und fragte, mit welchem Preis er leben könne. 1,2 Millionen Euro, gab er an, für weniger verkaufe er nicht. Ich sagte, dass ich mir zwar etwas weniger vorgestellt habe und das Ganze schon mit Aufwand und Arbeit für mich verbunden wäre, dass wir aber in dieser Preisregion handelseins werden könnten. Danach griff ich nach meinem Weinglas, ohne es zu erheben. Der ehemalige Vorstand sagte: »Dann lass uns anstoßen, Gerald, es sind wirklich gute

Lagen, das weißt du.« Ich erhob nun mein Glas und sagte: »Auf Rio de Janeiro und deine neue Frau.« Er ergänzte: »Auf einen guten Deal für uns alle.« Er war sichtlich erleichtert. Das Abendessen hatte sich ausgezahlt, die 1000 Euro für den Nobel-Italiener waren gut investiert.

Am nächsten Tag schickte ich die Unterlagen für die Finanzierung an die Bank. Nach wenigen Tagen rief mich der Banker an und sagte: »Da haben Sie gut eingekauft, unser Gutachter schätzt den Wert der Wohnungen auf 1,4 bis 1,5 Millionen Euro«.

Ein Beispiel für einen »Willing Seller«, einen willigen Verkäufer. Alle Leute, die Geld brauchen, sind willige Verkäufer. Ebenso Menschen, denen die Immobilien zu viel Arbeit sind oder mit denen sie überfordert sind, Nachkommen, die keine Ahnung von Immobilien haben, zerstrittene Ex-Ehepartner im Scheidungsprozess, Gesellschafter eines Unternehmens oder Erben, die sich im Streit befinden. Nicht selten passieren diese Dinge bei Immobilien im Familienbesitz. Auch Fondsgesellschaften, die sich in Liquidation befinden, können willige Verkäufer sein. Eines ist allen gemein: Ihr Hauptziel besteht nicht darin, den Verkaufspreis zu maximieren, sondern die Immobilien möglichst rasch und unkompliziert zu verkaufen. In solchen Fällen bekommst du die Immobilien mit einem Preisabschlag. Sei nicht zu gierig, höre aufmerksam zu und hilf dem Verkäufer sein Problem zu lösen. Der Lohn dafür sind nicht selten Zehn- oder Hunderttausende Euro.

Such dir Immobilieneigentümer, denen du helfen kannst, ihr Problem zu lösen und die nicht kaufpreismaximierend sind. Solche Fälle gibt es öfter, als du denkst. Und hör ihnen aufmerksam zu, willige Verkäufer findest du nicht als plappernder Papagei.

Weiß beginnt, schwarz gewinnt: »Machen Sie einen Vorschlag.«

Wiesbaden, Mai 2016: Ich war mit meiner Mutter auf dem Weg nach Wiesbaden. Die Anreise war etwas turbulent. Ich hatte diesmal das Auto für die Anreise gewählt, da ich im Nachgang noch nach Kitzbühel zu einem Private-Equity-Investorentreffen fahren musste. Auf dem Weg nach Wiesbaden kamen wir spätabends in eine Polizeikontrolle, bei der mein schwarzer ML63 Mercedes durchsucht wurde und meine Mutter und ich gefragt wurden, ob wir Drogen transportieren würden. Als der Polizist forsch fragte, was das Ziel unserer Reise sei, sagte meine Mutter: »Was wollen Sie denn von uns? Ich bin eine 77-jährige Frau. Lassen Sie uns in Ruhe. Wir wollen nur eine Immobilie kaufen.« Der Polizist schüttelte den Kopf und ließ uns weiterfahren – ohne Strafe, obwohl ich etwas zu schnell unterwegs gewesen war –, er hatte offensichtlich einen anderen Mercedes-Fahrer im Suchprofil gehabt.

Am nächsten Tag hatten wir den Termin mit dem Eigentümer. Das Mehrfamilienhaus, das ich kaufen wollte, wurde für 2,5 Millionen Euro angeboten. Der Preis war durchaus fair, allerdings gab es doch einige Mängel, unter anderem war der Allgemeinstrom schon museumsreif, einige Fenster im Stiegenhaus mussten getauscht werden und bei drei Balkonen war der Aufenthalt draußen nur etwas für mutige Menschen (der Eigentümer hatte sie vorsichtshalber bereits versperrt). In Anbetracht dieser Sanierungen – alles in allem kein Hexenwerk, aber doch nicht ganz günstig – war ich bereit, 2 350 000 Euro für die Liegenschaft zu bezahlen. Wir trafen den Eigentümer und seinen Sohn. Ich unterhielt mich mit dem Sohn über Sportautos – er war auch ein Autofreak wie ich – und fragte nebenbei noch ein paar Dinge hinsichtlich der Liegenschaft. Meine Mutter sprach in der Zwischenzeit mit dem Vater und erzählte ihm, dass sie immer so viel Angst hätte, da ich so schnell mit dem Auto fahre und immer in der Nacht unterwegs sei, mit allen Gefahren, die das mit sich bringe. Der alte Herr nickte verständnisvoll und zustimmend, er kannte das wohl aus seiner eigenen Familie. Nach dem Smalltalk öffnete der Eigentümer Senior die Tür zu seinem Konferenzraum und bat uns an den Tisch. Er fragte: »Da Sie ja die Liegenschaft jetzt genau geprüft haben: Wie viel sind Sie bereit, dafür zu bezahlen.« Ich antwortete: »Der Preis ist etwas sportlich, da einige Sanierungen durchgeführt werden müssen. 2,5 Millionen sind mir zu viel. Aber wir befinden uns sicherlich in einem Bereich, wo man sich einig werden kann. Machen Sie doch einen Vorschlag, mit welchem Preis Sie leben können, auch unter Berücksichtigung der Mängel, die ich genannt habe.« Ich zeigte ihm noch eine Finanzierungszusage meiner Bank für 1,9 Millionen Euro, um mein ernsthaftes Interesse zu bekräftigen, und lobte ihn und seinen Sohn für seine professionelle Unterlagenaufbereitung. Der Verkäufer sagte: »2,25 Millionen Euro, und das ist mein letztes Wort.« Ich ließ mir nicht anmerken, dass ich bereit gewesen wäre, 100 000 Euro mehr zu bezahlen, und sagte: »Danke für den Vorschlag. Es ist eine Spur mehr als ich mir gedacht habe, aber …« Dann unterbrach mich meine Mutter: »Gerald, spann den Herrn nicht auf die Folter. Es ist ein gutes Haus. Mach es für 2,25 Millionen Euro oder lass es. Ich würde es zu dem Preis machen.« Meine Mutter spielte hier den »Good Cop«, also den Freund des Verkäufers, das hatten wir bei der Autofahrt so besprochen. Ich schaute zu meiner Mutter, dann zum Eigentümer, und sagte: »In Ordnung, meine Mutter hat viel Erfahrung, ich mache den Deal für 2,25 Millionen.« Wir reichten uns die Hand und vereinbarten Termine für die Beurkundung. Das Eis war gebrochen.

Wie beim Schachspiel ist es besser, du lässt die andere Partei den ersten Move machen. Dabei kannst du nur gewinnen. Ist der Vorschlag der Gegenpartei niedriger als das, was du bezahlen würdest, machst du ein gutes Geschäft. Ist er zu hoch, sagst du wie beim Monopoly »Zurück zum Start«, das ist mir zu teuer, machen Sie bitte einen Vorschlag, der vernünftig ist. Bei Profiinvestoren kann es passieren, dass der Prozess, wer den ersten Move macht, über Monate dauert oder der Vermittlung einer Drittpartei bedarf. Ich kenne einen Profiinvestor, der mir immer sagt: »Herr Hörhan, ich verstehe nichts von Immobilien, Sie sind so ein Profi, machen

Sie einen Vorschlag.« Und meine Antwort darauf: »Herr Superprofi, Sie haben noch mehr Erfahrung als ich, machen Sie doch einen Vorschlag.« Geduld zu haben kann viel Geld bringen, im Fall des Mehrfamilienhauses in Wiesbaden immerhin 100 000 Euro.

Lass bei Verhandlungen immer der anderen Partei den Vortritt. Das kann dir viel Geld bringen. Und argumentiere faktenbasiert: »Ich will weniger bezahlen« ist kein gutes Entree, »Ich will weniger bezahlen aufgrund von A, B, C …« ist viel überzeugender und zeigt, dass du dein Handwerk verstehst.

Italienische Sprachkünste

Mailand, 21. Februar 2020: Ich musste dringend zum Flughafen, um meinen Abendflug nach Wien zu erreichen. Es war die letzte Maschine an diesem Tag und ich hatte am nächsten Tag wichtige Termine. Nur weit und breit war kein Taxi in Sicht. Plötzlich sah ich einen Taxifahrer am Straßenrand, der eine Pause machte und eine Zigarette rauchte. »Il giorno è finito«, sagte der Taxifahrer und schüttelte den Kopf. Ich nahm 150 Euro aus meiner Tasche, sagte »Milano Malpensa, Fortissimo« und zeigte auf meine Uhr. Plötzlich nickte er und öffnete die Tür seines Fiat. Und der Taxifahrer hielt sein Wort: Er raste mit 170 Stundenkilometern über die Autobahn, ich wurde auf der Rückbank herumgeworfen, aber ich erreichte meinen Flug. Und das war gut so. Denn als ich in Wien um 23 Uhr aus dem Flugzeug stieg, hatte ich auf meinem Handy über 150 Nachrichten. Corona hatte Europa erreicht, und der Hotspot war Mailand.

Während des Tages hatte ich wenig Zeit gehabt, die Nachrichten zu verfolgen. Ich hatte mehrere Immobilienbesichtigungen und wollte meine erste Wohnung in Mailand kaufen. In einem relativ zentralen Stadtteil besichtigte ich ein kleines Loch. Der Makler sprach zwar kein Englisch, aber öffnete die Tür. Die Wohnung hatte 26 Quadratmeter und der Angebotspreis lag bei 110 000 Euro. Ich erwartete eine Nettomiete von 600 Euro pro Monat, also eine Mietrendite von 6,5 Prozent. Allerdings wollte ich dennoch mein Verhandlungsgeschick testen und sagte dem Makler: »Prezzo minimissimo, provisione fortissimo«. Plötzlich war der Makler voller Energie. Er schrieb auf einen Zettel: »Prezzo: 90 000, Commissione: 10 000 Euro«, also 11 Prozent Provision. Er fragte: »Ok«? Und ich antwortete »Yess«. Ich unterschrieb einige Formulare, um den Wohnungskauf fix zu machen, und der Makler achtete besonders genau auf das Formular zum Thema *Commissione.* Immerhin, die erste Wohnung in Mailand hatte 7 Prozent Mietrendite, trotz hoher Provision, und der Makler sprach gleich von »Futura apartmento«; er wollte offensichtlich mehr solcher Geschäfte machen.

Ich behandle Makler immer gut und bezahle die Provision noch am selben Tag, wenn ich die Rechnung erhalte. Für besonders gute Deals gibt es »milde Gaben« in Form einer Überprovision, und nach jedem erfolgreichen Geschäft lade ich den Makler zum Essen ein. Viele Immobilienkäufer behandeln den Makler schlecht, lassen ihn warten und feilschen bei der Provision; dann sind sie verwundert, wenn ihnen die guten Objekte vor der Nase weggeschnappt werden.

Versetz dich mal in die Lage des Maklers. Wenn du eine gute Wohnung zu einem attraktiven Preis im Angebot hast, wem wirst du die Wohnung zuerst anbieten? Dem Käufer, der dich gut behandelt, der dir die volle Provision bezahlt und das pünktlich, und bei dem du weißt, dass er bezahlen kann? Oder jemandem, der bei deiner Provision jedes Mal kürzen will und dazu noch unhöflich und unzuverlässig ist? Es gibt genügend Fälle, da wurde nicht das höchste Kaufangebot angenommen, sondern das Kaufangebot, das der Makler empfiehlt beziehungsweise überhaupt an den Eigentümer weiterreicht.

Beim Ankauf eines Mehrfamilienhauses in Frankfurt war die Arbeit des Maklers mitentscheidend, dass ich das Haus erwerben konnte. Der Eigentümer war kompliziert, es gab einige heikle Punkte bei den Kaufvertragsverhandlungen. Der Makler hat sich richtig ins Zeug gelegt, war auch am Wochenende erreichbar und hat die Kommunikationswege immer gut gemanagt. Natürlich hatte ich ihm von Anfang an die von ihm gewünschte Provision bestätigt. Wir hatten nach Beurkundung des Ankaufs noch einen Lunch im Restaurant »Le Opera« in Frankfurt, bei dem ich ihm zu seiner Arbeit gratulierte. Ich bin mir sicher, dass das nicht die letzte Immobilie war, die ich über ihn kaufen werde.

Behandle Immobilienmakler immer gut und bezahle die Provision vollständig und pünktlich. In vielen Fällen entscheidet der Makler, ob du eine gute Immobilie bekommst oder ein anderer.

Besitz muss verwaltet werden

Es wäre eine Lüge zu behaupten, dass Immobilien keine Arbeit verursachen. Jeder Besitz verursacht Arbeit. Egal ob Aktien, Kryptowährungen oder Beteiligungen, ich habe noch kein Investment gesehen, das Geld ohne Arbeit produziert. Sei es, dass ich um Mitternacht in Miami noch vier Stunden Kryptowährungen trade oder mich mit einer neuen Plattform herumquälen muss, sei es, dass ich Bilanzen und SEC-Statements von börsennotierten Unternehmen analysiere oder für ein Venture Capital Investment eine 20-seitige Frageliste für das polnische Aktienregister ausfüllen soll. Selbst wenn du Autos, ein Eigenheim, ein Feriendomizil, teure Uhren, Kunst oder ein Haustier hast, ohne Arbeit funktioniert es nicht. Das Auto muss zur Reparatur, das Feriendomizil muss gereinigt, und der Hund Gassi geführt werden und manchmal zum Tierarzt. Solltest du also nicht arbeiten wollen, dann leg bitte sofort das Armutsgelübde ab und lebe nach den Propheten der Verschwörungstheorie im »Great Reset«, die immer Klaus Schwab (aus dem Zusammenhang gerissen) zitieren: »Sie werden nichts besitzen und glücklich sein.« Glücklich bist du dann aber nur, wenn du im Alkohol- oder

Drogenrausch bist, und das nur temporär, denn am nächsten Tag kommt Katerstimmung auf und nach spätestens 20 Jahren bist du ein physisches und psychisches Wrack.

Die Arbeit, die Immobilienbesitz verursacht, ist allerdings kein Hexenwerk. Mit den folgenden Beispielen möchte ich dir zeigen, wie du damit umgehst.

Der Fluch der Karibik

Einer meiner Freunde hatte zu einem günstigen Preis ein Mehrfamilienhaus in Gütersloh gekauft. Bald wusste er, wieso der Preis so günstig gewesen war, denn im Haus war einiges im Argen. Der Eigentümer war ein älterer Herr und lebte die meiste Zeit des Jahres auf Curaçao auf den niederländischen Antillen. Er war vermögend und kümmerte sich nicht um die Immobilie. Die Hausverwaltung glänzte ebenfalls primär durch Abwesenheit, hielt aber bei Reparaturen gerne die Hand auf.

Als mein Freund auf sein Konto schaute, merkte er, dass die Mietzahlungen, wenn überhaupt, nur sporadisch und extrem unpünktlich kamen. Also ging er zu seiner Liegenschaft, um nach dem Rechten zu sehen. Als er den Hausflur betrat, hörte er die Diskussion von zwei Mietern im vierten Obergeschoss. Der eine sagte: »Die Zeiten sind so schlecht. Alles ist dermaßen teuer geworden, im Supermarkt, die Stromrechnung, das Bier in der Kneipe. Und im Job darf ich nicht mehr so viele Überstunden machen, der Arbeitgeber hat auch Probleme. Hab keine Kohle, um alles zu bezahlen, was soll ich tun?« Die andere Mieterin sagte: »Mach dir keine Sorgen, mein Liebster. Die Probleme kenne ich. Ich habe drei Monate keine Miete bezahlt und bekam erst gestern einen Anruf von der Hausverwaltung. Jetzt habe ich mal eine Monatsmiete überwiesen. Hier kümmert sich ohnedies niemand darum, ob du bezahlst. Hast du keine Kohle, bezahl einfach die Miete später.« Jetzt war die Sache klar. Die Liegenschaft war jahrelang durch mangelnde Aufmerksamkeit vernachlässigt worden, mit drastischen Folgen: Die Zahlungsmoral der Mieter war so verschlampt wie das Haus. Es dauerte ein Jahr, mit vielen Mahnschreiben, Klagen und Kündigungen, um das Haus wieder auf Vordermann zu bringen. Mittlerweile bezahlen alle Mieter pünktlich. Ist die Miete nicht bis zum 3. Tag des Monats auf dem Konto, gibt es einen Anruf und eine höfliche Erinnerungs-E-Mail, am 6. Tag dann ein Mahnschreiben, am 15. Tag einen Mahnbescheid des Anwalts; so handhabe ich es auch bei meinem Immobilienportfolio. Auch der Hausverwaltung drehte mein Bekannter die Daumenschrauben enger. Bei Sanierungen über 1500 Euro musste seine Zustimmung eingeholt werden, und siehe da, plötzlich waren die Verwaltungs- und Instandhaltungskosten um 30 Prozent niedriger.

Eines der wichtigsten und einfachsten Dinge bei der Immobilienverwaltung besteht darin, deine Mieteingänge zu kontrollieren und bei unpünktlicher Zahlung dahinter zu sein, dass die Mieter bezahlen. Deine Mieter müssen wissen, dass sich jemand um die Immobilie kümmert und dass der Wachhund nicht schlafen gegangen oder verschollen ist. Und ganz ehrlich, es ist doch angenehmer, Zahlungseingänge zu kontrollieren als Zahlungsausgänge.

Ist die Katze außer Haus, gehen die Mäuse tanzen. Das betrifft deine Mieter, aber genauso Handwerker, Verwalter und andere Dienstleister.

Nur drei Dinge sind im Leben fix: der Tod, die Steuern und die Inflation

Immobilien schützen dich vor der Inflation, aber nur solange du die Mieten regelmäßig erhöhst. Das Mietrecht in Österreich und Deutschland ist komplex und ändert sich kontinuierlich[1]. Deshalb

---

[1] Mehr Informationen zum Thema Mietrecht findest du in unserem Immobilienkurs Betongoldtraining auf www.betongoldtraining.com.

musst du dich laufend über die aktuellen Gegebenheiten informieren. Teilweise unterscheidet sich die Rechtsprechung auch in verschiedenen Städten. Lass dich daher im Zweifel von einem versierten Anwalt beraten. Hier findest du eine kurze Übersicht, worauf du achten solltest:

In Österreich kannst du alle Mietverträge indexieren, aber mit der 5-Prozent-Klausel, das heißt du kannst die Miete nur dann erhöhen, wenn der Preisindex ab der letzten Mieterhöhung um 5 Prozent gestiegen ist. Ebenso solltest du in Österreich immer befristet vermieten, am besten auf drei Jahre. Tanzt dir ein Mieter auf der Nase herum, dann bist du ihn nach spätestens drei Jahren los.[2] Ebenso kannst du die Wohnung nach drei Jahren möglicherweise noch deutlich teuer vermieten, wenn die Nachfrage hoch ist. Sei vorsichtig bei Genossenschaftswohnungen oder Wohnungen, die von gemeinnützigen Wohnbauträgern errichtet wurden, diese unterliegen oft einem gesetzlichen Mietendeckel.

In Deutschland kannst du Wohnimmobilien nur unbefristet vermieten, allerdings kannst du einen Kündigungsverzicht des Mieters für einen Zeitraum von zum Beispiel einem Jahr festlegen. Ebenso musst du im Mietvertrag den Mieter über sein gesetzliches Widerrufsrecht belehren, ansonsten kann er nach einem Jahr zu dir kommen, die gesamte Miete zurückfordern und er bekommt vor Gericht recht.[3] In Deutschland würde ich immer Indexmietverträge abschließen, also Mietverträge, die besagen, dass du die Miete mit

---

2 Bei Altbauwohnungen, die dem Vollanwendungsbereich des Mietrechtsgesetzes unterliegen, also einem gesetzlichen Mietendeckel, gibt es zwar einen Befristungsabschlag von 25 Prozent; allerdings sind unbefristet vermietete Altbauwohnungen deutlich weniger wert als leere oder befristet vermietete Altbauwohnungen; mit einer unbefristeten Vermietung entwertest du deine Wohnungen. Ausnahmen sind die Steiermark und Salzburg (exklusive der Stadt Salzburg und deren teurem Umland), wo die Marktmiete ähnlich oder geringer als die MRG-Miete ist.

3 Eines der verrückten Gesetze, angeblich zum Schutz des Konsumenten. Widerrufsfristen gibt es genauso bei Online-Käufen, Bankgeschäften et cetera, und in allen Fällen gibt es viele sinnlose Streitigkeiten dazu.

der Inflation erhöhst, und keine Staffelmietverträge, was bedeutet, dass du die Miete jedes Jahr um einen fixen Betrag, zum Beispiel 20 Euro erhöhst. Nur bei Indexmietverträgen kannst du die Miete auch über das Mietniveau der Mietpreisbremse erhöhen[4], bei Staffelmieten geht das nicht.

Sowohl in Österreich als auch in Deutschland kannst du bestehende Mietverhältnisse nicht kündigen, außer der Mieter bezahlt nicht oder erlaubt sich extrem grobe Verfehlungen.[5] In Österreich kannst du bei Altmietern die Miete nur mit der Inflation erhöhen, bei niedrigen Mieten dauert es sehr lange, bis du das Marktniveau erreichst. In Deutschland kannst du die Miete alle drei Jahre um 15 Prozent bis zur ortsüblichen Vergleichsmiete anheben. Ebenso kannst du Modernisierungs- und energetische Sanierungsmaßnahmen unter Einhaltung verschiedener Regeln und Auflagen auf den Mieter umlegen und somit den Mieter mitbezahlen lassen.[6] Diese Auflagen variieren teilweise auch von Stadt zu Stadt, insbesondere Berlin leistet sich hier einiges an Dummheiten. Der Einbau eines modernen Badezimmers kann etwa schon als »Luxussanierung« gewertet und somit nicht mehr auf den Mieter umgelegt werden.

Aber Vorsicht: Wenn du einen guten Mieter hast, den du behalten willst, oder wenn sich eine Wohnung nur schwer vermieten lässt

---

4 In Lagen mit angespannten Mietmärkten, und das sind mittlerweile praktisch alle größeren deutschen Städte, darfst du die Miete nur 10 Prozent über der ortsüblichen Vergleichsmiete ansetzen, außer die Wohnung war vorher schon teurer vermietet; in diesem Fall musst du dem Mieter die vorherige Miete mitteilen. Die ortsübliche Vergleichsmiete berechnet sich anhand des Mietpreisspiegels der jeweiligen Stadt.

5 Dies vor einem Gericht durchzusetzen ist in den meisten Fällen schwierig, außer bei widmungswidriger Verwendung, zum Beispiel Airbnb-Vermietung.

6 Grundsätzlich kannst du 8 Prozent der Kosten der energetischen Sanierung oder der Modernisierung pro Jahr auf die Miete umlegen, bis maximal 3 Euro pro Quadratmeter pro Monat, falls die Nettomiete über 7 Euro pro Quadratmeter ist, sonst um 2 Euro pro Quadratmeter pro Monat. Aber Vorsicht: Reine Ersatzinvestitionen oder Investitionen die gesetzlich verpflichtend sind, kannst du *nicht* auf die Miete umlegen.

(zum Beispiel weil die Lage nicht optimal ist oder die Wohnung sehr groß), solltest du überlegen, ob du die Inflationsanpassung bis zum Anschlag ausnutzen willst; zumindest solltest du mit dem Mieter vorher sprechen. Sonst kann es dir schnell passieren, dass der Mieter auszieht und du danach Leerstand hast oder bei der Neuvermietung eine geringere Miete erzielst. Solche Fälle hatte ich schon, und die waren immer schmerzhaft.

Mehr zum Thema Vermietung findest du auch im Folgekapitel »Erlebnisse eines Vermieters«.

Betriebskostenabrechnungen, ein Hexenwerk?

Über wenig Dinge wird so gerne gestritten wie über Betriebskostenabrechnungen. Aber eigentlich ist die Sache ganz einfach:

Der Mieter bezahlt dir zusätzlich zur Nettomiete eine Betriebskostenvorauszahlung. Beispiel: 500 Euro Nettomiete zuzüglich 150 Euro Betriebskostenvorauszahlung, also gesamt 650 Euro.[7] Im Folgejahr bekommst du von der Hausverwaltung eine Abrechnung über die jährlichen Betriebskosten, diese teilen sich auf in (a) auf den Mieter umlegbare Betriebskosten und (b) nicht auf den Mieter umlegbare Betriebskosten, das sind insbesondere Reparaturen und Zuführung zur Reparaturrücklage sowie in Deutschland die Verwalterkosten. In der Regel musst du die Betriebskostenabrechnung an den Mieter bis zum Ende des Folgejahrs übermitteln, ich würde es per Post und per E-Mail mit Lesebestätigung machen. Sind die umlegbaren Betriebskosten höher als die Betriebskostenvorauszahlung des Mieters, muss der Mieter die Differenz an dich bezahlen, sind sie niedriger, musst du die Differenz dem Mieter erstatten. Hat der Mieter eine Betriebskostennachzahlung, kannst du die Vorauszahlung für das Folgejahr in angemessenem Rahmen erhöhen.

---

7 In Österreich kommt dazu die 10 Prozent Umsatzsteuer auf die Nettomiete, außer du bist Kleinunternehmer.

Daneben musst du noch mit der Hausverwaltung abrechnen. Du leistest jeden Monat an die Hausverwaltung eine Vorauszahlung für die Betriebskosten, die aufgrund der nicht auf den Mieter umlegbaren Kosten etwas höher ausfällt als die Betriebskostenvorauszahlung des Mieters (im Beispielfall zum Beispiel 200 Euro pro Monat). Die Hausverwaltung erstellt dann eine Jahresabrechnung. Sind die Gesamtkosten (also umlegbare und nicht umlegbare Betriebskosten) höher als deine Vorauszahlung musst du die Differenz an die Hausverwaltung bezahlen, ist sie niedriger, bekommst du Geld von der Hausverwaltung zurück.

Ein Beispiel:
Mieter bezahlt 150 Euro pro Monat Betriebskostenvorauszahlung.
Du bezahlst 200 Euro pro Monat an die Hausverwaltung.
Die Jahresabrechnung beträgt 2560 Euro, davon 1850 Euro umlegbare Betriebskosten und 710 Euro nicht umlegbare Betriebskosten.
Der Mieter hat 1800 Euro bezahlt, umlegbare Betriebskosten sind 1850 Euro, somit hat der Mieter 50 Euro Nachzahlung, die er dir schuldet.
Du hast 2400 Euro an die Hausverwaltung bezahlt, die Gesamtkosten sind 2560 Euro, somit musst du an die Hausverwaltung 160 Euro überweisen.

Das war's auch schon. Je Wohnung zwei Abrechnungen pro Jahr, eine mit dem Mieter, eine mit der Hausverwaltung. Und dann musst du sicherstellen, dass du die Kohle auch bekommst.

Der Belgrad-Wien-Express

Herr Schwarz[8] ist ein Wiener Schlawiner wie er im Buche steht. Immer gut gekleidet, eloquent, und nie ganz nüchtern. Er kauft Wohnungen, saniert sie, manche behält er, manche verkauft er. Er verdient gut daran, fährt einen großen Mercedes und hat überall gute

---

8 Der Name wurde natürlich geändert.

Beziehungen. Er agiert gerne mal an der Grenze, sowohl beim Autofahren, was ihn einmal für drei Monate den Führerschein kostete, als auch im Immobiliengeschäft, wo es fast immer gut geht. Aber eben nicht immer. Herr Schwarz hatte eine Wohnung im 16. Bezirk gekauft, sie entmietet, saniert und dann an einen Unternehmer aus Wien verkauft. Auf der Baustelle hatte fast niemand deutsch gesprochen, aber gekümmert hat das keinen. Zumindest bis zum Tag, als es in der Wohnung einen großen Wasserschaden gab, der sowohl die Wohnung, die Herr Schwarz verkauft hatte, als auch die darunterliegende Wohnung ordentlich beschädigte. Der Schaden lag bei über 60 000 Euro und die Versicherung bestellte einen Gutachter, um die Sache genau zu untersuchen. Und schnell stellte sich heraus, dass Herr Schwarz keine seriöse Handwerksfirma beauftragt hatte, sondern eine ungarische Firma, die mit serbischen Arbeitern die Sanierung durchgeführt hatte. Die Versicherung entschied daraufhin, den Fall leistungsfrei zu stellen, also nicht zu bezahlen, da die Sanierung nicht ordnungsgemäß beziehungsweise mit Handwerkern ohne entsprechende Berechtigung dafür gemacht worden war. Nun wurde es ernst. Herr Schwarz wollte den Schaden auch nicht bezahlen. Daraufhin erstatteten der Käufer der Wohnung und der Eigentümer der Wohnung darunter Strafanzeige. Dann ging es schnell: Hausbesuch um 6 Uhr früh mit silbergrauen VW Touran, Kennzeichen FV für Finanzverwaltung. Die Finanzbeamten rollten den ganzen Fall auf, ebenso einige weitere Sanierungsmaßnahmen. Schwarzarbeit am Bau, Steuer- und Sozialversicherungsbetrug, das ganze Paket. Die schwedischen Gardinen waren nicht mehr weit und Herr Schwarz musste seinen Mercedes, seine Uhrensammlung und seine Villa verkaufen, um die Steuerschulden und den Schaden an den Wohnungen bezahlen zu können. Aber immer noch besser als der Strafvollzug.

Wenn du eine Sanierung oder Reparatur durchführen lässt, nimm nicht das billigste Angebot. Ist die Handwerksfirma völlig unseriös oder hat nicht die erforderlichen Gewerbeberechtigungen, kann das wirtschaftlich letal sein, möglicherweise sogar im

Strafrecht enden, wenn Personen zu Schaden kommen, weil zum Beispiel die Gasleitung undicht ist; dasselbe gilt für Sanierungen, die du selbst durchführst. Es ist kein Problem, wenn du den Boden selbst verlegst oder eigenhändig Wände streichst. Im schlimmsten Fall schaut es aus wie ein schlechtes Kunstwerk. Aber wenn du Fehler bei Gas, Strom, Wasser, Heizung et cetera machst, dann kann es ungemütlich für dich werden.

Auch bei den Materialien solltest du nicht gerade das Allerbilligste wählen. Das billigste Laminat geht nach drei Jahren kaputt, ein Laminatboden, der 20 Prozent teurer ist, hält 10 bis 15 Jahre. Umgekehrt solltest du dich bei Sanierungen nicht abzocken lassen. Für die Sanierung einer Einzimmerwohnung habe ich schon Angebote zwischen 20 000 Euro und 50 000 Euro erhalten, und viele Unterschiede im Qualitätsstandard waren da nicht gerade. Die Mieter bezahlen dir auch keinen Luxus, die Wohnung muss gepflegt aussehen und die Materialien müssen haltbar sein. [9]

Wenn du einen guten Handwerker hast, behandle ihn auch gut. Vertrauen ist gut, Kontrolle ist besser, aber wenn die Arbeit erledigt ist, bezahle immer pünktlich. Es gibt Handwerkermangel, und fließt die Kohle nicht pünktlich, legen die Handwerker einfach die Arbeit nieder und du stehst mit einer Ruine da.

Wenn du einen guten Handwerker gefunden hast, behandle und bezahle ihn gut, aber lass dich nicht abzocken. Windige und unseriöse Firmen können dir wirtschaftlich das Genick brechen.

Wie du siehst, die Verwaltung ist kein Hexenwerk. Mieten kontrollieren, Mieten erhöhen, Betriebskosten einmal im Jahr abrechnen, Neuvermietungen koordinieren und hin und wieder eine Sanierung

9 Mehr Informationen zum Thema Sanierungen und Kosten findest du auf www.betongoldtraining.com.

durchführen. Das war's. Wenn du maximal 10 bis 15 Wohnungen hast, kannst du das locker selbst durchführen. Alternativ nimmst du dir eine (Teilzeit)Assistenz, denn wenn dein Stundensatz höher ist als die Kosten einer Assistenz, wärst du dumm, es nicht zu machen, und das betrifft nicht nur Immobilienthemen, sondern auch viel andere lästige Arbeit wie Flüge buchen, einkaufen gehen et cetera. Ich zum Beispiel hatte schon als Student eine Reinigungskraft, der ich 7 USD pro Stunde bezahlte, während ich in meinem ersten Studentenjob 10 USD und dann 15 USD pro Stunde verdiente. Und wenn du kreativ bist, kannst du auch noch steuerliche Vorteile erzielen, wenn du die Immobilienverwaltung nicht selbst erledigst, Beispiele dazu im Kapitel »Das Immobiliensteuerparadies Deutschland und Österreich«.

Erlebnisse eines Vermieters

Frankfurt am Main, Eschersheimer Landstraße nahe Eschersheimer Tor, April 2009: Eines meiner kleinen Löcher wird leer, der Mieter zieht aus. Mein damaliger Makler ruft mich an und schreit ins Telefon: »Habe top Mieter, bezahlt 600 Euro Miete, 6 Monate im Voraus, plus Kaution. Alles in bar. Hat das Geld dabei. Er will die Wohnung unbedingt sofort!« Nachsatz: »Er hat einen geilen AMG-Mercedes. Echt ein toller Typ«. Damals war ich noch unerfahren und habe mich über die hohe Miete und die Mietvorauszahlung gefreut, aber eigentlich hätten bei mir alle Alarmglocken schrillen müssen. AMG-Mercedes, Miete sechs Monate im Voraus und alles in bar[10]. Vermutlich war der Typ ein U-Boot und hatte weder ein offizielles Bankkonto noch einen regulären Job. Wer der tatsächliche Besitzer des AMG-Mercedes war …? Sicher nicht er persönlich. Was er beruflich machte …? Wer weiß.

---

10 Die Barzahlungen müssen natürlich auf das Bankkonto eingezahlt werden. Sonst passt die Buchhaltung nicht.

Für meine damalige Unkenntnis musste ich ordentlich Deppensteuer bezahlen. Die Kaution und die sechs Monatsmieten waren das einzige Geld, das ich jemals von ihm sah. Dafür war er ein Experte im Mietrecht und es dauerte fast ein Jahr, ihn aus der Wohnung zu bringen. Trotz AMG-Mercedes lebte er von Sozialhilfe und stellte sich als bedürftig dar, bedroht von Obdachlosigkeit. Die Wohnung hatte er verwüstet, 25 000 Euro war die Höhe des Schadens.

Sei achtsam bei der Auswahl deiner potenziellen Mieter. Am schlimmsten sind U-Boote, also Menschen, die keine offizielle Existenz haben. Von ihnen ist nichts zu holen und sie kennen das Mietrecht besser als du.

Ich saß gerade in meinem Büro in der Wiener Innenstadt. Eine größere Wohnung von mir in der Spohrstraße in Frankfurt hatte einen Mieterwechsel. Mein neuer Makler, ein älterer seriöser Geschäftsmann, der mir immer wieder gute Wohnungen vermittelte, rief mich an: »Herr Hörhan, ich habe einen guten Mieter, er arbeitet für einen großen deutschen Konzern. Er bezahlt etwas weniger, als Sie sich vorstellen, aber Sie werden mit ihm nie Ärger haben.« Früher hätte ich den Mieter abgelehnt, aber seit meinen Erfahrungen mit verwüsteten Wohnungen und Problemmietern nahm ich den Ratschlag ernst. Eine gute Entscheidung, der Mieter baute auf seine eigenen Kosten einen neuen Boden und eine neue Küche ein, und die Wohnung sah beim Auszug besser aus als beim Einzug.

Es lohnt sich, Immobilien in guten Lagen zu kaufen. Hast du eine Drecksimmobilie in einer Stadt mit hohem Leerstand, hast du nicht allzu viel Wahl: Wenn sich nach langem Warten endlich jemand für deine Wohnung interessiert, und du fragst nach einer Schufa-Auskunft oder einem Arbeitsvertrag, ist meist die Antwort: »Nix haben«. Hast du eine gute Immobilie gekauft, kannst du deine Mieter auswählen, und in Zeiten, in denen die Bautätigkeit massiv zurückgeht, wirst du wenig Probleme haben, einen seriösen und guten Mieter zu finden.

Behandle deine Mieter gut, aber …

Düsseldorf, Königsallee, Sommer 2021: Ich traf einen Großimmobilienbesitzer zum Lunch. Er erfüllte alle Klischees: dicker Bauch, Mercedes S Klasse, goldene Rolex. Er besaß viele Immobilien in NRW und im Ruhrgebiet. Der Kellner servierte unsere Vorspeise, Tuna Tatar, da begann er lautstark über seine Mieter zu schimpfen. »Dieses Dreckspack. Machen immer Ärger. Bezahlen zu wenig und beschweren sich dauernd.« Sein Kopf wurde so rot, dass ich Angst hatte, er könnte einen Herzinfarkt bekommen. Was er erzählte, wunderte mich nicht, denn wie ich heraushörte, behandelte er seine Mieter wie Ryanair seine Kunden. Nach der Vorspeise sagte er noch: »Der Mieter muss zahlen, zahlt er nicht, fliegt er raus.« Seine Leerstandsquote und seine hohen Rechtsanwaltskosten waren doch wirklich keine große Überraschung.

28. Dezember 2020: Tiefster Corona-Winter. Ich machte gerade einen Spaziergang mit meinem Sohn, als mein Handy klingelte: Der Mieter eines Restaurants in einer meiner Liegenschaften war am Telefon. Er war sehr höflich und bat mich um eine Mietreduktion und Mietstundung, da sein Restaurant aufgrund des Lockdowns kein Geschäft machen konnte. Seine Vorstellungen waren zwar etwas hoch, aber ich hatte durchaus Verständnis für seine Lage. Er hatte bis jetzt immer pünktlich die Miete bezahlt und ich wollte ihn als Mieter auch nicht verlieren. Wir einigten uns auf eine Kombination aus Mietstundung und Mietreduktion für die Dauer des Lockdowns. Auch hier hat sich die Großzügigkeit gelohnt: Erst kürzlich verlängerte der Restaurantbesitzer seinen Mietvertrag um zehn Jahre.

Mein Mitarbeiter kommt in mein Büro: Eine alleinerziehende Mutter, die in Wiesbaden in einer Einzimmerwohnung von mir lebt, hat uns einen handschriftlichen Brief geschrieben, in dem sie um eine Stundung und einen Nachlass bei der Miete bittet; ihr Kind sei erkrankt und sie könne sonst die Arztkosten nicht bezahlen. Mein Mitarbeiter fragt, was er tun soll: Die Mietstundung akzeptieren oder warten, bis wir der Mieterin fristlos kündigen können. Immerhin könnten wir die Wohnung danach deutlich teurer vermieten. Ich rief die Mieterin an, ihre Darstellung war überzeugend und die Entscheidung war für mich klar: Wir lassen ihr etwas bei der Miete nach und helfen ihr in dieser schwierigen Situation. Für ein paar Euro mehr Miete lasse ich eine alleinerziehende Mutter *sicher nicht* – im wahrsten Sinne des Wortes – im Regen stehen. Auch hier hat es sich gelohnt, kooperativ zu sein. Beim Auszug aus der Wohnung brachte uns die Dame eine sehr gute Nachmieterin, mit einem kleinen schwarzen Hund. Als ich einmal mein Mehrfamilienhaus in Wiesbaden besuchte, um eine Sanierung zu kontrollieren – Handwerker machen ja nicht immer das, was sie sagen, Kontrolle ist besser ... – kam plötzlich der schwarze Hund schwanzwedelnd vorbei und begrüßte mich freundlich. Dann kam die Hundebesitzerin und lud mich in die Wohnung ein. Auch hier sahen die Räume deutlich besser aus als zum Zeitpunkt, zu dem ich das Haus gekauft hatte, und der Hund saß plötzlich auf meinem Schoß.

Es geht aber auch anders. In einem Mehrfamilienhaus in der Nähe der Frankfurter Börse hatte ich einen Mieter, der die Bezeichnung *Arschloch* wirklich verdient hat. Die Wohnung, die er bewohnte, war Luxus. Vier Zimmer, Stuck, Balkon, alles in einem wunderschönen Altbau mit hohen Räumen. Obwohl er schon lange im Haus wohnte und daher eine Miete bezahlte, die deutlich unter der Marktmiete lag, gab es nur Beschwerden. Einmal tropfte der Wasserhahn, ein anderes Mal der Duschkopf. Einmal war die Heizung zu kalt, das nächste Mal zu warm. Und immer, wenn er meine Mitarbeiter anrief, schrie er so laut ins Telefon, dass ich noch seine Stimme im Nachbarzimmer hören konnte. Jede Nebenkostenabrechnung wurde beeinsprucht. Irgendwann wurde mir die Sache zu bunt. Ich googelte seinen Namen und fand heraus, dass er eine Unternehmensberatung hatte. »Zufällig« war die Unternehmensberatung in meinem Haus registriert, wohl in der Wohnung, die er bewohnte. Und das war noch nicht alles: In der Wohnung war eine weitere Firma registriert, die einer anderen Person mit Wohnsitz im Ausland gehörte und deren Geschäftsführer er war. Ich bin mir sicher, dass er dafür Miete beziehungsweise Domizilgebühren kassierte. Ich ließ mir von meiner Mitarbeiterin den Mietvertrag geben. Dieser sah eine Nutzung ausschließlich zu Wohnzwecken vor. Eine andere Nutzung war untersagt. Die Sache war eindeutig: widmungswidrige Nutzung und widmungswidrige Untervermietung, fristlose Kündigung, falls fristlose Kündigung nicht möglich, alternativ ordnungsgemäße Kündigung. Er bekam das Dokument per Post, WhatsApp – seine Handynummer war auf seiner Homepage zu finden – und E-Mail mit Lesebestätigung zugesandt, um sicherzustellen, dass er es erhalten würde. Eine Stunde später klingelte das Telefon. Plötzlich war der Herr sehr höflich und freundlich – offenbar war er überrascht worden und hatte seinen eigenen Mietvertrag nicht gelesen. Er winselte wie ein geschlagener Hund, seine Existenz wäre bedroht, ob wir nicht etwas machen könnten und so weiter. Ich dachte mir: Du bist wirklich ein Arschloch. Ich unterbreitete ihm einen Vorschlag: Mieterhöhung um 700 Euro pro Monat und Betriebskostenerhöhung um 200 Euro pro Monat, dafür bekäme er das Recht für eine jederzeit vom Vermieter widerrufbare Teilnutzung als Büro. Und das unter einer Bedingung: NIE MEHR Ärger oder Beschwerden. Andernfalls Rausschmiss, die Firmen könnten ja dann in einem Zelt für Obdachlose oder in einer Hundehütte residieren. Der Mieter willigte ein, meine Mitarbeiterin schickte ihm die Dokumente zur Unterschrift. Er unterzeichnete sie und es gab danach tatsächlich keinen Ärger mehr.

Behandle deine Mieter gut, immerhin zahlen sie deinen Kredit ab. Und ein gutes Verhältnis mit deinen Mietern erspart dir viel Ärger. Aber: Wenn jemand ein Arschloch ist, behandle ihn auch als solches, denn ein Arschloch bleibt ein Arschloch.

Ohne Geld spielt keine Musik: Die richtige Finanzierung

Ich habe meinen Immobilienmakler, der mir immer wieder gute Objekte bringt, zum Abendessen eingeladen. Es ist eine angenehme, warme Septembernacht und wir sitzen unter freiem Himmel im Restaurant des »Roomers Hotels«. Der Kellner bringt gerade unsere Vorspeisen, als mir mein Makler erzählt: »Herr Hörhan, es gibt eine Sachwalterschaft, die benötigt dringend Geld; sie hat mehrere Wohnungen in Frankfurt, der Wert beträgt sicher 500 000 Euro, aber man bekommt sie vermutlich aufgrund der speziellen Situation um die 400 000 Euro.« Ich sagte ihm, dass ich sehr interessiert sei, und dass ich mich natürlich für seine Mühewaltung erkenntlich zeigen werde. Dann sagte mein Makler: »Es gibt noch eine wichtige Sache: Der Gerichtstermin für die Verwertung der Wohnungen ist in zwei Tagen und der Käufer benötigt eine rechtsgültige Finanzierungszusage.« Ich antwortete, dass ich das schaffen werde, auch wenn es zeitlich extrem knapp war. Am nächsten Morgen rief ich meinen Banker an und fragte ihn, ob eine Finanzierungszusage in diesem Zeitrahmen möglich sei. »Für einen treuen Stammkunden unseres Hauses werden wir das hinbekommen. Auch wenn der Zeitplan sehr sportlich ist«, antwortete der Banker. Noch am selben Nachmittag hatte ich die gewünschte Finanzierungszusage und erhielt auch nur deshalb den Zuschlag für die Wohnungen. »Ich wusste ja, dass Sie eine gute Bankbeziehung haben, deshalb habe ich gleich an Sie gedacht«, freute sich der Makler. Ob es die gute Bankbeziehung war oder die Erinnerung an die letzte »milde Gabe« für seine Studienreise nach Thailand (oder beides), weiß ich nicht.

Wichtig war, dass der Makler immer an mich dachte, wenn es gute Objekte gab.

Zwei Tage später traf ich noch einen Bekannten auf einen Drink in Frankfurt Alt Sachsenhausen, ich nannte ihn immer »Herr Oberschlau«. Herr Oberschlau hatte 17 Wohnungen, aber finanziert mit acht Banken. Bei jeder Finanzierung hatte er die besten Konditionen ausgewählt, und zweifelsohne bezahlte er manchmal etwas niedrigere Zinsen als ich. Das erzählte mir Herr Oberschlau auch immer voller Stolz. Er sagte immer, die Banker würden sowieso nichts verstehen und würden sich gegenseitig überbieten, um ihn zu finanzieren (diese Einstellung habe ich in den Boom-Jahren oft gehört, mittlerweile sind die Stimmen verstummt). Sogar Online-Banken hatte er benutzt, die mit Lockangeboten günstige Kredite offerierten. Als ich ihn nun traf, machte er einen zerknirschten Eindruck. Eine seiner Banken hatte den Kredit fällig gestellt, da er irgendwelche Reportingpflichten verletzt hatte, und zusätzlich auch seine Haben-Konten gesperrt, auf denen er aufgrund der hohen Zinsen fast 100 000 Euro deponiert hatte. In anderen Worten: Er war pleite und dafür sah er noch relativ gut aus. Kein Wunder, dachte ich mir, gleich fünf Anfängerfehler gleichzeitig: 1) Konditionen bis zum Anschlag verhandeln, 2) bei jeder Bank nur ein geringes Finanzierungsvolumen haben, wodurch man ja eine kleine Nummer bleibt, 3) Kredite von Online-Banken nehmen, wo man im Restrukturierungsfall mit einem indischen Call-Center oder einem Algorithmus spricht, 4) Soll- und Haben-Konten bei derselben Bank führen und 5) Reporting-Pflichten verletzen. Vielleicht sollte ich ihn zukünftig »Herr Unterdumm« nennen.

Eine Hausbankbeziehung ist im Immogeschäft Gold wert

Ich habe immer darauf geachtet, eine sehr gute Beziehung zu meinen Hausbanken aufzubauen, und es hat sich definitiv gelohnt. Egal ob Sachwalterschaft, komplexer Share Deal oder KfW-Finanzierung, meine Hausbanken sind auch bei schwierigen Transaktionen bereit, zu vernünftigen Konditionen zu finanzieren. Und ich sage absichtlich *vernünftigen Konditionen*: Es waren sicher nicht immer die besten Konditionen, dafür bekam ich auch einen Kredit, wenn es für andere Investoren hieß »Danke, aber nein danke«. Und es heißt nicht umsonst »leben und leben lassen«. Auch die Bank muss ein gutes Geschäft machen, und deshalb solltest du nicht jedes Mal mehrere Banken gegeneinander ausspielen. Umgekehrt heißt es aber nicht, dass du jede noch so schlechte Kondition akzeptieren musst; in diesem Fall kannst du deine Hausbank auf die marktüblichen Konditionen hinweisen und höflich fragen, ob sie dir nicht entgegenkommen können. Tut sie es nicht, wirst du bei dieser Argumentation auch kein böses Blut hinterlassen, wenn du einmal bei einer anderen Bank finanzierst.

Ein weiterer Vorteil einer Hausbankbeziehung besteht darin, dass die Bank dich und deine Firmenstruktur kennt; dies erleichtert und beschleunigt Kreditentscheidungen zu deinen Gunsten deutlich, da du einen Vertrauensbonus hast, den ein Neukunde nie bekommen wird. *Aber*: Missbrauche dieses Vertrauen nie und agiere immer ehrlich, korrekt und mit Handschlagqualität; die Finanzwelt ist klein und es spricht sich schnell herum, wenn jemand ein Gauner, Fantast, Schauspieler oder Bullshitter ist.

Erreichst du bei einer Bank ein gewisses Finanzierungsvolumen, wirst du auch für die Bank als Geschäftspartner interessanter, bekommst Betreuung durch einen Direktor oder Vorstand und bekommst manchmal auch interessante Immobiliendeals von deiner Bank angeboten. Auch das setzt eine jahrelange gute Geschäftsbeziehung voraus, die, so wie bei mir, mit einer Wohnung oder mit einem Wohnungspaket begonnen hat. Ich erinnere mich noch daran, als ich im Jahr 2006 gemeinsam mit meiner Mutter in Frankfurt Bornheim bei der Bank saß und meinen ersten Kreditvertrag über 350 000 Euro für meine ersten zehn Wohnungen unterschrieben habe. Die 17 Jahre vergingen schnell, und nach 17 Jahren Zusammenarbeit ist das Kreditvolumen auf einen zweistelligen Millionenbereich angewachsen. Meine Hausbank war dabei stets mein »Partner in Vermögensaufbau«, oder mein treuer Begleiter.

Jede Geschäftsbeziehung, genauso wie jede Freundschaft, muss gepflegt werden. Ich freue mich jedes Mal, wenn ich mit meinen Frankfurter Bankern bei einem Italiener essen gehe, wir haben schon einen Stammtisch im Restaurant. Bei unserem letzten Treffen stießen wir nach einer angeregten Diskussion über unsere Familien und über den Ankauf eines neuen Mehrfamilienhauses darauf an, die Restaurantbesitzerin war mit dabei: »Auf 17 Jahre Zusammenarbeit und 170 kleine Löcher.«[1]

Willst du im Immobiliengeschäft langfristig erfolgreich sein, ist die Beziehungspflege zu deiner Hausbank absolut unerlässlich. Und es macht doch Freude, mit den Personen anzustoßen, die dir deinen Vermögensaufbau ermöglichen.

Banken haben ein langes Gedächtnis

Ich erinnere mich noch an eine Jubiläumsveranstaltung, zu der mich eine meiner Hausbanken eingeladen hatte. Obwohl ich einen dichten Terminkalender hatte, nahm ich fünf Stunden Reisezeit in Kauf, um gemeinsam mit meinen Bankern auf erfolgreiche 20 Jahre ihrer Filiale anzustoßen. Die lange Fahrt hat sich gelohnt; es gab ein herrliches Abendessen, ich lernte zwei Risikomanager der Bank

[1] Ich habe noch mehr Immobilien, aber die sind bei anderen Banken finanziert.

kennen und bekam einige nützliche Informationen zum Immobilienmarkt. Ein inspirierender Abend.

Als ich neben meinem Kundenbetreuer Platz nahm, fiel mir auf, dass der Platz neben uns leer war. Auf dem Platzkärtchen stand der Name eines Immobilienentwicklers, den ich auch persönlich kannte – ich nenne ihn für diese Geschichte Herrn Wichtig –, einer, der immer in großen Worten sprach, große Projekte plante und große Autos hatte. Ich fragte, wo denn Herr Wichtig sei, und mein Betreuer sagte, dass er leider keine Zeit hätte, und fügte augenzwinkernd noch an: »Herr Wichtig hat sicher wichtige Termine. Vielleicht sind wir kleinen Banker ihm zu unwichtig und unbedeutend.«

40 Minuten später stellte mir mein Kundenbetreuer noch einen weiteren Bankmitarbeiter vor, einen älteren Herrn mit grauen Haaren und grauem Anzug. Auf seiner Visitenkarte stand »Senior Risk Manager«. Er hatte in seiner Karriere schon viel erlebt. »Die Geschichte wiederholt sich«, sagte er, »wenn die Immobilienmärkte boomen, sind die Banker nur Begleitmusik; aber immer, wenn die Leute zu verrückt werden, dreht ziemlich bald danach der Markt und dann sieht die Sache ganz anders aus. Oft müssen wir dann entscheiden, ob es weitergeht oder nicht.« Und er ergänzte: »Und natürlich können wir uns erinnern, wie uns jemand in den guten Zeiten behandelt hat, wer die Arbeit des Bankers geschätzt hat und wer sie geringgeschätzt hat. Immerhin finanzieren wir ja das ganze Treiben.« Vielleicht hätte Herr Wichtig an diesem Abend teilnehmen sollen, um mit seinen Bankern auf ihr Wohl anzustoßen und die mahnenden Worte des Risikomanagers zu hören. Denn dessen Prophezeiungen haben sich bewahrheitet: Der Markt hat gedreht und Herr Wichtig kämpft ums wirtschaftliche Überleben. Mehrere seiner Banken machen Probleme bei der Folgefinanzierung seiner Immobilienprojekte; sie haben sich sicher daran erinnert, wie wenig sie in den guten Zeiten wertgeschätzt wurden.

Always be nice to your banker!

Die Gemeinsamkeiten von Finanzierungen und Online-Marketing

Las Vegas, April 2017: Ich war auf einer großen Online-Marketing-Konferenz, um mehr über diesen Bereich zu erfahren. Ich kann mich noch sehr gut an den Vortrag eines Online-Marketeters aus Alabama mit starkem Akzent erinnern. Er nannte die Grundregeln: 1. *Don't make me ask.* 2. *Don't make me wait.* 3. *Don't make me think. If you keep to these rules people will buy, and buy, and buy.*

Später ergänzte er noch: *Don't make stupid mistakes like spelling errors. Nobody will buy a product if the company selling it cannot even write and spell.*

Jetzt werdet ihr fragen, was hat das Ganze mit Immobilienfinanzierung zu tun?

Auf den ersten Blick gar nichts, auf den zweiten Blick sehr viel. Versetzt euch in die Lage eures Bankers. Ihr beantragt eine Immobilienfinanzierung, die Unterlagen sind schwer verständlich und unvollständig. Der Banker muss mehrfach nachfragen, um alle notwendigen Unterlagen zu erhalten, und wartet dann noch tage- oder wochenlang auf die restlichen Infos. Wird er dann große Lust verspüren, euch rasch ein attraktives Finanzierungsangebot zu erstellen? Wohl kaum. Mit großer Wahrscheinlichkeit wird er höflich absagen.

Noch besser sind die Super-IT-Profis, die Infos über komplexe Downloadlinks schicken, die von der IT-Security der Bank normalerweise gesperrt sind. Ich erlebe es selbst, wenn mir Leute etwas zum Downloaden schicken, dessen Procedere eine Informatikausbildung erfordert. Was soll der Bullshit? Schickt normale Nachrichten mit PDF-, Word- und Excel-Dateien und maximal 10 MB. Diese Dokumente kann jeder öffnen und herunterladen.

Würdet ihr jemandem Geld borgen, wenn die Zahlen falsch sind, das Dokument vor Rechtschreibfehlern strotzt und die Informationen widersprüchlich sind? Wohl kaum, denn das zeugt entweder von mangelndem Respekt oder völliger Unfähigkeit. Euer Banker wird es sicher auch nicht machen, spätestens beim Risikomanagement ist Schluss.

Ebenso ist es sinnlos, von einer Bank eine Finanzierung zu verlangen, die sie aufgrund ihrer Statuten oder ihrer Geschäftsausrichtung gar nicht ausführen darf. Beispielsweise bei einer Raiffeisenbank in der Steiermark anfragen, ob sie in Tirol finanzieren darf; oder bei einer kleinen Volksbank anfragen, ob sie eine Erstfinanzierung über 5 Millionen Euro durchführen kann. Was soll der Banker über dich denken? Dass du entweder unvorbereitet oder dumm bist oder beides. Und solche Menschen bekommen in der Regel keinen Kredit.

Wenn du eine Finanzierung beantragst, bereite eine einfache und klare summarische Darstellung der Finanzierungsanfrage vor. Schicke in den Folgemails folgende Unterlagen mit maximal 10 MB:

Bei Privatpersonen

- Passkopie und Adresse,
- Lebenslauf,
- Arbeitgeber und Arbeitsvertrag,
- Gehaltsnachweis,
- Einnahmen-/Ausgabenrechnung,
- Vermögensaufstellung mit Nachweis,
- Informationen zur Immobilie (Adresse, Wohnungsgröße, Grundbuchauszug, Mietvertrag, Mietertrag, Teilungserklärung, Flurkarte, Versicherungspolice, Energieausweis, Betriebskostenabrechnung, Protokolle der Eigentümerversammlungen, Fotos der Liegenschaft),
- gewünschte Finanzierung,
- Sicherheiten.

Bei Unternehmern

- Liste mit Passkopie und Adresse der wirtschaftlich Begünstigten

- Organigramm der Unternehmensstruktur,
- Handelsregisterauszug,
- Jahresabschlüsse der letzten drei Jahre,
- Aktuelle Saldenliste,
- Budget,
- Unternehmenspräsentation,
- Track Record,
- Informationen zur Immobilie (siehe oben),
- gewünschte Finanzierung,
- Sicherheiten.

Wenn ich jemandem bei der Immobilienfinanzierung helfe, bin ich immer erstaunt, wie oft ich nachfragen muss, bis ich die vollständigen Unterlagen bekomme. So schwer ist das doch bitte nicht. Bevor ich nicht alle Unterlagen habe, schicke ich auch nichts an meine Bankkontakte, ich würde nur Mehraufwand mit Rückfragen verursachen, die Finanzierungswahrscheinlichkeit reduzieren und mich bloßstellen.

Und bei meinen eigenen Finanzierungen befolge ich noch eine weitere Grundregel: Wenn mein Banker weitere Unterlagen anfordert oder Fragen hat, bekommt er *spätestens* nach 24 Stunden die gewünschten Dokumente oder Antworten. Wenn ich rasch reagiere, kann ich dann auch höflich nach einer Woche nachfragen, ob der Banker schon den Kreditantrag erstellt hat, und oft hat er dann ein schlechtes Gewissen, wenn er länger braucht. Wenn du hingegen zehn Tage brauchst, um die gewünschten Unterlagen zu liefern, dann darfst du dich nicht wundern, wenn der Banker drei oder vier Wochen braucht, um deine Finanzierungsanfrage zu bearbeiten; die richtig guten Immobiliendeals hat dann schon jemand anderer gemacht, der schneller und genauer war als du.

Präsentiere deinem Banker die Finanzierungsanfrage auf dem Silbertablett: Wenn er nur noch den Deckel hochheben muss und die Finanzie-

rungsanfrage so gut präsentiert bekommt wie ein Gourmetessen, wirst du in der Regel rasch ein gutes Finanzierungsangebot erhalten.

Verhandle hart aber fair und smart

Rosenheim, Mai 2016: Ich hatte soeben eine Immobilienfinanzierung für einen Kunden von mir in Bayern organisiert und feierte die Transaktion mit meinem Geschäftspartner und dem Banker bei einem guten Abendessen. Nach einigen Gläsern französischem Rotwein begann der Banker, in bayrischem Akzent aus dem Nähkästchen zu plaudern: »Der Deal war nicht gerade einfach. Sie haben hart aber fair verhandelt, so wie es sich gehört. Deshalb haben wir auch mit Ihnen das Geschäft gemacht. Wenn ein Kunde all unsere Bedingungen ohne mit der Wimper zu zucken akzeptiert, werden wir vorsichtig und hellhörig; in vielen Fällen führen wir keine Finanzierung durch. Denn ein Unternehmer, der nie verhandelt, wird irgendwann finanzielle Probleme bekommen, verhandeln gehört schließlich zum Geschäft dazu.«

Der Banker hatte recht. Auch ich weiß aus eigener Erfahrung: Egal ob Handwerker, Immobilienverkäufer, Online-Marketing-Agentur oder eigene Mitarbeiter, überall musst du Preise, Vertragsbedingungen und AGBs gut verhandeln. Selbst bei der Erstellung dieses Buchs musste ich einiges verhandeln: Die Vertragsbedingungen mit dem Verlag zum Beispiel, aber auch die Bedingungen des Titelfotos. Einer der Fotografen wollte uns das geistige Eigentum an den Fotos nur für eine gewisse Anzahl an Exemplaren überlassen. Überleg dir mal, was das heißen würde, wenn du das ohne Widerspruch akzeptierst. Verkaufe ich mehr Exemplare, was sehr, sehr wahrscheinlich ist, kann der Fotograf entweder die Verbreitung des Buchs untersagen oder eine saftige Rechnung stellen und das Buch möglicherweise unwirtschaftlich machen.

Bei Immobiliendeals musst du sowieso verhandeln, siehe auch dazu Kapitel »Als Immobilienkäufer erlebt man lustige Dinge«. Ich schätze, dass zumindest ein Viertel meines jetzigen Vermögens mit guten Verhandlungen erwirtschaftet wurde, und wir sprechen hier von einem ordentlichen Millionenbetrag.

Es kommt aber darauf an, *wie* du mit der Bank verhandelst. Verhandelst du beispielsweise den Zinssatz, indem du die Risikoaufschläge auf den Euribor oder den 10-Jahres-Swap-Satz ermittelst und argumentierst, dass zum Beispiel die Bewertung der Immobilie aus diesen und jenen Gründen anders sein sollte und somit der Blankoanteil und der Risikoaufschlag der Finanzierung geringer, erkennt der Banker, dass du smart bist. Auch Sondertilgungsmöglichkeiten, Beleihungsgebühren oder Limitierung persönlicher Bürgschaften gehört zum Verhandlungsrepertoire. Wenn du allerdings einfach sagst: Habe kein Eigenkapital, will 110 Prozent Finanzierung, keine Bürgschaft und geringe Zinsen, wird der Banker deine Finanzierungsanfrage höflich ablehnen, dich innerlich aber komplett abschreiben.

Du kannst und sollst mit deiner Bank verhandeln, aber verhandle dort, wo Verhandlungsspielraum besteht, und sei kein Traumtänzer.

100- und 110-Prozent-Finanzierungen können tödlich sein

Erinnert euch an die Tragödie von Chemnitz. Ein wesentlicher Grund, wieso aus dem Immobilienkönig ein Pleitier wurde, waren 110-Prozent-Finanzierungen. Ähnlich geht es gerade einem Bekannten von mir in Wien, der auch mit mehreren Banken 15 Wohnungen mit 110-Prozent-Finanzierungen, also ohne nennenswertes Eigenkapital, finanziert hat und jetzt weitere Sicherheiten beibringen muss, über die er nicht verfügt. Er hat auch die Immobilien zu teuer gekauft, sodass er wohl einen Restrukturierungsprozess oder ein Insolvenzverfahren durchführen muss. Aber wieso sind solche Finanzierungen so gefährlich?

Grundsätzlich sind Banken, zumindest »normale« lokale Banken und keine internationalen Finanzkonglomerate[2], im Gegensatz zur weitverbreiteten Meinung weder Haie noch Bösewichte. Sie wollen Geschäfte machen und müssen daher sicherstellen, dass du deinen Kredit bedienen kannst. Solange das gewährleistet ist, lassen sie dich in Ruhe arbeiten. Wenn du beispielsweise ein kleines Loch für 100 000 Euro kaufst, 10 Prozent Eigenkapital einbringst, eine 10-Jahres-Fixzinsbindung eingehst und die Miete den Kredit (größtenteils) abbezahlt, hat die Bank nichts zu befürchten. Von der Kreditsumme in Höhe von 90 000 Euro sind bei einer 2-Prozent-Anfangstilgung nach zehn Jahren knapp 24 Prozent getilgt, somit hast du noch einen Kreditsaldo von circa 68 000 Euro offen, und nach zehn Jahren kannst du bei guten Immobilien auch noch die Miete steigern. Somit ist sowohl das Zinsänderungsrisiko nach zehn Jahren abgedeckt (höhere Zinsen bei höheren Mieten und drei Viertel des ursprünglichen Kreditsaldos überlebst du). Ebenso ist es sehr unwahrscheinlich, dass der Wert deiner Immobilie *dauerhaft* um mehr als 30 Prozent fällt – außer du hast völlig überteuert eingekauft –, sodass eine Unterdeckung des Kredits (also, dass der Wert deiner Kreditsicherheit zu gering ist) höchst unwahrscheinlich ist. Eine grundsätzlich risikoarme Strategie.

Ganz anders sieht die Sache bei einer 110-Prozent-Finanzierung aus. Wieso musst du für so eine Finanzierung einen viel höheren Zinssatz bezahlen? Ganz einfach, die Bank bewertet jede Immobilie mithilfe eines Gutachters. Dann setzt sie 70 bis 90 Prozent dieses

---

2 Internationale Finanzhäuser arbeiten oft mit sogenannten »Debt Covenants«, wo sie dir den Kredit fällig stellen können, obwohl du deinen Kredit locker bedienen kannst. Wie das funktioniert, lernst du im Betongoldtraining (www.betongoldtraining.com).

Werts als Beleihungswert an. Der Beleihungswert ist pfandbrieffähig[3], sodass sich die Bank hier sehr günstig finanzieren kann. Alles über dem Beleihungswert gilt als sogenannter Blankoanteil, da wird die Refinanzierung für die Bank viel teurer. Das bedeutet, dass bei einer Finanzierung mit 110 Prozent des Kaufpreises der Blankoanteil circa doppelt so hoch ist wie bei einer 90-Prozent-Finanzierung. Deshalb bezahlst du deutlich höhere Zinsen, in der Regel 1 Prozent pro Jahr mehr, also beispielsweise 4,5 Prozent statt 3,5 Prozent p. a. Das wiederum bedeutet, dass du entweder weniger tilgen kannst (zum Beispiel nur 1 Prozent pro Jahr, somit Laufzeit der Finanzierung über 50 Jahre) oder einen dauerhaft negativen Cashflow hast.[4] Nehmen wir an, du willst keinen dauerhaft negativen Cashflow. In diesem Fall hast du nach zehn Jahren, also nach Ablauf der Fixzinsbindung, noch immer einen Kreditsaldo, der so hoch ist wie der damalige Kaufpreis der Immobilie (du hattest ja auch Kaufnebenkosten). Wenn nach zehn Jahren die Zinsen höher sind als bei deiner ursprünglichen Finanzierung und der Wert der Immobilie gefallen ist, entweder aufgrund der allgemeinen Marktentwicklung oder weil du zu teuer eingekauft hast, dann wird dir die Bank den Kredit vermutlich fällig stellen oder weitere Sicherheiten fordern. Es kann dir auch passieren, dass die Bank in Marktphasen wie 2022/2023, wo die Immobilienpreise fallen, bereits nervös wird und weitere Sicherheiten fordert, da der Kreditsaldo *deutlich* höher ist als der (dann niedrigere) Wert der Immobilie. Kannst du die Sicherheiten nicht beibringen (zum Beispiel Cash oder andere werthaltige Immobilien), bist du technisch insolvent. So wie Donald Trump es Anfang

3 Diesen Teil des Kredits kann die Bank für sogenannte Pfandbriefemissionen verwenden, das sind grundbücherlich abgesicherte Anleihen.

4 Es gibt Ausnahmen, wenn du Immobilien mit sehr hoher Mietrendite kaufst. Das bedeutet aber, dass du einerseits extrem günstig einkaufen und Kompromisse bei der Lage machen musst, sodass die Immobilie deutlich riskanter ist. Alternativen mit hoher Mietrendite sind auch Sondervermietung, zum Beispiel Airbnb. Diese erfordern jedoch einen erheblichen Aufwand und haben auch steuerliche Hürden, sprich Gewerblichkeit (siehe »Das Immobiliensteuerparadies Deutschland und Österreich«).

der 90er-Jahre war, als er zu einer Bettlerin sagte, sie sei um mehrere Hundert Millionen reicher als er.

Hier das Ganze nochmals in einer Tabelle zusammengefasst, am Beispiel eines kleinen Lochs für 100 000 Euro.

Kredit	Zinssatz	Anfangstilgung	Kreditsaldo nach 10 Jahren
112 000[5]	4,5%	1%	98 200 (98,2% des Kaufpreises)
90 000	3,5%	2%	68 500 (68,5% des Kaufpreises)

Baue dein Immobilienvermögen auf einer soliden Finanzierungsstruktur auf. 100- und 110-Prozent-Finanzierungen sind sehr teuer und wie ein Tanz auf dem Vulkan.

Wirtschaftliche Selbstvernichtung mit Turbo-Boost

Erst kürzlich telefonierte ich mit einem Rechtsanwalt für Erb- und Familienrecht; einer meiner Freunde benötigte Beratung hinsichtlich eines Ehevertrags, nachdem ich ihm geraten hatte, nicht ohne Ehevertrag zu heiraten.[6] Ich wusste, dass seine Geschäfte gut liefen, Scheidungen gibt es ja viele, aber er klang trotzdem irgendwie sorgenvoll. Als ich ihn fragte, ob er sonst noch etwas benötige, kam er zur Sache. Seine Bank machte Probleme. Er hatte seine Villa Anfang 2005 mit einem Schweizer-Franken-Kredit finanziert, mit

5 Annahme: Bank finanziert Kaufpreis von 100 000 Euro plus 12 Prozent Kaufnebenkosten.

6 Auch wenn es Immobilien nur am Rande betrifft: Ohne Ehevertrag zu heiraten ist ebenso wirtschaftliche Selbstvernichtung im Turbo-Boost, mit circa 50 Prozent apriori Wahrscheinlichkeit.

Tilgungsträger[7] und einer Struktur mit zwei Jahre tilgungsfrei, den ein Finanzvermittler vorgeschlagen hatte. Leider ist der Schweizer Franken seitdem um 60 Prozent gestiegen, der Tilgungsträger (ein Fonds mit hohen Gebühren) deutlich gefallen. Die Bank hat dann seinen Kredit zwangskonvertiert und er hat jetzt mehr Schulden als er damals aufgenommen hat. Jetzt kommen noch die teuren variablen Zinsen dazu und die Bank möchte mehr Sicherheiten. Sein Einkommen ist gut, aber er bezahlt hohe Steuern und seine Familie und sein Leben sind eben teuer. Das Geld für zusätzliche Sicherheiten könne er nur mit Mühe auftreiben, sagte er, ob ich Ideen hätte, wie man das Problem lösen könne. Ich sagte ihm, er solle mir alle Unterlagen schicken und ich würde versuchen, ihm zu helfen. Ich erinnerte mich daran, dass er mir von einem 50 000-Euro-Urlaub in Hawaii und einem 8000-Euro-Sofa für die Villa erzählt hatte. Insgeheim dachte ich mir: Wer gröbsten wirtschaftlichen Unfug betreibt, muss Deppensteuer bezahlen und den Gürtel enger schnallen. Nicht nur ein Porsche hat vier Räder, auch ein Dacia, und anstatt nach Hawaii kann man auch in Hartberg in der Steiermark Urlaub machen. Die Schulden werden ja nicht weniger, wenn ich sie von A nach B schiebe.

Kein Einzelfall, aber dieser Fall war schon wirklich auf der Dummheitsskala weit oben. Wenn du einen Immobilienkredit aufnimmst, hast du zwei Risiken: Das Risiko, dass der Wert der Immobilie fällt, und das Risiko, dass nach Ablauf der Fixzinsbindung die Zinsen steigen. Bei kleinen Löchern kann man dieses Risiko, wie ich ausführlich beschrieben habe, gut managen; beim Eigenheim hast du ohnedies bereits das Zusatzrisiko, dass sich dein Einkommen reduziert, du hast ja keinen Mieter, der deine Kreditrate bezahlt. Nimmst du

7 Bei einem Tilgungsträger wird der Kredit nicht getilgt, sondern der für die Tilgung vorgesehene Teil der Kreditrate in Fonds oder Wertpapiere investiert.

aber einen Fremdwährungskredit[8] mit Tilgungsträger auf, machst du eine Risikoakkumulation: Du hast zusätzlich das Fremdwährungsrisiko und das Risiko, dass der Wert des Tilgungsträgers fällt, dazu kommen Gebühren an Finanzdienstleister (beziehungsweise Vermögensvernichter). Mit 40-prozentiger Wahrscheinlichkeit hast du nach 10 oder 20 Jahren mehr Schulden als am Anfang!

Lass die Finger von Finanzexperimenten wie Fremdwährungskrediten, Tilgungsträgermodellen und anderen Finanzspekulationen mit deinem Immobilienkredit, außer du bist ausgebildeter Investmentbanker oder Hedgefondsmanager mit entsprechendem Know-how. Und selbst so mancher Investmentbanker hat mit solchen Spekulationen entweder sich selbst und/oder die Bank mit Turbo-Boost in die Pleite geschossen.[9]

Der Verkauf, der dich wirtschaftlich ruinieren kann

Februar 2023: Ich halte ein Online-Seminar zum Thema Immobilien. Einer meiner Teilnehmer berichtet stolz von seinem Wohnungskauf in Mannheim. Er hat im Herbst 2022 eine sanierungsbedürftige Dreizimmerwohnung extrem günstig bekommen – der Verkäufer hatte massive Geldprobleme. Der Kaufpreis betrug nur 160 000 Euro. Er hat jetzt die Wohnung für 40 000 Euro saniert

---

8 Bei einem Fremdwährungskredit nimmst du den Kreditbetrag nicht in Euro, sondern im äquivalenten Betrag einer Fremdwährung wie zum Beispiel Schweizer Franken auf. Der Zweck dieser Übung besteht darin, die niedrigeren Kreditzinsen der Fremdwährung zu nutzen. Das Risiko besteht darin, dass die Fremdwährung im Vergleich zum Euro steigt und du dann einen höheren Kreditsaldo hast.

9 Lehman Brothers, Bear Stearns, Merrill Lynch, Silicon Valley Bank et cetera

und wollte sie ursprünglich vermieten, eventuell als WG an Studenten der Uni Mannheim. Sein Nachbar ist an ihn herangetreten und will die Wohnung unbedingt haben, um sie mit seiner zusammenzulegen, da er mehr Wohnfläche benötigt. Er hat ihm 330 000 Euro geboten, was deutlich über dem aktuellen Marktniveau liegt. Wenn er jetzt verkauft, muss er zwar Steuern bezahlen (dazu später mehr), aber selbst nach Steuern würden ihm knapp 70 000 Euro Gewinn bleiben[10] und er bekäme sein Eigenkapital von 40 000 Euro wieder zurück. Mit den 110 000 Euro könne er, so der begeisterte Wohnungskäufer, ja wesentlich schneller wachsen und gleich mehrere Wohnungen kaufen. Ich sagte: »Das klingt ja gut, aber Moment mal. Wie hast du denn deine Immobilie finanziert?« Er antwortete: »180 000 Euro Kredit.« Ich fragte ihn: »Hast du fix oder variabel finanziert?« Er sagte: »Zehn Jahre Fixzinsbindung, das ist ja beim Wohnungskauf fast immer der Fall. Wieso fragst du?« Ich sagte: »Das klingt nicht gut. Der Verkauf wird sich vermutlich nicht lohnen.« Und das ist die Erklärung:

Bei einer Fixzinsbindung bezahlst du der Bank eine Vorfälligkeitsentschädigung, wenn du vorzeitig zurückzahlen willst. Diese berechnet sich in der Regel als der entgangene Zinsertrag der Bank für die Restlaufzeit der Fixzinsbindung, oft kommen noch Gebühren dazu. Bei neun Jahren Restlaufzeit und knapp 4 Prozent Zinsen kommen hier 36 Prozent des durchschnittlichen Kreditsaldos zusammen, also knapp über 30 Prozent der ursprünglichen Kreditsumme. Macht schlappe 54 000 Euro, vom Gewinn bleibt da wenig übrig[11], mehr als *eine* neue Wohnung wird nicht drin sein.

---

[10] Der Gewinn berechnet sich wie folgt: 330 000 minus 160 000 Kaufpreis minus 20 000 Kaufnebenkosten minus 40 000 Sanierung = 110 000 Euro. Bei einem Steuersatz von knapp unter 40 Prozent bleiben circa 70 000 Euro Gewinn.

[11] Bei Konsumenten, also bei der klassischen Eigenheimfinanzierung, gibt es manchmal Ausnahmen von dieser Regel. Als Kapitalanleger wird dich die Bank aber in der Regel nicht als Konsument einstufen.

Wenn du beabsichtigst, eine Wohnung wieder nach wenigen Jahren zu verkaufen, oder du dir diese Option offenlassen willst, musst du variabel finanzieren oder nur einen Teilbetrag mit einer (kürzeren) Fixzinsbindung, zum Beispiel für fünf Jahre. Ansonsten frisst dir die Vorfälligkeitsentschädigung deinen Gewinn auf. Steuern kommen dann noch hinzu.

Die richtige Finanzierung für deine Immobilien

Als ich begonnen habe, Immobilien zu kaufen, hatte ich eine simple Idee: Die Miete bezahlt den Kredit ab und danach kann ich von den Mieten sorgenfrei leben, also finanzielle Freiheit. Das ist mir definitiv gelungen, schneller und in deutlich größerer Dimension als gedacht.

Die vorherigen Beispiele haben dir sicher gezeigt, dass du eine solide Finanzierungsstruktur für deine finanzielle Freiheit benötigst. Diese Modelle möchte ich dir jetzt zeigen.

Wir nehmen wieder ein klassisches kleines Loch, das 100 000 Euro kostet und 450 Euro pro Monat Nettomiete, also 5400 Euro Jahresnettokaltmiete erzielt. 5,4 Prozent Mietrendite.

Modell 1: Vermögensaufbau

Dieses Modell solltest du wählen, wenn du in der Vermögensaufbauphase bist und dir für deinen Ruhestand (der mit 50 Jahren eintreten kann, wenn du rechtzeitig beginnst) ausreichend passives Einkommen schaffen willst. Ruhestand bedeutet nicht, aufzuhören zu arbeiten, sondern nur nicht mehr arbeiten *zu müssen*.

Du bezahlst 10 Prozent plus die Nebenkosten für deine Immobilie an und nimmst 90 Prozent Kredit auf, also 90 000 Euro. Dein Eigenkapitaleinsatz beträgt etwas über 20 000 Euro.

Deine Kreditrate bei 2 Prozent Anfangstilgung und beispielsweise 3,8 Prozent Zinsen für zehn Jahre fix beträgt 5220 Euro pro Jahr.[12]

---

[12] 90 000*(0,038 + 0,02) = 90 000*0,058

Die Miete von 5400 Euro bezahlt somit den Kredit ab. Nach 25 bis 30 Jahren ist die Immobilie abbezahlt. Selbst wenn die Miete am Anfang etwas geringer ist, hast du möglicherweise Steuervorteile, sodass du am Ende mehr oder weniger Cashflow-neutral[13] bist.

Ich würde hier auch nicht kleinlich sein; wenn eine Wohnung im Monat 20 Euro negativen Cashflow produziert, bringt dich das nicht um, überleg dir, was du mit 20 Euro überhaupt noch kaufen kannst – nicht einmal mehr zwei Maß Bier beim Oktoberfest.

Dieses Modell kannst du replizieren und skalieren. Aber Vorsicht: Lass die Finger von Anlegerwohnungen oder anderen Immobilien, die *dauerhaft* einen negativen Cashflow von mehreren 1000 Euro pro Jahr erzielen. Dieses Modell kannst du nicht skalieren und du bist pleite, bevor die Wohnungen abbezahlt sind. Du magst dir 3000 oder 4000 Euro Zuzahlung pro Jahr leisten können, aber bei zehn Wohnungen sind das 30 000 bis 40 000 Euro pro Jahr und bei 20 Wohnungen 60 000 bis 80 000 Euro pro Jahr. Solche Beträge machen die Tasche leer.

Also nochmals zusammengefasst: Du bezahlst 10 bis 15 Prozent plus die Nebenkosten für die Immobilie an, die Miete bezahlt plus/minus 0 den Kredit ab und nach 25 bis 30 Jahren ist die Wohnung schuldenfrei. Machst du das jedes Jahr, dann kannst du gar nicht mehr verhindern, Millionär zu werden, und das inflationsgeschützt und steuereffizient.

Modell 2: Passives Einkommen

Dieses Modell solltest du wählen, wenn du schon etwas älter bist und dir mit den Immobilien ein Zusatzeinkommen erwirtschaften willst.

Du bezahlst 40 Prozent des Kaufpreises plus die Nebenkosten an und nimmst für 60 Prozent des Kaufpreises einen Kredit auf.

---

13 Die Sanierungen und Reparaturen musst du zusätzlich bezahlen. Allerdings erhöhst du damit den Wert deiner Immobilie und hast zusätzlich steuerliche Vorteile.

Da dein Verschuldungsgrad geringer ist, wirst du etwas günstigere Zinsen bekommen, in diesem Beispiel zum Beispiel 3,5 Prozent auf zehn Jahre fix, anstelle 3,8 Prozent auf zehn Jahre fix. Ebenso kannst du den Tilgungssatz ohne Risiko auf 1 Prozent reduzieren, da du ja viel Eigenkapital eingebracht hast.

Als Beispielrechnung nehmen wir wieder dasselbe kleine Loch wie eben.

Der Kreditbetrag für deine Wohnung beträgt 60 000 Euro. Deine Kreditrate beträgt bei 3,5 Prozent Zinsen und 1 Prozent Tilgung somit 2700 Euro.[14] Bei 5400 Euro Jahresnettokaltmiete hast du bei einer Wohnung 2700 Euro passives Einkommen pro Jahr, bei zehn Wohnungen knapp 30 000 Euro, steuereffizient und inflationsgeschützt. Das entspricht je nach deiner Steuerstruktur einem Arbeitseinkommen von 40 000 bis 45 000 Euro p. a.[15]

ESG, ein neues Kernthema bei jeder Finanzierung

Ich hatte ein Meeting mit meinem Banker. Es ging um die Unterzeichnung der Kreditverträge für ein neu gebautes Mehrfamilienhaus, welches ich erworben hatte. Das Mehrfamilienhaus war auf Basis des KfW-55-Standard errichtet und hatte folglich einen giftgrünen, sprich extrem guten Energieausweis. Beim Termin sagte der Banker, dass die Kreditverträge noch eine Woche Zeit benötigten, da die Bank jetzt bei jedem Kreditantrag ein neues Formular zum Thema ESG ausfüllen müsse. Ich antwortete: »Das muss ja ziemlich einfach sein. Das Haus, das Sie finanzieren, erfüllt die höchsten Energiestandards und ist auf KfW-55-Niveau.« Der Banker nickte und sagte: »Da haben Sie zweifellos recht, Ihre Investmentstrategie ist sehr vorausschauend. Aber es gibt ja auch noch die Themen

---

[14] 60 000*(0,035 + 0,01) = 60 000*0,045

[15] Du kannst ja die Immobilie und die Bankzinsen abschreiben, ebenso bezahlst du auf Mieteinkünfte keine Sozialversicherung. Mehr dazu später im Buch sowie auf www.steuerelitetraining.com.

S und G. Dazu haben wir noch keine Vorgaben erhalten, aber wir müssen die Daten sammeln. Aber keine Sorge, in einer Woche haben wir das intern erledigt.«

Aber was ist überhaupt ESG? ESG ist die Abkürzung für »Environmental, Social and Governance«. Richtig genau weiß es noch niemand, aber es bedeutet im erweiterten Sinn ein Regelwerk zu nachhaltigem Handeln im Sinne von Umwelt, Soziales und Unternehmensführung.

Aber gehen wir mal kurz die Geschichte durch: Als ich im Jahr 2020 in Davos war, war das Forum geprägt durch die Gegenpole Donald Trump versus Greta Thunberg. In Davos wurde damals auch diskutiert, dass Banken und andere Finanzinstitutionen Unternehmen, welche die Umwelt zerstören, nicht mehr oder nur noch zu deutlich schlechteren Konditionen finanzieren dürften. Zur etwa selben Zeit hätte der Siemens-Chef bald zurücktreten müssen, da Siemens eine Signalanlage für ein australisches Kohlekraftwerk geliefert hat und Kohle extrem umweltschädlich ist.[16] Das Thema wurde auch durch den Chef von Blackrock, Larry Fink, einen der mächtigsten Fondsmanager der Welt, in den Mittelpunkt gerückt, als er in einem Brief an die CEOs der größten börsennotierten Unternehmen sinngemäß schrieb: »Wir werden Euch nicht unterstützen, wenn Ihr die Umwelt zerstört.«[17] Auch das Thema »Stakeholder Capitalism« geriet in den Publikationen von Blackrock immer mehr in den Fokus.[18] Die Finanzindustrie reagierte rasch. Viele Fonds, darunter Private Equity und Venture Capital Gesellschaften, investieren nur mehr in Unternehmen, welche ESG Auflagen erfüllen. Auch Förderungen sind meist an ESG-Auflagen geknüpft. Und auch die Bankenwelt befasst sich

[16] https://www.welt.de/vermischtes/article204974032/Siemens-in-Australien-Das-umstrittenste-Kohlebergwerk-der-Welt.html

[17] https://www.forbes.com/sites/simonmainwaring/2020/01/17/purpose-at-work-why-blackrocks-ceos-letter-is-a-wake-up-call-to-all-brands/?sh=-5f04ac6d3cba

[18] https://www.blackrock.com/hk/en/2022-larry-fink-ceo-letter

zunehmend mit dem Thema, wobei derzeit die Phase der Datenerhebung stattfindet.

Was bedeutet das nun für deine Immobilienfinanzierung? Im ersten Schritt wird die Bank Informationen und Auskünfte zum Thema ESG von dir verlangen. Im nächsten Schritt bedeutet es, dass du für energieineffiziente Gebäude mehr Eigenkapital beibringen und höhere Zinsen bezahlen musst. In fernerer Zukunft bedeutet es vielleicht, dass solche Gebäude gar nicht mehr finanziert werden. Aber die Sache geht noch weiter: Wenn du als Vermieter beispielsweise nicht sozial verträglich vermietest oder Handwerksbetriebe anstellst, die ihre Mitarbeiter ausbeuten oder schlecht behandeln, oder Rohstoffe/Materialien aus Quellen beziehen, die nicht nachhaltig sind, könntest du Probleme bei deiner Finanzierung bekommen. Ebenso könnte es die Finanzierung erschweren, wenn herauskommt, dass du einen zu autoritären Führungsstil in deinem Unternehmen pflegst und auf Kununu mehrere Einträge davon zu finden sind, dass in deinem Unternehmen nicht genügend Diversität vorhanden ist oder du diskriminierend gegenüber Mitarbeitern, Lieferanten oder Mietern agierst, oder auch, dass du spritschluckende SUVs fährst. Und in ferner Zukunft, in 10 oder 15 Jahren, wird dich vielleicht die Bank überhaupt als Kunden ablehnen und die Geschäftsbeziehung beenden, wenn du nicht ESG-konform agierst.

Auf EU-Ebene gibt es bereits viele Gesetze hinsichtlich Nachhaltigkeit und ESG. Derzeit müssen sich große Unternehmen damit beschäftigen, dann kommen mittelgroße Unternehmen dran, anschließend kleine Unternehmen und am Ende Privatpersonen. Zunächst müssen Unternehmen nur ESG-Berichte erstellen, aber in einigen Jahren wird es vermutlich dafür Zertifizierungen geben. Und dank Künstlicher Intelligenz und digitaler Zentralbankwährungen, die in den nächsten 10 bis 15 Jahren mit hoher Wahrscheinlichkeit zumindest eingeführt werden, wird es noch leichter werden, das Ganze zu kontrollieren. Angenommen, du hast bereits dein monatliches CO_2-Budget verbraucht und willst dein Auto betanken oder einen fetten Burger kaufen, dann kannst du einfach nicht mehr bezahlen; stattdessen bekommst du auf dein Handy den Hinweis, doch mit der Bahn zu fahren und ein Joghurt zu essen, da dein Cholesterinwert zu hoch sei. Klingt nach Dystopie? Technisch möglich wird das alles bereits in fünf Jahren sein, wann es umgesetzt wird … ???

Wie bei allen Themen, egal ob Corona-Regeln, Energiepreise oder Inflation, wird letztlich weniger heiß gegessen als gekocht. Aber du solltest dieses Thema, insbesondere als Immobilieninvestor, auf dem Schirm haben und bei deinen Investmententscheidungen berücksichtigen. Auch im Hinblick auf ESG lohnt es sich, insbesondere in Deutschland, mit Hilfe von staatlichen Förderungen Gebäude energetisch zu ertüchtigen.

Ignoriere das Thema ESG nicht, egal wie du dazu stehen magst. Wenn du es ignorierst, werden deine Zinsen irgendwann ziemlich teuer oder du bekommst gar keinen Kredit mehr.

Der Turbo-Boost: Wie komme ich an zusätzliches Eigenkapital

Frankfurt, Juni 2021: Ich sitze gerade beim Lunch auf der Terrasse des Restaurants »Le Opera«. Das Wetter ist ebenso herrlich wie die Aussicht. Die Sonne spiegelt sich in den Türmen der Deutschen Bank. Mein Handy klingelt, ich kenne die Nummer nicht, aber ich gehe trotzdem ran. Man weiß ja nie, woher ein gutes Geschäft kommt. Es meldet sich ein Herr Mayer.[19] Er sagt, er habe die Nummer von einem Bekannten bekommen und gehört, dass ich Woh-

19 Der wahre Name der Person wurde aufgrund der Privatsphäre und Vertraulichkeit geändert.

nungen in Frankfurt suche. Meine Antwort: »Wenn der Preis und die Lage passt, auf jeden Fall.«

Herr Mayer kam schnell zur Sache. Er kenne den Eigentümer einer Zweizimmerwohnung in Frankfurt Eckenheim, die Wohnung müsse saniert werden, die Eigentümerin sei alt und finde keine Handwerker, er könne die Wohnung für 120 000 Euro besorgen. Und Herr Mayer sagte auch gleich: »Ich will dafür 10 000 Euro Provision.« Ich dachte mir: Eine stolze Provision, aber der Deal könnte sich lohnen; für die Wohnung kann ich locker 650 bis 700 Euro Miete bekommen, selbst bei einer teuren Sanierung liegt die Mietrendite bei fast 6 Prozent, und das bei 1 Prozent Zinsen. Ich vereinbarte noch am Nachmittag einen Termin mit ihm und fragte dann noch, wieso er die Wohnung nicht selbst kaufe. Er sagte, er habe gerade keine Kohle, aber nach zwei Wohnungsvermittlungen könne er sich die nächste Wohnung wieder selbst kaufen. Ich unterschrieb die Provisionsvereinbarung, er gab mir den Kontakt der Eigentümerin. Wir waren schnell handelseins, die Handwerker wollten der alten Dame 50 000 Euro für die Sanierung abnehmen, richtige Abzocker, doch nach einer kurzen Besichtigung der Wohnung war mir klar, dass ich nicht einmal 20 000 Euro für die Sanierung benötigen würde. Sofort nach der Beurkundung rief mich Herr Mayer an, wann ich die Provision bezahlen würde; er war richtig hungrig. Ich hatte die Eigentümerin noch zum Lunch eingeladen, aber danach veranlasste ich sofort die Provisionszahlung, bedankte mich bei Herrn Mayer für die Geschäftsvermittlung und sagte ihm, dass er an mich denken solle, wenn er wieder ein interessantes Objekt an der Angel habe. Nach sechs Monaten telefonierte ich nochmals mit ihm und fragte wieder höflich, ob er interessante Wohnungen oder Mehrfamilienhäuser beschaffen könne. Diesmal war die Antwort voller Stolz: »Ja, ich habe wieder eine gute Wohnung in Frankfurt Niederrad gefunden.« Mit meiner Provision und der Vermittlungsprovision für ein Einfamilienhaus im Speckgürtel von Frankfurt hatte er genügend Eigenkapital, um die Wohnung selbst kaufen zu können. Ich gratulierte ihm zu seinem Erfolg.

Wenn du keine Kohle hast, um Wohnungen zu kaufen, gibt es genügend Möglichkeiten, das zu ändern. Du kannst, wie es Herr Mayer getan hat, für andere Immobilienkäufer Wohnungen suchen und den Kontakt zum Eigentümer herstellen.[20] Dabei reicht es nicht, einfach einen Immoscout-Link zu schicken, denn im Internet suchen kann ich selbst; das stiftet keinen Mehrwert. Wenn du einen Immobilieninvestor gut kennst und weißt, welche Immobilien er sucht, kannst du auch versuchen, mit Maklern, die derartige Immobilien anbieten, ein Gemeinschaftsgeschäft zu machen und eine Zuführungsprovision zu erhalten. Eine weitere Alternative besteht darin, dass du einen interessanten Immobiliendeal für einen Immobilieninvestor aufbereitest, die ganze Arbeit machst, die Sanierung koordinierst und dir dann mit dem Investor den Profit beim Verkauf teilst. Auch hier brauchst du kein Geld, aber entsprechendes Know-how und Zugang zu interessanten Immobilien. Wenn du viele Besichtigungen machst und im Markt aktiv bist, wird es dir leichter fallen, an solche Immos heranzukommen. Und bist du handwerklich geschickt, kannst du Immobilienbesitzern anbieten, Kleinreparaturen und einfache Sanierungen[21] wie Boden legen, Wände streichen, verputzen gegen Entgelt durchzuführen. All diese Dinge kannst du auch in deiner Freizeit machen, neben einem regulären Job. Ich kenne genügend Leute, die so ihr erstes Eigenkapital für ihre Immobilien verdient haben. *Aber*: Wenn du weder Geld noch Zugang zu guten Immobilien noch entsprechendes Know-how hast, dann wirst du im Immobilienbusiness auch keine Kohle verdienen, dann

---

20 Du musst aufpassen, dass du nicht als Makler auftrittst oder faktisch ein Makler bist, da du sonst ein Maklergewerbe brauchst. Es gibt aber die Möglichkeit, für die Herstellung von Kontakten ein Honorar zu verlangen, dabei bist du ein sogenannter Gelegenheitsmakler.

21 Ich spreche bewusst von *einfachen* Sanierungen. Wenn du heikle Dinge angreifst wie Strom, Gas, Wasser, Heizung, Dach, dann benötigst du dafür die entsprechende Befähigung und den entsprechenden Gewerbeschein. Hast du ihn nicht und es passiert etwas, zum Beispiel ein Gasleck, haftest du persönlich für den entstandenen Schaden und hast möglicherweise auch strafrechtlich ein Problem!

bleibst du arm. Die Glücksritter, die dauernd großen Immodeals mit hohen Provisionen nachlaufen, sich wichtigmachen, dauernd am Telefon sind und vor Sportautos posen, für die sie sich den Sprit nicht leisten können, die warten lange auf ihr Glück.

Wenn du dein Wachstum steigern willst, kannst du auch immer wieder mal eine Wohnung mit Gewinn verkaufen, um zusätzliches Eigenkapital zu bekommen. Behalte jedoch das Thema Steuern im Blick.

Das Immobiliensteuerparadies Deutschland und Österreich[22]

Nach einem Tag voller Immobilienbesichtigungen und Terminen in Frankfurt steige ich in den ICE nach Mannheim. Nach 37 Minuten Fahrzeit steige ich am Mannheimer Hauptbahnhof aus, einem Verkehrsknotenpunkt. Die Bahnsteige sind voll, mehrere ICEs stehen im Bahnhof, ich bahne mir meinen Weg durch die Menschenmassen und gehe in die Innenstadt. Dort treffe ich einige Freunde von mir, das Wetter ist hervorragend, wir sitzen draußen. Einer meiner Bekannten ist Arzt, die anderen arbeiten als Angestellte in großen Unternehmen, zwei Studenten sind ebenfalls dabei. Ein angenehmer Abend, wir unterhalten uns angeregt. Im Laufe des Abends dreht sich das Gespräch plötzlich um das Thema Steuern. Der Arzt beginnt zu schimpfen über die hohen Steuern und wie der Staat das ganze Geld verschwende für sinnlose Bürokratie. Und zum Schluss seine Aussage: »Ich kann nichts dagegen machen. 50 Prozent meines Einkommens sind einfach weg.« Die anderen pflichten ihm bei. Nachdem der Arzt seinen Wutausbruch auf die deutsche Politik und das deutsche Steuersystem beendet hatte, erhob ich meine Stimme: »Was du sagst, ist schlicht und einfach *falsch*! Das deutsche (und

[22] Dieses Kapitel soll dir illustrativ zeigen, welche Möglichkeiten das deutsche Steuerrecht bietet, deine Steuerlast mit Immobilien deutlich zu reduzieren. Bitte berate dich jedoch mit einem qualifizierten Steuerberater, da jede Person eine individuelle Steuersituation hat und das Steuerrecht sehr komplex ist. Weitere Informationen zum Thema Steuern findest du auch in unserem Steuerkurs www.steuerelitetraining.com, den ich mit meinem Steuerberater erstellt habe.

auch das österreichische) Steuerrecht bietet viele Möglichkeiten, die Steuerlast deutlich zu reduzieren.« Als der Arzt entnervt fragte, wie das gehen sollte, antwortete ich: »Die effizienteste Möglichkeit sind Immobilien, insbesondere wenn sie sanierungsbedürftig sind.«

Es geht auch anders: »Frankfurter Hof«, zwei Wochen später: Ich veranstaltete gerade den Immobilienworkshop für unsere Dealmaking Masterclass[23], unser exklusivstes und intensivstes Ausbildungsprogramm. Als Motivation für alle Teilnehmer des Workshops erzähle ich die Geschichte eines Lehrers, ebenfalls aus Mannheim, den ich vor circa drei Monaten bei einem Vortrag einer Bank kennengelernt hatte. Er war erst 34 Jahre alt, hatte aber bereits 19 kleine Löcher in Mannheim gekauft, die meisten sanierungsbedürftig und wirklich klein und hässlich. Die kleinste Wohnung hatte gerade einmal 14 Quadratmeter; bei der Wette, ob er oder ich eine kleinere Wohnung im Bestand hätte, lagen wir ex aequo. Auf die Frage, wie er sie finanziere, sagte er ganz einfach: »Die Bank und das Finanzamt finanzieren sie.« Denn als Lehrer mit mehreren Nebentätigkeiten zahlte er viel Steuern, und bei den meisten Immobilien bekam er Geld vom Finanzamt zurück.

Nach meiner Einführung bei unserem Workshop im »Frankfurter Hof« präsentierte eine Chirurgin. Sie war extrem erfolgreich, praktizierte in mehreren Ländern und hatte folglich ein sehr hohes Einkommen. Und als Ärztin darf sie keine GmbH haben, ihre Dienstleistung ist eine höchstpersönliche. Dann erzählte sie, wie sie ihr Vermögen aufbaue und gleichzeitig ihre Steuerlast reduziere. Sie hatte jedes Jahr mehrere sanierungsbedürftige Wohnungen gekauft, in ihrer Heimatstadt München, in Nürnberg und in einigen anderen Städten. Ihre Steuerlast reduzierte sie dadurch um bis zu 100 000 Euro pro Jahr. Und das Beste daran: Nach zehn Jahren kann sie den Gewinn, den sie durch die Wertsteigerung der Woh-

---

23 Wenn du Interesse an diesem Programm hast, findest du alle Informationen unter www.dealmakingmasterclass.com.

nungen erzielt, steuerfrei realisieren[24] und das ganze Spiel von Neuem beginnen, nur mit mehr Kapital. Die Teilnehmer applaudierten und es gab viele Fragen aus dem Publikum. Anschließend wies ich sie noch darauf hin, dass sie mit neu gebauten Wohnungen noch zusätzliche Abschreibungsmöglichkeiten hätte, und das mit geringem Aufwand.[25] In der nachfolgenden Pause folgten intensive Diskussionen; die Ärztin war nicht die einzige Teilnehmerin, die Immobilien zum steuerlich effizienten Vermögensaufbau nutzte.

Diese Beispiele sollen Folgendes zeigen: Deutschland und Österreich sind besonders für Immobilien ein wahres Steuerparadies! Einzige Voraussetzung: Du musst dich auskennen und wissen, was du tust. Die nächsten Seiten werden dir dabei helfen.

Die Besteuerung von Mieteinkünften und das steuerliche Wunder Abschreibung

Ich war Gast-Referent bei einem Finanzkongress. Ich erzählte die Geschichte von den kleinen Löchern, als plötzlich ein älterer Herr aus dem Publikum die Hand hob. Ich gab ihm das Mikrofon und er sagte: »Das ist doch alles nicht wahr. Wenn ich Miete kassiere, dann geht ja die Hälfte sowieso ans Finanzamt und an die Sozialversicherung. Nach allen Kosten bleibt da nichts übrig.« Meine Antwort war wie schon so oft: »I respectfully and fully disagree.« Wenn du privat Mieteinkünfte hast, bezahlst du Einkommenssteuer, das ist korrekt. Die Einkommenssteuer bezahlst du jedoch *nicht auf die Mieteinkünfte*, sondern nur *auf die steuerliche Bemessungsgrundlage*. Und bei der

24 Das geht nur mit deutschen Immobilien. In Österreich bezahlst du beim Verkauf 30 Prozent Immo Est.

25 In diesem Fall ging es um die beschleunigte Neubauabschreibung von Gebäuden, bei denen die Baugenehmigung zwischen 31.8.2018 und 31.12.2021 erteilt wurde. Ebenso gibt es für Neubauten, die ab dem 1.1.2023 fertiggestellt werden, eine beschleunigte Abschreibung von 3 Prozent anstelle von 2 Prozent, bei KfW-40-Gebäuden mit QNG-Siegel bis zu 5 Prozent.

steuerlichen Bemessungsgrundlage kannst du alle Kosten abziehen, darunter die Abschreibung, die Abschreibung der Möbel, die Zinsen für die Bank, die Verwaltungskosten, Instandhaltungskosten und Sanierungskosten. In der Regel bleibt hier wenig bis gar nichts übrig, sodass du nur auf einen Bruchteil der Mieteinnahmen Steuern zahlen musst; aber nur Steuern, keine Sozialversicherungsabgaben wie bei Arbeitseinkommen oder Pensionseinkommen, denn Mieteinkünfte sind SV-befreit.[26] In vielen Fällen verursacht die Vermietung sogar steuerliche Verluste[27], sodass du Geld vom Finanzamt *zurückbekommst*! Ich möchte das an einer Beispielwohnung, einem kleinen Loch aus Wiesbaden illustrieren:[28]

Du hast eine 30-Quadratmeter-Wohnung, Kaufpreis 100 000 Euro, Nettomiete 400 Euro pro Monat, Jahresnettomiete somit 4800 Euro, Betriebskostenvorauszahlungen des Mieters 100 Euro pro Monat, Hausgeld 150 Euro pro Monat. In der Wohnung sind eine gebrauchte Küche und Einbauschränke enthalten, die du mit 3000 Euro bewertest.

Du finanzierst die Wohnung mit einem Bankkredit mit 90 000 Euro und 4 Prozent Zinsen p. a.

Die steuerliche Bemessungsgrundlage der Wohnung sieht wie folgt aus:

---

26 Solange du keine gewerblichen Mieteinkünfte hast, zum Beispiel AirbnB-Vermietung.

27 In Österreich musst du beim Thema »Liebhaberei« aufpassen, hier benötigst du eine steuerliche Prognoserechnung, die besagt, dass du über einen Zeitraum von 20 Jahren ein positives Ergebnis erzielst. In Deutschland ist Liebhaberei bei klassischer Wohnungsvermietung (ohne Privatnutzung) in den meisten Fällen nicht gegeben. Mehr Informationen dazu findest du auf www.steuerelitetraining.com.

28 Für alle österreichischen Leser: Das System funktioniert in Österreich sehr ähnlich, mit etwas anderen Bestimmungen.

Mieteinkünfte Brutto p. a.	6000 Euro[29]
Hausgeld	1800 Euro
Kreditzinsen	3600 Euro
Abschreibung Gebäude	1320 Euro[30]
Abschreibung Möbel	600 Euro[31]
Verwaltungskosten	600 Euro
Steuerliche Bemessungsgrundlage	**minus 1920 Euro**

In anderen Worten: Du bekommst aus dieser Immobilie knapp 1000 Euro vom Finanzamt zurück, wenn du in einer hohen Steuerklasse bist, zum Beispiel als Angestellter. So viel zum Thema, ich muss auf meine Mieteinkünfte 50 Prozent Steuer zahlen.

Das wahre steuerliche Wunder der Immobilie liegt jedoch in der Abschreibung. Für alle kurz erklärt, die noch kein Wissen über Finanzthemen haben: Abschreibung ist der buchhalterische Wertverlust eines Anlageguts. Ein einfaches Beispiel: Du kaufst einen Computer für 1500 Euro. Du schreibst ihn über drei Jahre ab, also 500 Euro pro Jahr. Nach drei Jahren ist der Computer kaputt und wertlos (manchmal schon früher), und der buchhalterische Wert auf null. Immobilien kannst du ebenso abschreiben[32], mit dem kleinen Unterschied, dass die Immobilie, zumindest solange du gute Immobilien und keinen Schrott kaufst, langfristig im Wert steigen. Steuerlich produzierst du Verluste, wirtschaftlich machst du Gewinne. Und wenn du mal etwas sanieren musst, um den Wert der Immobilie zu erhalten oder zu steigern, kannst du Sanierung *zusätzlich* von der Steuer abschreiben, in Deutschland unter ge-

29 Dein Mieter bezahlt dir monatlich 400 Euro Nettomiete plus 100 Euro Betriebskostenvorauszahlung, somit 500 Euro.

30 Annahme: 13 000 Kaufnebenkosten, 60 Prozent Gebäudewert.

31 Annahme: Abschreibung der gebrauchten Möbel auf fünf Jahre.

32 Aus steuerlicher Sicht wird eine Immobilie in zwei Teile zerlegt: Bauwerk und Grundstücksanteil. Den Grundstücksanteil kannst du nicht abschreiben, das Bauwerk kannst du abschreiben.

wissen Umständen sogar vollständig im Jahr der Sanierung.[33] Im Klartext heißt das: Du kaufst etwas, was langfristig im Wert steigt; durch die Sanierung erhältst oder steigerst du sogar den Wert, und du produzierst zweimal steuerlichen Aufwand – durch laufende Abschreibung und durch die Abschreibung für die Sanierung. Das Finanzamt bezahlt deinen Vermögensaufbau.

Auch hier noch ein Beispiel: Du sanierst eine Wohnung für 30 000 Euro. In Deutschland kannst du die Sanierung bei Einhaltung einiger Regeln[34] im selben Jahr vollständig abschreiben. Bedeutet als gutverdienender Angestellter oder Freiberufler: Du bekommst vom Finanzamt circa 14 000 Euro zurück[35]!

In Österreich brauchst du etwas mehr Geduld. Du kannst die Sanierung auf 15 Jahre abschreiben, das heißt du bekommst pro Jahr 1000 Euro vom Finanzamt zurück, aber 15 Jahre lang.

Was passiert mit der Immobilie, wenn du sie sanierst? Der Wert der Immobilie steigt. Wer bezahlt die Hälfte davon? Der Staat, er ist dein »Partner in Crime« beziehungsweise dein Partner im Vermögensaufbau. Wie geil ist das?

Man kann also sehr wohl etwas gegen die hohe Steuerlast unternehmen. Gerade als Angestellter oder Freiberufler sind kleine Löcher ein wunderbares Mittel gegen 50 Prozent Steuerbelastung. Nur das Eigenheim ist außen vor, hier wirkt das Wundermittel Abschreibung leider gar nicht.

Bist du Unternehmer, hast du noch viele weitere Gestaltungsmöglichkeiten. Selbst ein extrem ertragreiches Mehrfamilienhaus verursacht in einer GmbH[36] bei der Vermietung gerade mal die

---

[33] Hier musst du verschiedene Regeln einhalten, erkundige dich bitte bei deinem Steuerberater oder schaue auf www.steuerelitetraining.com.

[34] Drei-Gewerke-Regel, 15-Prozent-Regel

[35] Annahme, du bist in einer hohen marginalen Steuerklasse. Also kein Geringverdiener.

[36] Sofern die GmbH die erweiterte Gewerbesteuerkürzung in Anspruch nehmen kann, also nicht gewerblich ist. In diesem Fall ist die Steuerbelastung 15,83 Prozent auf die steuerliche Bemessungsgrundlage. In Österreich ist die Besteuerung in der GmbH 24 Prozent.

Steuerbelastung im Gegenwert eines Kurzurlaubs nach Mallorca, eine einzelne Wohnung maximal die Steuerbelastung eines Abendessens zu zweit (ohne Alkohol). Und willst du eine Immobilie verkaufen, kannst du unter gewissen Umständen über die §6b-Rücklage deine Steuerlast in die Zukunft schieben, das heißt du bezahlst zunächst einmal gar nichts an Steuern.[37]

Immobilien verursachen Arbeit und das ist steuerlich auch gut so

Ich habe nie behauptet, dass Immobilien keine Arbeit verursachen. Bist du faul, solltest du keine Immobilien kaufen. Bist du aber bereit, für deinen Vermögensaufbau und Wohlstand zu arbeiten, gibt es einiges zu tun. Immobilien besichtigen, Miet- und Kaufverträge erstellen und prüfen, Nebenkostenabrechnungen erstellen, Übergaben und Reparaturen dokumentieren, Makler und Immobilienbesitzer zum Zweck der Geschäftsanbahnung zum Essen einladen … Um das alles bewerkstelligen zu können, brauchst du Arbeitsgeräte: Ein Auto – besonders empfehlenswert ein Elektroauto mit großem Kofferraum[38] –, um den Weg zu den Immobilienbesichtigungen und deinen eigenen Immobilien zurückzulegen, insbesondere wenn die Immobilien nicht um die Ecke von zu Hause sind. Ein gutes Handy, um Besichtigungstermine und Vermietungen mit Maklern zu koordinieren, Telefonate mit Mietern durchzuführen und so weiter. Einen guten Computer, der nicht

[37] Dafür muss die Immobilie sechs Jahre im Anlagevermögen sein. Gilt nur für Deutschland. Bitte konsultiere deinen Steuerberater oder schau auf www.steuerelitetraining.com.

[38] In Österreich haben Elektroautos keinen Privatnutzungsanteil und auch Vorteile bei der Umsatzsteuer (bis Anschaffungspreis 80 000 Euro), sofern du das Auto mehrheitlich beruflich nutzt. In Deutschland ist der Privatnutzungsanteil für Elektroautos 0,25 Prozent des Neupreises pro Monat anstelle 1,0 Prozent, sofern das Auto weniger als 60 000 Euro kostet.

jedes Jahr kaputt geht, um Verträge zu erstellen und zu prüfen und deine Immobilien zu verwalten. Eine gute Kamera, vielleicht sogar eine Drohne, um gute Fotos deiner Liegenschaften zu machen …, die Liste lässt sich fortsetzen. All diese Arbeitsgeräte, sofern du sie tatsächlich für den Ankauf und die Verwaltung deines Immobilienportfolios verwendest, sind steuerlicher Aufwand und reduzieren somit deine Steuerlast. Und sei mal ehrlich, ein Auto, einen Computer und ein Handy würdest du auch besitzen, wenn du keine Immobilien hättest. Der einzige Unterschied: Du bezahlst sie plötzlich aus unversteuertem anstelle von nachversteuertem Einkommen. Das geht nicht nur als Unternehmer, sondern auch als Angestellter. Denn mit Immobilienbesitz hast du ja ein Immobilienunternehmen.

Wie das Finanzamt faule Kinder zur Arbeit zwingt

Einer meiner Bekannten ist ein erfolgreicher Steuerberater mit einem ansehnlichen Immobilienportfolio. Als er seinen 18-jährigen Sohn fragte, welchen Beruf er anstrebe und was er studieren wolle, war die Antwort »Beruf Erbe«. Die Antwort seines Vaters war kurz und knapp: »Dein Erbe musst du dir erarbeiten«. Kurzerhand wurde sein Sohn Mitarbeiter der Immobilienfirma, bekam ein Gehalt von 1000 Euro, Essensgutscheine von Sodexo, einen weißen Renault Zoe (ein kleines Elektrofahrzeug), um zu den Immobilien zu gelangen, sowie ein Firmennotebook und ein Firmenhandy, um seinen Beruf ausüben zu können. All das bezahlt aus unversteuertem Geld. Der Steuerberater stellte sicher, dass sich sein Sohn sein Erbe wirklich verdienen musste, Besichtigungen, Vermietungen, Sanierungen, Buchhaltung und so weiter stand alles auf der Agenda. Als Belohnung für die harte Arbeit gab es dann einen steuerfreien Inflationsausgleich beziehungsweise Corona-Bonus. Manche seiner Studienkollegen, die Auto, Handy, Computer und Studiengeld von ihren Eltern aus nachversteuertem Geld bekamen, um dann Geschichte oder Gender Studies zu studieren, würden bei der Belastung schon Burnout bekommen. Aber die harte Arbeit war auch dringend notwendig: So mancher Student ist ja von Beruf Sohn oder Tochter, und bekommt über die Firma des Vaters Auto, Handy et cetera zur Verfügung gestellt, hat aber die Firma oder die Immobilien nie von innen gesehen. *Das ist Steuerbetrug!* Das Steuergesetz stellt sicher, dass sich dein Sohn beziehungsweise deine Tochter das Erbe tatsächlich hart erarbeiten muss. Bye, bye Work-Life-Balance!

Der Partytiger von Berlin

Wir schreiben das Jahr 2010. Marco, ein guter Freund von mir, war ein echter Partytiger. Wien, seine Heimatstadt, war ihm immer zu langweilig. Er verdiente als IT-Manager in einem mittelständischen Betrieb gutes Geld, und am Wochenende flog er immer nach Berlin zum Feiern. KitKat, Berghain, Tresor, er kannte alle angesagten Partylocations. Die Nächte waren lang und intensiv, und bald hatte er eine Affäre in Berlin. Leider waren die Flugpreise für Wochenendtrips hoch und Marco sagte mir, dass Berlin absolut geil sei, aber die Reisen und seine Affäre auch richtig ins Geld gingen. Ich machte ihm den Vorschlag, in Berlin Wohnungen zu kaufen und zu vermieten. Am besten kleine Löcher, die nicht viel kosten – damals konnte man kleine Wohnungen noch unter 60 000 Euro bekommen – und die die beste Rendite bringen. Am Anfang schaute mich Marco noch ungläubig an, aber dann erklärte ich ihm den Rest: »Als IT-Manager hast du eine gute Bonität, die Bank wird dir die Immobilien finanzieren. Und all deine Reisekosten kannst du dann von der Steuer absetzen, da du ja in Berlin ein Immobilienunternehmen aufbaust; wie du dort den Abend verbringst is up to you. Voraussetzung ist nur, dass du tatsächlich Immobilien besichtigst und dann auch welche kaufst. Die Immobilien werden dich vermögend machen und du kannst weiterhin feiern gehen.«

Gesagt getan, nach einigen Monaten kaufte er tatsächlich seine erste Wohnung. Dabei blieb es nicht, in den nächsten Jahren kamen noch 14 weitere kleine Löcher dazu. Er hatte dann eine neue Freundin, die arbeitssuchend war, aber gerne Geld für Shopping ausgab. Sie kannte Berlin gut, also gab es bald eine Win-win-Situation. Seine neue Freundin bekam ein Gehalt und ein Handy von seiner Immobilienfirma, half ihm bei der Verwaltung und Vermietung seiner Wohnungen, brachte ihm Mieter und Handwerker, kontrollierte die Sanierungen. Und siehe da, die Shopping-Trips seiner Freundin konnten jetzt aus unversteuertem Geld bezahlt werden, nämlich aus ihrem Gehalt; Voraussetzung war nur, dass seine Freundin tatsächlich arbeitete. Die steigenden Mieten und Immobilienpreise in Berlin machten Marco in wenigen Jahren zum Millionär. Und als Millionär mit gutem Einkommen entdeckte er eine neue Partylocation: Ibiza. Als er mir davon erzählte, war meine Antwort klar: Es wird Zeit, dass du in Ibiza ein Immobilienportfolio aufbaust.

Der coolste Immobilieninvestor im Ruhrgebiet – bis der Kuckuck kommt

In Essen gab es einen richtig coolen Typen. Immer lässig gekleidet, edles Schuhwerk, Sonnenbrille. Er kaufte sanierungsbedürftige Immobilien, sanierte sie, verkaufte sie teurer weiter. Ein lohnendes Geschäft, seine Aktivitäten reichten von Köln bis Dortmund. Mit dem Erfolg wuchs auch sein Ego. Er postete jede Menge auf Instagram, war Stammgast in der Emirates Maschine nach Dubai und führte ein wahres Jet-Set-Leben. Als ich ihn höflich interessiert fragte, was er denn in Dubai mache und wieso er nicht bei seinen Immobilien in Dortmund und Essen sei, meinte er, dass es dort so langweilig sei und er in Dubai tolle Leute treffe, die *groß* dachten, nicht so kleinkariert wie in Deutschland. Ich erfuhr, dass er die kleinkarierte und langweilige Arbeit auf den Baustellen längst an seine Mitarbeiter delegiert hatte. Schließlich kaufte er sich noch als Dienstwagen einen Lamborghini. Er zeigte mir sogar voller Stolz, dass er den Wagen höherstellen konnte, um über hohe Auffahrten zu gelangen. Ich bin schon mehrmals Lambos gefahren und dachte mir, dass dieser

Wagen wirklich »perfekt geeignet« war für sein Geschäft (es gibt übrigens viele solcher Leute, die die passenden Sportautos fürs Immobusiness als Dienstwagen haben). Wenn du mal auf eine Baustelle fährst, brauchst du einen Lamborghini-Traktor, um das festgefahrene Auto wieder aus dem schlammigen Untergrund zu bringen, und um Unterlagen beim Steuerberater abzugeben, musst du einen Lambo-Shuttle-Dienst einrichten, denn in den Kofferraum passen leider nur zwei Ordner.

Nach drei Jahren hatte er eine Steuerprüfung, und die hatte es in sich. Die Emirates-Flüge und Dubai-Reisen hatten aus Sicht des Finanzamts wirklich gar nichts mit seinem Business zu tun, kein einziger Immobilienkäufer kam aus den Emiraten. Das Finanzamt war auch nicht der Meinung, dass die höherstellbare Federung des Lamborghini ausreichend sei, um ihn als passendes Dienstfahrzeug für ein Immobiliengeschäft zu qualifizieren. Nicht einmal für den Lambo-Shuttle-Service zum Steuerberater gab es Nachsicht. Seine Mitarbeiter hatten außerdem – ferngesteuert aus Dubai kontrolliert – einiges an Dummheiten und Schlampereien gemacht, was sowohl steuerliche Probleme als auch Klagen von Käufern der Wohnungen nach sich zog. Das Ergebnis der ganzen Übung: über 500 000 Euro Steuernachzahlung, Finanzstrafverfahren und weitere 500 000 Euro Kosten für Klagen, Rechtsanwälte und Steuerberater. Auch die Banker, die er viel zu selten besucht hatte – Dubai war ja viel cooler –, waren alles andere als erfreut und stellten die Kredite fällig. Der Kuckuck hatte sein Ziel gefunden.

Mit Arbeit und Kreativität kannst du deine Steuerlast mithilfe von Immobilien deutlich senken und dein Vermögen steigern. Einzige Voraussetzung: Du musst das, was du steuerlich darlegst, auch so leben. Machst du es nicht, kreist der Pleitegeier über dir oder der Arrestwagen fährt vor; manchmal auch beides.

Verkaufen kann richtig teuer werden

Innsbruck im Jahr 2016: teure Immobilienpreise, hohe Mieten, wenig Platz. Die Wirtschaft brummt, auch in der Gastronomie. Ein Restaurantbesitzer kauft mit seinen Ersparnissen seine ersten Wohnungen, zunächst kleine Löcher. Die Vermietung läuft, Leerstand ist ein Fremdwort. Es dauert nicht lange und er hat bereits acht Wohnungen, die lokale Bank finanziert bereitwillig. Tirol ist wie ein Dorf, jeder kennt jeden, und eines Abends im Herbst 2017 spricht ihn ein Stammgast darauf an, dass er Interesse habe, eine seiner Wohnungen zu kaufen. Die Wohnung hatte er ursprünglich für 160 000 Euro gekauft, 180 000 inklusive Nebenkosten, und der Stammgast wollte ihm 240 000 Euro bezahlen. Der Restaurantbesitzer war erstaunt: Verkaufen war ja viel lukrativer als vermieten. Geschäftstüchtig wie er war, sagte er, dass er eigentlich nicht verkaufen wolle, aber der Stammgast war hartnäckig und legte beim nächsten Besuch noch mal 10 000 Euro nach, 250 000 Euro Kaufpreis für ein nicht mehr ganz kleines Loch in Innsbruck! Der Restaurantbesitzer willigte per Handschlag ein und machte einen Gewinn von 70 000 Euro. Um so viel Geld zu verdienen, muss ich viele Weinflaschen und Pizzas verkaufen, dachte er sich. Und außerdem bezahle ich in dem Fall ja deutlich weniger Steuern als bei meinem Restaurant[39]: nur 30 Prozent Immo-Ertragssteuer anstelle von 50 Prozent Einkommenssteuer und Sozialversicherung.

Mit dem Gewinn kaufte er sich weitere Wohnungen, und motiviert durch den ersten erfolgreichen Deal, begann er, die Wohnungen aufzuhübschen und dann gleich direkt zum Verkauf zu inserieren. Es dauerte nicht lange und es fanden sich Käufer. So wiederholte der Gastronom das Spiel immer wieder. Im Jahr 2018 machte er das Ganze neun Mal! Der Gewinn konnte sich sehen lassen: fast 500 000 Euro. Nach seiner einfachen Rechnung musste er darauf 150 000 Euro (also 30 Prozent) Steuern bezah-

39 Der Gastronom war Einzelunternehmer.

len, somit blieben 350 000 Euro übrig. Mit dem Geld erfüllte er sich einen Jugendtraum und kaufte sich einen Porsche, machte einen Segeltörn, und den Rest des Geldes steckte er wieder in Immobilien.

Obwohl er Gastronom war, hatte er allerdings die Rechnung ohne den Wirt gemacht; der Wirt war das Finanzamt! Bei der nächsten Steuerprüfung interessierten sich die Finanzbeamten plötzlich nicht mehr für sein Restaurant, sondern für seine Immobiliendeals. Und das Ergebnis war niederschmetternd: Die Finanzbeamten wollten nochmals Euro 150 000 Euro an Steuern und Sozialversicherung, zuzüglich Strafzuschlägen insgesamt fast 200 000 Euro. Wie konnte das sein? Das Argument der Finanzbeamten: Der Restaurantbesitzer war gewerblicher Immobilienhändler, da er Immobilien kaufte, mit dem Ziel, sie wieder teurer zu verkaufen. Und sobald jemand *gewerblich* wird, fallen alle Steuervorteile weg; keine 30 Prozent Immo-Est mehr, sondern *volle* Einkommenssteuer *und* Sozialversicherung. Für das Jahr 2017 waren die Finanzbeamten noch gnädig und ließen die Erklärung gelten, dass der Verkauf der Wohnung nicht geplant gewesen war. Aber in einem Jahr neun Wohnungen kaufen und verkaufen, das war definitiv gewerblich, da führt kein Weg daran vorbei. Der Restaurantbesitzer war am Boden zerstört, damit hatte er nicht gerechnet. Die knapp 200 000 Euro für die Nachforderung hatte er gar nicht mehr. Er musste mit dem Finanzamt eine Ratenzahlung vereinbaren, seinen Porsche verkaufen und einen Kredit auf sein Restaurant aufnehmen, um die Finanzamtsschulden zu bezahlen.

Immobilien haben sehr viele steuerliche Vorteile. Sowohl wenn du sie im Bestand hältst und vermietest (siehe vorherige Beispiele) als auch beim Verkauf. Wenn du als Privatperson eine Wohnung in Österreich verkaufst, bezahlst du nur 30 Prozent Immo-Ertragssteuer und *keine* Sozialversicherung. In Deutschland ist das Spiel noch viel lukrativer: Du produzierst jahrelang (steuerliche) Verluste durch die Vermietung, bei der Sanierung bekommst du vom Finanzamt die Hälfte der

Kosten retour[40] und nach zehn Jahren kannst du deine Wohnung verkaufen, *steuerfrei*.[41] In anderen Worten: Du beteiligst das Finanzamt an den Verlusten, aber *nicht* an deinen Gewinnen. Geil, oder?

Aber wehe dir, wenn du gewerblich wirst, dann ist es aus und vorbei mit allen Vorteilen, sowohl in Österreich als auch in Deutschland. Und gewerblich kannst du schneller werden, als dir lieb ist: Auch wenn du nur eine Wohnung kaufst und zum Beispiel im Kreditvertrag dokumentierst, dass du sie wieder verkaufen willst, kannst du bereits als gewerblich eingestuft werden. Ebenso, wenn du Ferienvermietung mit Internet und Reinigungsservice anbietest.[42] Wenn du Immobilien handeln willst, gründe unbedingt eine GmbH, es zahlt sich aus, auch als Angestellter; denn in der GmbH bezahlst du nur 24 Prozent Steuer in Österreich und circa 30 Prozent Steuer[43] in Deutschland auf die Gewinne deiner Immobilienverkäufe, anstatt 50 Prozent an Einkommenssteuer und Sozialversicherungsabgaben. Der Tiroler Gastronom hat es zutiefst bereut, keine GmbH gegründet zu haben, ansonsten hätte er noch immer seinen Porsche und ein schuldenfreies Restaurant. Und hätte er noch den richtigen Porsche ausgewählt, zum Beispiel einen fünf

---

40 Um die Sanierung einer Wohnung in Deutschland sofort von der Steuer absetzen zu können, musst du verschiedene Regeln einhalten, unter anderem die 15-Prozent-Regel und die Drei-Gewerke-Regel. Mehr dazu auf www.steuerelitetraining.com.

41 Dies gilt als Privatperson. Verkaufst du die Wohnung vor Ablauf der zehn Jahre, bezahlst du Einkommenssteuer. In einer Vermögensverwaltenden GmbH bezahlst du 15,83 Prozent Steuer, jeweils auf die Differenz zwischen Verkaufspreis und Buchwert.

42 Ob deine Tätigkeit als gewerblich einzustufen ist, musst du im Einzelfall mit einem qualifizierten Steuerberater besprechen. Es gibt in Deutschland einige Grundregeln, aber im Ende ist es jeweils eine Einzelfallbetrachtung.

43 In Deutschland hängt die Besteuerung der GmbH vom Sitz der GmbH und der Höhe des Gewerbesteuerhebesatzes am Sitz des Unternehmens ab. Die Besteuerung einer GmbH in Deutschland ist die Körperschaftssteuer von 15,83 Prozent plus der Gewerbesteuer. Wenn du in einer GmbH nur Immobilien im Bestand hältst und keine gewerbliche Tätigkeit durchführst, kannst du die erweiterte Gewerbesteuerkürzung beantragen und bezahlst nur die Körperschaftssteuer von 15,83 Prozent.

Jahre alten Porsche Cayenne[44], hätte er ihn sehr effizient als Dienstwagen abschreiben können. Deppensteuer ist teuer. Einkommenssteuer sowieso.

Soll ich meine Wohnung verkaufen?

Diese Frage höre ich sehr oft von meinen Fans und Freunden. Und meine Antwort ist immer dieselbe: »It Depends«. Es hängt davon ab, wie viel Steuer du beim Verkauf bezahlen musst. Es macht einen großen Unterschied, ob du die Wohnung steuerfrei verkaufen kannst oder ob du Einkommenssteuer bezahlen musst. Ebenso macht es einen Unterschied, ob du die Wohnung bereits lange im Bestand hast und sie schon jahrelang abgeschrieben hast, oder ob du sie erst vor Kurzem gekauft hast. Ebenso musst du berücksichtigen, ob du bei der Bank Vorfälligkeitsentschädigung[45] bezahlen musst, wenn du eine Fixzinsbindung vorzeitig beendest.

Nehmen wir ein Beispiel: Du lebst in Deutschland und hast im Jahr 2013 eine Wohnung in Stuttgart für 100 000 Euro inklusive Kaufnebenkosten gekauft. Pro Jahr schreibst du die Wohnung für 1500 Euro ab, sodass sich auch deine Steuerlast reduziert. Jemand bietet dir 200 000 Euro Kaufpreis für die Wohnung. Du hast die Wohnung mit 90 000 Euro Kredit finanziert, pro Jahr tilgst du 2700 Euro.

---

44 In Österreich gibt es auf Luxusautos eine sogenannte Luxustangente von 40 000 Euro. Kostet das Auto neu zum Beispiel 160 000 Euro, kannst du nur 40 000 von 160 000 Euro abschreiben, also ein Viertel. Ist das Auto älter als fünf Jahre, wird die Luxustangente nicht auf den Neupreis des Fahrzeugs gerechnet, sondern nur auf den tatsächlichen Kaufpreis. Kostet das Auto unter 40 000 Euro, was bei einem fünf Jahre alten Porsche Cayenne möglich ist, dann gibt es keine Luxustangente.

45 Die Vorfälligkeitsentschädigung kann auch richtig teuer werden, da dir die Bank den entgangenen Zinsertrag für die Restlaufzeit des Kredits, zuzüglich diverser Gebühren, in Rechnung stellt.

Verkaufst du die Wohnung im Jahr 2022, bezahlst du 45 Prozent von (200 000 minus Buchwert der Wohnung) = 45 Prozent von 200 000 minus (100 000 minus 9* 1500) = 45 Prozent von 200 000 minus 86 500 = 45 Prozent von 113 500 = 51 000 an Steuern.

Verkaufst du die Wohnung im Dezember 2023, bezahlst du 0 Prozent Steuern, vorausgesetzt, du bist nicht gewerblich.

Die folgende Tabelle zeigt dir, was in deiner Tasche übrig bleibt.

Verkaufspreis	Steuern	Kreditsaldo	Geld in deiner Tasche
200 000 im Jahr 2022	51 000	65 700	83 300
200 000 im Jahr 2023	0	63 000	137 000

Es macht wohl einen Unterschied, ob du aus einem Wohnungsverkauf 83 300 oder 137 000 Euro lukrierst.

Bevor du eine Immobilie *kaufst*, überleg dir, was du mit der Immobilie machen willst, und wähle die richtige Steuerstruktur.
Bevor du eine Immobilie *verkaufst*, überleg dir, wie viel Steuer (und sonstige Kosten) du beim Verkauf zahlen musst und ob sich der Verkauf nach Abzug der Steuern noch lohnt.

Wenn du beide Aspekte beachtest und danach handelst, kannst du das Steuerwunder Immobilie voll zu deinen Gunsten für deinen Vermögensaufbau nutzen. Und das wünsche ich dir.

Wir sind ja nicht im Kindergarten: Das Spiel der Profis

Potsdamer Platz in Berlin – das Sony Gebäude. Eine imposante Erscheinung, ein Wahrzeichen der Stadt. Im Jahr 2017 verkaufte der Eigentümer, der südkoreanische Pensionsfonds NPS, das Sony Center für 1,1 Milliarden Euro an die kanadische Investmentgesellschaft

Oxford Properties und die Firma Madison International Realty.[46] Aber eigentlich verkauften sie nicht das Sony Center selbst, sondern die Gesellschaftsanteile der Immobilienbesitzgesellschaft, welche der Eigentümer des Sony Centers war[47]. Wieso alles so komplex? Die Antwort ist simpel. Trotz der gewaltigen Transaktionssumme und der erzielten Gewinne war die Steuerlast sehr bescheiden. Beim Verkauf von Gesellschaftsanteilen aus einer Holding oder GmbH heraus fällt beispielsweise in Deutschland eine Steuer auf Gewinne von schlappen 1,5 Prozent an, verkaufst du aus einer österreichischen GmbH mehr als 10 Prozent Gesellschaftsanteile an einer ausländischen Gesellschaft, bezahlst du gar keine Steuern. Selbst Dubai oder Cayman Islands können es nicht besser. Und Grunderwerbssteuer war bei einem Share Deal im Jahr 2017 ebenso nicht zur Zahlung fällig[48], Profis wissen schließlich, wie man Gewinne maximiert und Steuern minimiert. Im Mai 2022 verkaufte Oxford Properties einen Teil seiner Anteile am Sony Center mit Gewinn weiter.[49] Auch hier waren wohl nur geringe Steuern zur Zahlung fällig.

Ein weiteres Beispiel gefällig? Ich habe gerade in einer komplexen Transaktion ein Mehrfamilienhaus gekauft, bei dem ein Dachgeschossausbau möglich und gleichzeitig eine energetische Ertüchtigung des Gebäudes sinnvoll ist. Alles finanziert durch eine günstige KfW-Finanzierung mit Tilgungszuschuss. Die Miete der neu geschaffenen Dachgeschosswohnung, kombiniert mit Mieterhöhungen durch die Modernisierungsumlage und geringeren Betriebskosten der Immobilie, ist höher als die Kreditbelastung des

---

46 https://www.immobilienmanager.de/berlin-sony-center-geht-an-oxford-und-madison-02102017

47 https://www.faz.net/aktuell/wirtschaft/wohnen/berlin-sony-center-wird-erneut-verkauft-15227994.html

48 Per 30.6.2021 wurden die Regeln für die Grunderwerbssteuer bei Share Deals verschärft. Dennoch gibt es Transaktionsmöglichkeiten, bei Share Deals auch weiterhin keine Grunderwerbssteuer zu bezahlen. Profis wissen diese Möglichkeiten zu nutzen.

49 https://www.iz.de/transaktionen/news/-berliner-sony-center-ist-zur-haelfte-an-norges-verkauft-2000007170?crefresh=1

KfW-Kredits. In anderen Worten: Die energetische Sanierung wird durch die höheren Mieten finanziert und mir bleibt zusätzliches Geld in der Tasche. Und jetzt habe ich noch etwas vergessen: Die energetische Sanierung kann ich auch steuerlich abschreiben[50], das bringt zusätzlichen Cashflow.

Und was passiert mit dem Wert der Immobilie, wenn sie energetisch saniert ist und höhere Mieten hat? Er steigt massiv. Mein erwarteter Gewinn aus der Übung: 500 000 bis 700 000 Euro, ohne eigenen Kapitaleinsatz.[51] Und wenn ich die Immobilie verkaufen wollte und den Gewinn realisieren? Bei einem Share Deal ist das Ganze praktisch steuerfrei. Klingt gut, oder?

Diese Beispiele sollen dir zeigen: Als Profi hast du noch viel mehr Möglichkeiten, mit Immobilien extrem steuereffizient zu arbeiten und so dein Vermögen zu vermehren. Share Deals, Optionsgeschäfte, Forward Deals sind nur einige der Möglichkeiten, die nicht nur große Fonds, sondern Immobilienprofis wie ich regelmäßig nutzen. Kombiniere das mit staatlichen Förderungen und subventionierten KfW-Krediten, beschleunigter Abschreibung, und du siehst, wohin die Reise für dich gehen kann: niedrige Steuerbelastung und großer Vermögensaufbau. Wenn du Interesse hast, diese Fähigkeiten zu erlernen, bewirb dich für unsere Dealmaking Masterclass.[52] Dort lehre ich diese Tools und Fähigkeiten auf Grundlage meiner eigenen Immobilieninvestments.

---

50 Sofort abschreiben kann ich nur die energetische Sanierung (unter Einhaltung gewisser Regeln), jedoch *nicht* die Kosten der neu geschaffenen Wohnung. Die Kosten der neu geschaffenen Wohnung muss ich auf 50 Jahre abschreiben.

51 Kapitaleinsatz hatte ich nur für den Ankauf des Mehrfamilienhauses. Die KfW-Finanzierung erfordert in der Regel kein Eigenkapital, vorausgesetzt, deine Hausbank unterstützt dich bei der Transaktion.

52 www.dealmakingmasterclass.com

Die Trendwende am Immobilienmarkt: Droht die Apokalypse? Oder ist es *Time for Schnappi*?

»Die goldenen Zeiten am Immobilienmarkt gehen zu Ende, droht Anlegern nun der Crash?« So titelte die renommierte *NZZ* am 22. Mai 2022.[1] Seit dem Frühjahr 2022 vergeht kein Tag, an dem es keine Negativmeldungen zu Immobilien gibt. Egal ob Habecks »Heizhammer«, die energetische Sanierungspflicht, steigende Zinsen, Wetterextreme, Wohnungsmangel, Crash von Immobilienaktien wie Vonovia ... Die Menschen und die Immobilienbranche sind verunsichert; manche Investoren sprechen schon von der Apokalypse. Wie sieht es nun tatsächlich am Immobilienmarkt aus? Lohnt es sich noch, in Immobilien zu investieren, oder sind Immobilien aufgrund der vielen Hiobsbotschaften und der teuren Zinsen dauerhaft unattraktiv geworden? In diesem Kapitel möchte ich die Marktlage und die wesentlichen Trends an den Immobilienmärkten für euch analysieren.

Eines vorweg: Apokalypsen gab es schon viele, Weltuntergänge ebenso. Nur seltsamerweise ist die Welt nie untergegangen und in den meisten Fällen gab es für rational agierende Investoren gewaltige Chancen. Ich erinnere mich noch an den 11. November 2022, den Tag, an dem die Kryptobörse FTX pleitegegangen ist. Fast im Minutentakt bekam ich Nachrichten: »Kryptos sind ein Pyrami-

[1] https://www.nzz.ch/wirtschaft/die-goldenen-zeiten-am-deutschen-immobilienmarkt-gehen-zu-ende-droht-anlegern-nun-ein-crash-ld.1683569?reduced=true

denspiel«, »Kryptos sind für immer tot«, Kryptos »sind töter als tot« und so weiter, teilweise von Leuten, die noch ein Jahr davor voller Euphorie für Kryptowährungen waren. Zweifelsohne, Kryptowährungen sind ein sehr riskantes Investment. Ich ließ mich jedoch nicht von der Weltuntergangsstimmung mitziehen, kaufte im Herbst 2022 kräftig zu und siehe da, Bitcoin und Ethereum waren *mit Abstand* die Best Performing Asset-Klasse im Frühjahr 2023, mit einem Plus von über 70 Prozent! Ähnlich war es bei Meta. September 2022, Meta (Facebook) und das Metaverse wurden für obsolet erklärt und viele Marktbeobachter stellten die Frage, ob Facebook schon dem Ende nahe sei. Ich dachte mir, das kann nicht wahr sein. Facebook hat gewaltige Kundendaten, ein extrem profitables Ad Business mit wenigen Wettbewerbern – ich weiß es aus eigener Erfahrung, da wir für die Investmentpunk-Academy jährlich einen siebenstelligen Betrag an den US-Konzern überweisen – und die Bewertung war wirklich günstig, zehnmal Jahresgewinn. Auch hier kaufte ich Aktien, und das war goldrichtig: Meta ist quicklebendig und die Aktie verdreifachte sich. Der (Welt)Untergang ist nicht eingetreten, dafür gab es die Chance viel Kohle zu verdienen.

Gehen wir aber jetzt zum Immobilienmarkt: Was sind die Trends, die uns in den nächsten Jahren begleiten werden?

Drastischer Zinsanstieg

Ende 2021 war die Welt der Immobilienbranche noch in Ordnung. Es gab viele Partys, die Champagnerkorken knallten. Bei guter Bonität konnte man zu unter 1 Prozent Zinsen finanzieren, also für 1 Million Euro weniger als 8000 Euro pro Jahr Zinsen (!). Meine günstigsten Zinssätze lagen bei 0,7 Prozent. Es gab viele Experten und Immobilieninvestoren, die argumentierten, die Zinsen würden immer so niedrig bleiben, da es sich die hochverschuldeten Staaten gar nicht leisten könnten, die Zinsen zu erhöhen. Ich war mir da nicht so sicher.

Kitzbühel, Februar 2022: Es gab erste Wolken am Himmel der Zinslandschaft, die langfristigen Zinsen begannen zu steigen. Ich hatte soeben einen Deal ausgehandelt, ein Mehrfamilienhaus im Speckgürtel von Berlin, das 2023 fertiggestellt wird, bei Fertigstellung zu erwerben, und ich wollte mir die Finanzierung sichern. Ich sprach mit einer meiner Banken, die schon meine bisherigen Investments im Speckgürtel von Berlin finanziert hatten, und bekam einen Schock: Ich dachte noch an 1,2 Prozent Zinsen, und die Bank wollte 2 Prozent auf zehn Jahre fix. Wow, das hatte ich mir anders vorgestellt. Ich telefonierte dann noch mit einer meiner weiteren Hausbanken und fragte meinen Banker, ob er sich vorstellen könne, das Mehrfamilienhaus im Rahmen eines Forward Deals[2] zu finanzieren. Wir sprachen 20 Minuten, ich erklärte ihm die Transaktion. Am Ende des Gesprächs sagte er: »Das können wir uns vorstellen«. Ich war erleichtert.

Im Hotel »Arosa« angekommen schickte ich ihm alle Unterlagen. Nach Prüfung der Dokumente telefonierte ich nochmals mit ihm und wir einigten uns auf einen etwas günstigeren Zinssatz, der trotzdem deutlich höher als die ursprünglich angepeilten 1,2 Prozent war. Dafür war ich auch bereit, Bereitstellungszinsen ab Anfang 2023 zu bezahlen.[3] Im Nachhinein betrachtet war ich heilfroh, dass ich hier so konsequent agiert hatte, und etwas Glück war auch dabei gewesen. Denn nur zwölf Monate später lagen die Zinsen für zehn Jahre Fixzinsbindung bei 3,5 Prozent bei allerbester Bonität, ansonsten teilweise deutlich über 4 Prozent, bei schlechter Bonität sogar über 5 Prozent. Bei einem Kreditvolumen von über 2 Millionen Euro wären das über 40 000 Euro pro Jahr an Mehrkosten gewesen, für zehn Jahre eine knappe halbe Million!

---

[2] Ein Forward Deal bedeutet, dass der Kredit erst in der Zukunft abgerufen wird, zum Beispiel in einem Jahr oder in 18 Monaten.

[3] Wird ein Kredit erst in der Zukunft abgerufen, ist es üblich, dass Banken dafür Bereitstellungszinsen verlangen.

Was war passiert? Die Inflation, die lange um die 2 Prozent gelegen hatte, war durch die Corona-Pandemie, die dadurch bedingten Produktionsausfälle, die riesigen Corona-Hilfspakete der Staaten und den russischen Angriffskrieg auf die Ukraine massiv gestiegen, teilweise auf über 10 Prozent. Die Zentralbanken zögerten nicht lange und erhöhten die Zinsen massiv, auch historisch gesehen in atemberaubendem Tempo, um die Inflation in den Griff zu bekommen. Der Fed Referenzzins stieg von 0,25 Prozent auf 5,25 Prozent (!) innerhalb von 15 Monaten, der EZB-Leitzins von minus 0,5 Prozent auf 4 Prozent. Auch die Marktzinsen passten sich in rasantem Tempo an. Der Euro 10-Jahres-Swap-Satz, die Basis für 10-Jahres-Finanzierungen, und somit sehr relevant für die Immobilienbranche, erhöhte sich von minus (!) 0,2 Prozent Ende 2021 auf über 3 Prozent Ende 2022. Noch extremer erwischte es den 6-Monats-Euribor, die Basis für die meisten variablen Finanzierungen[4]. Lag er noch Anfang 2022 bei minus (!) 0,5 Prozent, lag er im Mai 2023 bei 3,7 Prozent, ein Anstieg von über 4 Prozent!

Eines muss euch klar sein: Die Zeit der Nullzinsen und des »Funny Money« ist vorbei, und zwar für einen längeren Zeitraum. Die Inflation ist weiterhin stark, und es ist zu erwarten, dass aufgrund von Trends wie Deglobalisierung, geopolitischer Konflikte, dauerhafter politischer Krisen, Wetterextremen, Umstellung auf eine CO_2-neutrale Wirtschaft, der Tatsache, dass viele Menschen nicht mehr arbeiten wollen, und der daraus resultierenden Mangelwirtschaft (siehe erster Teil des Buchs), die Inflation weiterhin hoch bleibt. Vielleicht nicht bei 10 Prozent, aber wohl nicht bei 2 Prozent. Folglich können die Zentralbanken die Zinsen nicht auf null senken, das würde die Inflation noch zusätzlich anheizen. Die Türkei ist hier ein warnendes Beispiel.[5] Auch historisch gesehen sind die Zinsen eher auf nor-

---

[4] Manche Finanzierungen sind auch an den 3-Monats-Euribor gebunden.

[5] Die türkische Zentralbank reduzierte die Zinsen trotz starker Inflation, was zu Inflationsraten zwischen 50 und 100 Prozent p. a. führte. https://www.ft.com/content/4a7303dc-9bf6-4a70-8078-13f98edc30b4

malem Niveau als extrem teuer. Ich kann mich noch erinnern, als ich mein erstes Sparbuch eröffnet hatte, im Jahr 1993, damals war ich 18 Jahre alt. Die Bank bezahlte mir 8 Prozent Zinsen, Immobilienkredite kosteten 10 Prozent und mehr! Auch bei meinen ersten Immobilienkäufen in den Jahren 2005 bis 2010 zahlte ich zwischen 4,5 und 5,5 Prozent Zinsen.

Fallende Immobilienpreise

Was passiert, wenn die Zinsen steigen? Die Immobilienpreise fallen. Wieso ist das so? Ganz einfach. Ein Mehrfamilienhaus in Frankfurt oder Hamburg mit 3 Prozent Mietrendite[6] mag in Zeiten von Strafzinsen eine attraktive Geldanlage sein. Aber wenn ich bei der Bank schon 3 Prozent Zinsen bekomme, dann wohl eher weniger.[7] Ebenso musst du dich in die Position des Käufers begeben. Bezahlt der Käufer weniger als 1 Prozent Zinsen, kann er durch den Mietertrag den Kredit für eine Immobilie mit 3 Prozent Mietrendite bezahlen. Aber bei 4 Prozent Zinsen funktioniert die Rechnung definitiv nicht.

Auch wenn die offiziellen Statistiken von geringeren Preisrückgängen sprechen, erlebe ich[8] bei den Immobilienangeboten, bei meinen eigenen Immobilienkäufen und bei den Immobilienkäufen der Teilnehmer meines Betongoldmentoring-Immobilien-Trainingsprogramms einen Preisrückgang von circa 30 Prozent. In einigen Märkten steht der Preisrückgang noch bevor, dort ist der Markt praktisch ausgetrocknet – die Verkäufer haben noch zu hohe Preisvorstellungen, die Käufer wollen oder können nicht mehr so viel bezahlen –, aber in der Mehrheit der Immobilienmärkte, zum

---

6 Jährliche Nettomiete dividiert durch den Kaufpreis.

7 Das ist eine stark vereinfachte Darstellung. Es gibt hier viele Ausnahmen, zum Beispiel Immobilien, deren Preis pro Quadratmeter günstig ist. Wenn es viele Altmieter gibt und somit entsprechendes Mietsteigerungspotenzial, können auch 3 Prozent Anfangsrendite ein gutes Geschäft sein.

8 Zeitpunkt Juni 2023

Beispiel Rhein-Main-Gebiet, Nürnberg, Hamburg, Köln, Braunschweig, Mannheim, Inntal, Rheintal, Salzburg et cetera erlebe ich überall eine ähnliche Situation. Ein kleines Loch, das Ende 2021 noch 150 000 Euro gekostet hat, geht jetzt für 100 000 Euro über den Ladentisch, ein Mehrfamilienhaus, das vorher 3 Millionen gekostet hat, kostet jetzt 2 Millionen.

Allerdings gibt es signifikante Unterschiede bei der Art der Immobilie: Energetisch hypereffiziente KfW40/55-Neubauten und energetisch sanierte Bestandsgebäude in Märkten mit Wohnungsmangel, zum Beispiel Speckgürtel Berlin oder Hamburg, haben einen geringeren Preisverfall, da die Nachfrage nach solchen Objekten besonders hoch ist, insbesondere auch von institutionellen Anlegern wie Pensionskassen, die aufgrund der ESG-Kriterien nur solche Objekte kaufen dürfen (mehr dazu im Kapitel »Ohne Geld spielt keine Musik«). Umgekehrt ist der Preisverfall bei energetischen Ruinen (Energiekennwert tiefrot oder rostbraun) in schlechten Lagen mit Wohnraumüberschuss – beispielsweise in Ostdeutschland – noch lange nicht beendet. Auf Basis meiner Analyse erwarte ich hier einen Preisverfall zwischen 40 und 70 Prozent, ich hatte jedoch vor einigen Monaten eine Diskussion mit einem Aufsichtsrat einer sehr großen Immobiliengesellschaft, und er war der Meinung, dass solche Immobilien Makulatur werden, also praktisch wertlos, da sich bei diesen Objekten die energetische Sanierung gar nicht lohnt. Wie auch immer, *kauft bitte keinen Dreck*, der führt in den meisten Fällen zur wirtschaftlichen Katastrophe.

Klimapolitik

Hohe Betriebskosten und Wetterextreme sind die Realität, Klimapolitik ist deren politische Umsetzung, und die grenzt nicht selten an Absurdistan. Frühjahr 2023: Habecks »Heizhammer« verunsichert Deutschland. Neue Gasheizungen sollen ab 2024 verboten werden. Wie das Ganze umgesetzt werden soll, steht in den Sternen. Denn selbst ein Schulkind versteht, dass man nicht gleichzeitig alle Atomkraftwerke abschalten kann, bei der Genehmigung neuer Windräder und Solarparks auf jedes Wiesel und jede Vogelart Rücksicht nehmen muss und gleichzeitig die Beheizung unserer Gebäude und den Fuhrpark auf unseren Straßen vollständig auf Strom umstellen kann. Wie soll das denn funktionieren? Nicht umsonst hat die deutsche Vonovia bereits mitgeteilt, dass sie Wärmepumpen nicht anschließen kann, weil die Netzinfrastruktur fehlt.[9] Ebenso müsste Deutschland – leicht übertrieben vielleicht – sämtliche verfügbaren Handwerker aus Europa ins Land bringen, um überhaupt die vielen Gas- und Ölheizungen ersetzen lassen zu können. Auch wenn die Verunsicherung groß ist, lasst euch nicht verrückt machen. Die Grundsteuerreform hat gezeigt, wie Deutschland in der Lage ist, eine bloße Datenerfassung durchzuführen, und das ist nur Papierkrieg. Aber vielleicht bekommt dann jeder zweite Immobilieneigentümer einen Papierflieger mit der Mitteilung, dass seine Heizung zu tauschen ist. Mein Sohn würde es lieben.

Weitaus realer ist jedoch das Thema energetische Sanierungspflicht, das die EU beschlossen hat (siehe »Die Chemnitzer Tragödie in 6 Akten«, Akt Nr. 5). Auch wenn es Ausnahmeregelungen und Subventionen geben wird, dieses Thema wird auf dich zukommen, und das nicht nur in Deutschland, auch in Österreich, Spanien et cetera. Kaufst du eine Wohnung mit einem Energiekennwert von F oder schlechter, musst du die Kosten der energetischen Sanierung auf den Level D (und wir reden hier nicht von einem Neubau KfW-Standard!) bei der Kaufpreisfindung berücksichtigen.

---

9 https://www.n-tv.de/mediathek/videos/wirtschaft/Vonovia-kann-bis-zu-70-Waermepumpen-nicht-anschliessen-article24100689.html#:~:text=Infrastruktur%20f%C3%BCr%20Ausbau%20fehlt%20Vonovia,auf%20den%20Ansturm%20nicht%20eingestellt

Hohe Baukosten und drastische Reduktion des Neubaus

Linz, 6. Dezember 2022: Der Geschäftsführer einer oberösterreichischen Bauträgerfirma verunglückt tödlich. Wenig später meldet das Unternehmen Insolvenz an, der Kassenbestand beläuft sich auf wenige Tausend Euro.[10] Auch wenn es sich hier um einen sehr traurigen Fall handelt, Bauträger und Immobilienentwickler, also Unternehmen, die neuen Wohnraum schaffen, befinden sich in der Krise; viele Marktteilnehmer, auch große Spieler, kämpfen ums nackte Überleben. Die Baupreise steigen aufgrund von Inflation, Rohstoffmangel, Personalmangel und überbordenden gesetzlichen Auflagen, gleichzeitig fallen die Immobilienpreise und die Käufer für teure Neubauwohnungen sind so rar geworden wie eine Wasserstelle in der Wüste. Der größte deutsche Immobilienkonzern Vonovia hat bekannt gegeben, alle Neubauprojekte im Jahr 2023 zu stoppen.[11] Bei anderen Immobilienfirmen sieht es ähnlich aus. Vom Plan der deutschen Bauministerin Geywitz, jährlich 400 000 neue Wohnungen zu bauen, bleibt nicht mehr viel übrig. 2023 werden bestenfalls 200 000 neue Wohnungen gebaut, 2024 sieht es nicht viel besser aus.[12]

Corona hat gezeigt, dass es Jahre dauert, bis sich die Kapazität einer Industrie nach einem Nachfrageschock wieder erholt. Airlines, Hotels, Restaurants und viele andere Branchen leiden auch Jahre nach der Pandemie immer noch an Personalmangel und Angebotsknappheit. Einige Experten sprechen schon von einem Jahrzehnt der Flaute am Wohnungsbau.

---

10 https://www.meinbezirk.at/linz/c-wirtschaft/bau-und-boden-insolvenzverfahren-eroeffnet_a5869420

11 https://www.tagesschau.de/wirtschaft/konjunktur/vonovia-neubauprojekt-stopp-101.html

12 https://www.tagesschau.de/inland/innenpolitik/wohnungsbau-ziel-verfehlt-101.html

Wohnungsmangel

Berlin, 4. April 2023: Der *Berliner Tagesspiegel* berichtet von einer 150 Meter langen Schlange bei einer Wohnungsbesichtigung;[13] sie musste abgebrochen werden. Berlin ist, aufgrund dauerhaften politischen Irrsinns wie Mietendeckel und extremer Milieuschutz, an der Spitze des Wohnungsmangels; auf 3,6 Millionen Einwohner kommen gerade 3000 Mietwohnungen.[14] Aber Wohnungsmangel gibt es in vielen deutschen Metropolen und Mittelstädten, in Kiel zum Beispiel gibt es für 250 000 Einwohner ganze 198 Mietwohnungen, Karlsruhe sieht ähnlich aus, um nur einige extremere Beispiele zu nennen. In Österreich sieht die Lage etwas differenzierter aus. In vielen Städten wie etwa in Graz, Leoben, Linz, Wien Transdanubien wurden zu viele Wohnungen gebaut, in Graz stehen beispielsweise je nach Berechnungsweise zwischen 8000 und 20 000 Wohnungen leer. Wohnungsmangel gibt es in Österreich primär im Westen, also Salzburg, Tirol und Vorarlberg – das Inntal und Rheintal kann man nicht so einfach erweitern – und interessanterweise in Klagenfurt und Villach, wo jahrelang nur wenig gebaut wurde.

Was wird passieren, wenn es bereits jetzt Wohnungsmangel gibt, und die Neubautätigkeit reduziert wird? Frei nach dem Motto »Wird das Eigenheim nicht mehr finanziert, kommt ein neuer Mieter hereinspaziert« wird sich der Wohnungsmangel verschärfen. Dazu kommen diverse Krisen – der Ukraine-Krieg ist leider nicht der einzige Unruheherd – und klimatische Veränderungen, welche die Zuwanderung nach Deutschland und Österreich mittelfristig weiter verstärken. Und solange es keine rechtspopulistische Regierung gibt – in Deutschland sehr unwahrscheinlich, in Österreich leider möglich – wird sich am Trend der Zuwanderung nichts ändern.

---

[13] https://www.tagesspiegel.de/berlin/150-meter-lange-schlange-in-berlin-charlottenburg-offentliche-wohnungsbesichtigung-muss-abgebrochen-werden-9610940.html

[14] Anzahl der Mietwohnungsangebote auf Immoscout

Zuwanderung ist zwar ein kontroverses politisches Thema, aber aus Sicht der Immobilienbranche ist »Angie« definitiv eine Heldin. Das Jahr 2015 mit dem Motto »Refugees Welcome« und Rekordzuwanderung war ein goldenes Jahr für Immobilieninvestoren; Preise und Mieten sind gestiegen, denn auch jeder Zuwanderer braucht ein Dach über den Kopf. Und die Zuwanderer wollen auch nicht in der ostdeutschen Pampa oder im tiefsten Waldviertel oder Oberkärnten wohnen, sondern in den Metropolen.

Dort wo Wohnungsmangel besteht, wird er sich verschärfen. Wo ohnedies niemand wohnen will, wird sich die Abwanderung verstärken.

Schnappi ist bereit: Time for educated Schnappis

Oktober 2021: Ein Makler ruft mich an, dass er ein interessantes Mehrfamilienhaus in Wiesbaden im Angebot hat. Der Preis scheint auf den ersten Blick interessant, aber dann erwähnt der Makler, dass es ein Bieterverfahren gibt, und dass ich mich beeilen soll. Ich antwortete ihm, dass er sich das Bieterverfahren in den A**** stecken kann und sich melden soll, wenn der Markt wieder vernünftig wird. Eineinhalb Jahre später rief mich derselbe Makler an, offerierte mir ein interessantes Mehrfamilienhaus, mit dem Hinweis, dass man beim Preis noch etwas machen kann und dass er auch bei der Provision »flexibel« sein. Wie sich die Zeiten ändern …

In den Boom-Zeiten in den Jahren 2020 und 2021 war der Immobilienmarkt wie eine verdorrte und abgefressene Wiese. Unattraktive Lagen wurden zu Höchstpreisen angeboten, und verrückte gierige Investoren – offensichtlich dem Rinderwahn verfallen – überboten sich in Wien, Berlin, Frankfurt, München, Leipzig, Hannover, Salzburg und so weiter zu Faktoren jenseits der 30 (weniger als 3 Prozent Mietrendite). Immobilien waren en vogue. Und plötzlich, eineinhalb Jahre später, wenn die Wiese wieder grün ist, die Preise günstig, der Wettbewerb gering, will niemand mehr Immobilien kaufen.

Ich kann beim besten Willen nicht verstehen, wieso Menschen zwar im Outlet Store Schlange stehen, wenn es Sonderangebote von Gucci oder Prada gibt, und nach Weihnachten im Ausverkauf die Geschäfte stürmen, aber gleichzeitig wie vom Blitz getrieben weglaufen, wenn es einen Ausverkauf an den Finanz- und Immobilienmärkten gibt. Das ist schlicht und einfach dumm.

Im Jahr 2023 höre ich Worte wie »Die Apokalypse an den Immobilienmärkten«, »Die Zinsen sind so teuer« oder »Immobilien rechnen sich nicht mehr«. Das ist völliger Unfug, ich möchte es euch anhand einer einfachen Rechnung für ein kleines Loch in Wiesbaden mit 5000 Jahresnettokaltmiete (416 Euro pro Monat) zeigen, vereinfacht gerechnet mit 100 Prozent Kreditfinanzierung[15]:

	2021	**2023**	**Differenz**
Kaufpreis	150 000	100 000	-50 000
Kaufnebenkosten	18 000	12 000	-6000
Kreditzinssatz	1 %	4 %	
Kreditzinsen p. a.	1500	4000	+2500 p. a.
Kreditzinsen über 10 Jahre	15 000	40 000	+25 000
Summe			**-31 000**
Kreditrate p. a.	4500	5000	+500
Kreditrate über 10 Jahre	45 000	50 000	+5000
Restschuld nach 10 Jahren[16]	118 613	77 072	- 41 541
Summe			**-36 541**

[15] Ich würde eine 100-Prozent-Finanzierung nicht empfehlen, habe das Beispiel nur gewählt, da es einfacher zu rechnen ist.

[16] Vereinfacht 2 Prozent p. a. Tilgung

Im Jahr 2023 bezahlst du 50 000 Euro weniger für die Immobilie und 6000 Euro weniger an Kaufnebenkosten, dafür bezahlst du 25 000 Euro mehr Zinsen über zehn Jahre. Macht eine Ersparnis von 31 000 Euro, wenn du nicht dann kaufst, wenn alle kaufen (wie 2021), sondern dann, wenn die Leute sagen, Immobilien rechnen sich nicht und die Preise niedrig sind.

Und wie sieht es nach zehn Jahren aus? Deine Restschuld beträgt noch 77 072 Euro, hättest du in der verrückten Marktphase 2021 gekauft, wäre deine Restschuld für dieselbe Immobilie noch 118 613 Euro, also 41 541 Euro mehr![17]

Wer hat wohl das bessere Geschäft gemacht? Der, der teuer gekauft hat oder der, der günstig gekauft hat? Wo ist die Apokalypse? Mehr ist dazu nicht zu sagen. *Quod erat demonstrandum*, was zu beweisen war.

Du kannst dir sicher sein, dass ich die günstigen Marktphasen nutze, so wie auch viele meiner Follower und Teilnehmer meiner Intensivtrainings. Zum Zeitpunkt des Erscheinens dieses Buchs hat mein Schnappi schon fett Schnapp in Frankfurt gemacht, und ist trotzdem noch lange nicht satt.

Wenn die Märkte verrücktspielen, die Preise hoch und alle euphorisch sind, solltest du ganz konservativ sein und singen »Time to say Goodbye«.
Aber wenn die Welt zusammenbricht, alle von der Apokalypse sprechen und die Preise niedrig sind, solltest du sehr aggressiv sein und die Marktchancen nutzen.

[17] Um genau zu rechnen, musst du noch die etwas höhere Kreditrate berücksichtigen, die du bei einem Kauf im Jahr 2023 hast. Macht Mehrkosten von 5000 Euro, im Vergleich zu 41 000 Euro weniger Schulden!

Die Zukunftsaussichten für Immobilienbesitzer

Lissabon, Dezember 2022: In Österreich und Deutschland ist es saukalt, und ich besteige den TAP Air Portugal Flieger nach Lissabon. In Lissabon hat es auch im Winter angenehme Temperaturen, wenn du Glück hast, kannst du tagsüber im T-Shirt in der Sonne laufen. Lissabon ist im Winter auch nicht klinisch tot wie viele Touristenorte, es ist auch im Winter gut zu erreichen, hat das Gastronomie- und Kulturangebot einer Weltstadt und hat für Expats attraktive Steuergesetze. Ich bin nicht der Einzige, der Lissabon als Top-Destination entdeckt hat, die Zuwanderung nach Lissabon ist erheblich, sowohl aus Europa als auch aus den USA.

Am Tag nach meiner Ankunft traf ich einige meiner Freunde und aß einen frischen Branzino in einem der Strandrestaurants am Küstenstreifen Richtung Cascais. Als Immobilieninvestor konnte ich nicht anders, als mir auch die Immobilienmärkte in Lissabon anzusehen, und fragte meine Bekannten, ob sie mir Termine organisieren könnten. Der Gebäudebestand in Lissabon war ziemlich altmodisch, es wurde offensichtlich über Jahre wenig investiert und Neubauten waren Mangelware. Umso erstaunter war ich, als ich den Makler fragte, wie teuer Einzimmerwohnungen in Lissabon wären – das BIP pro Kopf beträgt in Portugal gerade mal 24 500 USD, weniger als die Hälfte von Deutschland.[18] Er antwortete: »800 bis 1000 Euro pro Monat, aber zuerst müssen Sie mal eine finden. Sie müssen sich in eine Warteliste eintragen.« Ich dachte zunächst, der Makler erzählt Bullshit. Aber als ich im Internet auf eine Immobilienseite schaute, gab es tatsächlich weniger als 50 Angebote für kleine Wohnungen, und das teilweise zu Preisen jenseits der 1000 Euro.[19] Ich dachte mir, Frankfurt, München und Innsbruck

---

18 Die Werte stammen aus 2021. Deutschlands Wert für 2021: 51 000 USD. https://de.statista.com/statistik/daten/studie/14447/umfrage/bruttoinlandsprodukt-bip-pro-kopf-in-portugal/

19 https://www.nestpick.com/studio-apartments/lisbon/

sind ja wahre Schnäppchen für Mieter. Auch die Kaufpreise waren geschmalzen, ein kleines Loch für 150 000 Euro, bei einem Durchschnittsgehalt von 21 000 Euro.

Lissabon ist kein Einzelfall, Amsterdam, Dublin, Edinburgh, Mailand, Kopenhagen, Barcelona[20]; überall gibt es ähnliche Entwicklungen. Wenig Bautätigkeit im Anschluss an eine Immobilienkrise, veraltete Gebäude, sehr hohe Mieten; Deutschland und noch mehr Österreich haben im internationalen Vergleich relativ niedrige Mieten, auch wenn es unsere Politiker nicht wahrhaben wollen.

Jetzt stehen wir in vielen Städten in Deutschland und in einigen Regionen in (West)Österreich vor genau derselben Entwicklung: Bereits bestehender Wohnungsmangel, extrem geringe Bautätigkeit, starker Zuzug. Welchen Weg werden die Mieten gehen? Es gibt nur eine Richtung und die heißt hinauf, und zwar steil. *Egal was die Politik macht.* Einige Studien sprechen schon von Nettomieten von 25 bis 30 Euro pro Quadratmeter, also für ein kleines Loch 800 bis 900 Euro pro Monat.[21]

Preisdeckel und Mietdeckel, die dümmste mögliche Antwort

Preisdeckel haben noch nie funktioniert. Ein Grund für hohe Preise ist der Mangel an Angebot. Gibt es Wohnungen, Nahrungsmittel, Energie, Fahrzeuge im Überfluss, steigen die Preise ja nicht. Die Politik kann zwar einen Preisdeckel beschließen, aber sie kann nicht so einfach mehr Wohnungen bauen, mehr Brot produzieren, mehr Strom oder mehr Fahrzeuge produzieren. Im Gegenteil, jeder Preisdeckel reduziert die Produktion und das Angebot, denn es lohnt sich ja nicht, etwas zu produzieren, wofür – per staatlicher Verordnung – zu wenig Ertrag zu bekommen ist. Dafür passiert etwas anderes: Das geringe vorhandene Angebot verschwindet ebenfalls

20 https://housinganywhere.com/de/mietspiegel-pro-stadt

21 https://www.iz.de/maerkte/news/-die-neue-staedtische-mietwelt-liegt-bei-30-euroqm-2000017023

vom Markt, zumindest offiziell; dafür floriert der Schwarzmarkt. In Ägypten gab es nach Beginn des Ukraine-Kriegs einen Preisdeckel für Brot. Plötzlich waren die Supermarktregale leer. Brot gab es genügend, nur eben am Schwarzmarkt zum dreifachen Preis, immerhin muss der Schwarzmarkt auch noch eine Risikoprämie für allfällige Strafen einpreisen.

Genauso war es beim Berliner Mietendeckel: Das Angebot an Mietwohnungen auf den Plattformen halbierte sich[22], ebenso reduzierte sich die Bautätigkeit weiter. Wohnungen wurden unter der Hand vermietet, nicht selten wohl mit Ablösezahlungen für alte IKEA-Küchen oder »milden Gaben« für den Makler. Der Berliner Immobilienmarkt hat sich bis heute nicht von dieser groben Dummheit von Fr. Lompscher & Co. erholt: Bestandsmieter bezahlen niedrige Mieten und ziehen daher niemals aus ihrer Wohnung aus, wird mal eine Wohnung leer, kostet sie ein Vermögen, für ein kleines Loch werden teilweise über 800 Euro Nettomiete aufgerufen und die Leute stehen trotzdem Schlange; die DDR lässt grüßen, klassische Mangelwirtschaft. Und bei einer langen Besichtigungsschlange ist der Anreiz groß, dass irgendwer sich einen VIP-Service gönnt: gegen Barzahlung. Oder in anderen Worten: »Arme Menschen, bitte draußen bleiben!«

Je dümmer und extremer die Mietregulierung, desto größer der Wohnungsmangel.

---

22 https://www.tagesspiegel.de/wirtschaft/mietendeckel-hat-dramatische-folgen-fur-neu-berliner-5098081.html#:~:text=Neu%2DBerliner%20sind%20die%20Leidtragenden,bis%20zu%20zw%C3%B6lf%20Prozent%20gestiegen

Die Mieten steigen bereits in vielen Städten

Einer der Teilnehmer meiner Dealmaking Masterclass präsentierte sein Portfolio von kleinen Löchern in Salzburg. Er hatte insgesamt 16 Stück davon, viele davon in der Nähe vom Salzburger Hauptbahnhof. Er fragte in die Runde, ob jemand raten möchte, welche Nettomiete er für eine 28-Quadratmeter-Wohnung bekomme. Die Teilnehmer antworteten, 350 Euro, 380 Euro, Salzburg ist ja nur eine kleine Stadt. Seine Antwort war kurz und knapp: Ihr lebt noch im Jahr 2020. Ich vermiete 28-Quadratmeter-Wohnungen für 600 bis 700 Euro Gesamtmiete, also abzüglich Betriebskosten und Umsatzsteuer für circa 450 bis 550 Euro Nettomiete pro Monat, oder bis zu 20 Euro pro Quadratmeter. Ein Raunen ging durch den Raum. Ein Blick auf Immoscout offerierte, dass seine Angebote nicht die teuersten in der Mozartstadt waren. Auch in Bregenz, Innsbruck oder selbst Kufstein und Wörgl – ein ähnliches Bild.

Noch extremer sind die Mieten in Deutschland: In Frankfurt gibt es laut Immoscout ganze 35 Mietwohnungen mit einer *Nettomiete* von 500 Euro oder weniger, darunter WG-Zimmer und Wohnungen mit 12 (!) Quadratmetern. In Berlin, Heimat vieler kommunistischer Frösche – also Lebewesen, die viel reden und wenig zustande bringen –, gibt es ganze 70 Mietwohnungen unter 500 Euro Nettomiete (also circa 650 Euro Gesamtmiete)[23]; die Hälfte davon waren Wohnungen im Eigentum von halbinsolventen Immobiliengesellschaften, da darf dann der Mieter als Gegenleistung zur günstigen Miete die Wohnung selbst sanieren!

Wohin geht die Reise?

Hast du gute Immobilien in einer Gegend, in der die Wirtschaft stark, der Zuzug hoch und das Wohnungsangebot gering ist, kann es in Zeiten von reduzierter Bautätigkeit, starker Inflation und po-

[23] Stand Juni 2023

litischer Dummheiten für die Mieten nur eine Richtung geben: up, up, up. Ich wäre nicht verwundert, wenn wir in solchen Städten – ähnlich wie in Lissabon, Mailand oder Barcelona – Nettomieten von 800 bis 1000 Euro pro Monat sehen, einzelne derartige Angebote gibt es ja bereits. In Städten wie München, Frankfurt oder Berlin sind in einzelnen Lagen sogar Werte wie in Dublin (1200 bis 1400 Euro) möglich. Steigen die Mieten, steigen zumindest mittelfristig auch die Kaufpreise. Bei einem Mietfaktor von 20 (5 Prozent Mietrendite) sprechen wir dann von einem Kaufpreis von 190 000 bis 240 000 Euro für ein kleines Loch, bei dem die Miete den Kredit abbezahlt[24], das ist mehr, als in der Boom-Phase 2021 bezahlt wurde, als die Mieten noch deutlich niedriger waren. Goldene Zeiten stehen (möglicherweise[25]) bevor. Oder in den Worten eines großen Immobilieninvestors: Wohnungen in den richtigen Lagen[26] werden in Gold und Diamanten aufgewogen werden und Vermieter sind die neuen Masters of the Universe, die ein knappes und lebensnotwendiges Gut nach Gutsherrenart verteilen – immerhin braucht jeder Mensch, und auch jeder Roboter, ein Dach über dem Kopf. Lissabon, Dublin, Amsterdam, Mailand et cetera lassen grüßen.

Besitzern kleiner Löcher *in den richtigen Lagen* stehen möglicherweise goldene Zeiten bevor. Kaufst du in einer Krisenphase zu günstigen Preisen ein, wirst du mit hoher Wahrscheinlichkeit ein gutes Geschäft machen.

---

24 Annahme: Die Zinsen bleiben auf heutigem Niveau, also 3,5 bis 4 Prozent für zehn Jahre fix. Steigen die (langfristigen) Zinsen weiter, würde der Kaufpreisanstieg geringer ausfallen, sinken die (langfristigen) Zinsen wieder, wäre der Kaufpreisanstieg noch stärker.

25 Es kann immer unwägbare Gefahren geben, beispielsweise eine schwere Rezession oder einen Krieg.

26 Diese Analyse gilt nur für gute Lagen mit Wohnungsmangel! Kauf keine schlechten Lagen mit Abwanderung und Wohnungsüberschuss, hier profitierst du nicht von steigenden Mieten und die Inflation killt dich!

Die nächsten Schritte: Dein Weg zum (Multi)Millionär

Wie du gesehen hast, eignen sich kleine Löcher hervorragend sowohl zum Vermögensaufbau als auch zur Erzielung von laufendem, planbarem Einkommen, das auch noch dazu inflationsgeschützt und steuereffizient ist. Auf Basis sowohl meiner eigenen Erfahrung als auch der Erfahrung vieler meiner Fans und Geschäftspartner, sind kleine Löcher der effizienteste und ein vergleichsweise risikoarmer Weg, finanzielle Freiheit aufzubauen.

Die Strategie ist dabei ganz einfach:

1. Du legst dir jedes Jahr 15 000 bis 20 000 Euro zur Seite.
2. Du kaufst damit jedes Jahr ein kleines Loch in vernünftiger Lage, den Rest finanziert die Bank.
3. Nach zehn Jahren hast du zehn kleine Löcher.
4. Damit erzielst du circa 50 000 Euro Jahresnettokaltmiete.
5. Deine Mieteinkünfte sind inflationsgesichert[1] und steuereffizient[2].
6. Nach 25 bis 30 Jahren sind die Wohnungen abbezahlt und du bist zumindest Millionär, und zwar in heutiger Kaufkraft[3].

Wenn du fleißiger und geschäftstüchtiger bist, beschleunigst du das Ganze:

---

1 Vorausgesetzt, du kaufst gute Immobilien.

2 Aufgrund der Abschreibung und der SV-Befreiung von Mieteinkünften

3 Millionär in heutiger Kaufkraft bedeutet vermutlich 3 bis 4 Millionen Euro nominell in 25 bis 30 Jahren.

1. Du legst dir jedes Jahr 30 000 bis 40 000 Euro zur Seite.
2. Du kaufst damit jedes Jahr zwei kleine Löcher in vernünftiger Lage, den Rest finanziert die Bank.
3. Nach 10 Jahren hast du 20 kleine Löcher.
4. Damit erzielst du circa 100 000 Euro Jahresnettokaltmiete.
5. Deine Mieteinkünfte sind inflationsgesichert[4] und steuereffizient[5].
6. Nach 25 bis 30 Jahren sind die Wohnungen abbezahlt und du bist zumindest Multimillionär, und zwar in heutiger Kaufkraft.[6]

Mit dieser Strategie kannst du gar nicht mehr verhindern, Millionär oder Multimillionär zu werden. Während sich andere Menschen Gedanken über Altersarmut und hohe Energiekosten machen müssen, überlegst du dir, ob du nach Malaga oder Lissabon fliegst, wenn es zu kalt wird. Während andere sich Sorgen um die Inflation machen müssen, bedankst du dich bei Frau Lagarde für die Gelddruckorgien. Während andere Menschen sich Sorgen über steigende Mieten und Wohnungsmangel machen, profitierst du davon.

Ebenso musst du weder ein Genie noch hochwohlgeboren sein, um diese Strategie umsetzen zu können. Du musst weder ein Hedgefondsmanager noch ein IT-Profi noch ein Harvard-Absolvent sein. Menschen auf der ganzen Welt haben diese Strategie bereits seit Jahrzehnten genutzt, um Vermögen aufzubauen. Voraussetzung: Du bist fleißig und geschäftstüchtig, also bauernschlau, wie man so schön sagt. Immobilien sind nichts für faule Menschen, aber das gilt für fast alle Formen der Geldanlage; faule Menschen werden selten reich. Millionär oder Multimillionär zu werden – *und auch zu bleiben* – setzt außerdem noch voraus, dass du dir keine gro-

---

4 Vorausgesetzt, du kaufst gute Immobilien.

5 Aufgrund der Abschreibung und der SV-Befreiung von Mieteinkünften

6 Zweifacher Millionär in heutiger Kaufkraft bedeutet vermutlich 6 bis 8 Millionen Euro nominell in 25 bis 30 Jahren.

ben Dummheiten leistest wie Drogensucht, Überheblichkeit oder eine teure Scheidung. Aber ansonsten steht deinem Millionärsdasein nicht mehr viel im Wege.

Was sind nun die nächsten Schritte?

1. Als Erstes musst du das Immobiliengeschäft erlernen. Dazu gibt es heute, im Gegensatz zu früher, als ich mit Immobilien angefangen habe, viele Tools und Ressourcen.[7]
2. Im nächsten Schritt solltest du dir überlegen, in welcher Stadt oder Region du investieren willst. Manchmal liegt die Region direkt vor deiner Haustüre, manchmal musst du ein wenig reisen.
3. Im nächsten Schritt schaust du dir die Stadt, in der du kaufen willst, genau an, gehst zu Fuß, nutzt die öffentlichen Verkehrsmittel, prüfst die Infrastruktur. Solltest du die Stadt oder Region noch nicht gut kennen, finde einen Bekannten oder Freund, lade ihn zum Essen ein – »All you can eat and drink« – und lass dir die Stadt zeigen.
4. Im nächsten Schritt suchst du auf den großen Immobilienplattformen passende Wohnungen und koordinierst Besichtigungstermine.
5. Parallel dazu such dir eine Bank, die bereit ist, dich zu finanzieren. Schau dir mehrere Banken an, die Konditionen variieren oft erheblich.
6. Besichtige 15 bis 30 Wohnungen, um ein Gefühl für Immobilien, Lagen und den Markt zu bekommen.
7. Kaufe dein erstes kleines Loch.
8. Bau dir dein Team von Handwerkern, Maklern und Steuerberatern auf, sie werden dir helfen, dein Vermögen zu mehren.
9. Wiederhole, bis du zumindest Millionär bist.

---

7 Mehr Informationen zu unserem online Immobilienkurs findest du auf www.betongoldtraining.com.

Alles kein Hexenwerk. Ich kenne viele Leute, auch ganz normale Angestellte, die sich so ein Vermögen aufgebaut haben. Beispiele gefällig? Ein 33-jähriger Polizist aus Graz mit acht Wohnungen in Graz und Klagenfurt, ein 27-jähriger Schweizer mit mehr als 30 Wohnungen in Nürnberg und an der deutsch-schweizerischen Grenze, ein 41-jähriger Konzernmitarbeiter mit zwölf Wohnungen im Speckgürtel von Hamburg und in Schleswig-Holstein, ein 48-jähriger ehemaliger IT-Manager mit 21 Wohnungen in Braunschweig. Die Liste lässt sich beliebig fortsetzen, aber sie alle haben eines gemeinsam: Sie sind entweder schon Millionäre oder auf dem direkten Weg dorthin. Du kannst es genauso machen!

Dann hast du noch einen weiteren Vorteil: Dein Vermögen wächst über die Jahre relativ stetig[8], zumindest wenn du gute Immobilien kaufst. Die Tilgung ist reiner Vermögenszuwachs, dazu kommt die Mieterhöhung und Wertsteigerung, die sich allein schon aus der Inflation ergibt. Und wenn du einmal Geld brauchst, zum Beispiel aufgrund eines gesundheitlichen Themas, für die Ausbildung deiner Kinder oder auch für Fun wie ein Sportauto[9], dann verkaufst du eine Wohnung und hast trotzdem noch einen ordentlichen Vermögensbestand.

Und wenn dich das Immobiliengeschäft reizt oder du viel Geld verdienst, kannst du das Ganze natürlich auch noch viel größer machen. So wie ich das gemacht habe und einige meiner Freunde und Geschäftspartner. Mehr als 100 Wohneinheiten, mehr als 1 Million Mietertrag pro Jahr, Mehrfamilienhäuser kaufen und optimieren, Immobilienhandel betreiben, neuen Wohnungsbestand errichten,

---

8 Es gibt natürlich auch am Immobilienmarkt Schwankungen. Aber mittel- bis langfristig wächst dein Vermögen, außer du kaufst schlechte Immobilien oder du kaufst zu völlig überteuerten Preisen.

9 Ich würde nicht empfehlen, eine Immobilie zu verkaufen, um davon ein Sportauto zu kaufen.

Immobilien Share Deals machen[10]. Deinen Möglichkeiten sind keine Grenzen gesetzt.

In diesem Fall wartet auf dich finanzielle Freiheit auf höchstem Niveau und ein Leben im Luxus.

Ich hoffe, diese Reise durch die Immobilienwelt hat dir gefallen! Ich wünsche dir viel Erfolg als Immobilieninvestor und auf deinem Weg zum (Multi)Millionärsdasein!

---

10 Mein eigener Immobilienbestand ist mittlerweile bei 225 Wohneinheiten und circa 1,85 Millionen Jahresnettokaltmiete, und er wird laufend größer.